THE VICTORY AT SEA

Pulitzer Prize for History

普利策历史奖作品

德国无限制潜艇战

[美] 伯顿·杰西·亨德里克
威廉·索登·西姆斯 / 著

吴安红 / 译

图书在版编目（CIP）数据

德国无限制潜艇战 /（美）伯顿·杰西·亨德里克，
（美）威廉·索登·西姆斯著；吴安红译. -- 北京：华
文出版社，2020.1
（华文全球史）
ISBN 978-7-5075-5125-9

Ⅰ.①德… Ⅱ.①伯… ②威… ③吴… Ⅲ.①第一次
世界大战—潜艇战—战争史—德国 Ⅳ.①E516.9

中国版本图书馆CIP数据核字(2020)第044705号

德国无限制潜艇战

作　　者：[美]伯顿·杰西·亨德里克　威廉·索登·西姆斯
译　　者：吴安红
选题策划：华盛世章
插图供应：029—85504182
责任编辑：毛娟
出版发行：华文出版社
社　　址：北京市西城区广外大街305号8区2号楼
邮政编码：100055
网　　址：http：//www.hwcbs.com.cn
电　　话：总编室010—58336239
　　　　　　发行部010—58336212
经　　销：新华书店
印　　刷：三河市国英印务有限公司
开　　本：710×1000　1/16
印　　张：26.25
字　　数：369千字
版　　次：2020年1月第1版
印　　次：2020年1月第1次印刷
标准书号：ISBN 978-7-5075-5125-9
定　　价：108.00元

版权所有　侵权必究

序言

在第一次世界大战期间，无限制潜艇战绝不是美国海军在欧洲战场上的作战史，更不是美国海军的总体作战史。如果要撰写这段历史，不仅需要很长的篇幅，还需要有能力的历史学家进行长期的仔细研究。本书完成后，美国人民将首次意识到，面对前所未有的战争形势，英勇的美国海军以令人钦佩的主动性作出了回应。

然而，与此同时，我写这段历史是为了消除人们对潜艇战的误解，尤其是让人们明白美国海军击败德国潜艇的方式。在这段历史中，公众利益基于这样一个事实：战争期间，美国海军被迫采取了一切可能的防御措施，避免德军了解美军对抗和摧毁水下潜艇的各种设备和方式。海战的特殊性质使这些信息变得极其神秘。当美国海军第一次使用飞机炸弹、毒气、坦克或可移动的铁路炮台时，德军必然会得知美国海军的武器种类及其使用方式。此外，媒体得到许可，发表了相关方面的完整报道，并报道了一些武器的使用效果和应战方法。与此同时，无限制潜艇战进行期间，敌对双方准确了解了对方的所有常规行动，并迅速向焦虑的公众做了报告。

然而，当时的战争形势与德国U型潜艇和协约国①反潜部队之间的战争几乎没有任何相似之处。在大多数情况下，除了水面舰船之间的几场海战，如日德兰

---

① 协约国（Allies），主要由法国、俄国、英国、日本、意大利和美国组成，在第一次世界大战中与同盟国敌对。（本书中除原注外，均为译者注，不再另行说明）

三国协约海报：法兰西（左）、俄罗斯（中）、英国（右）

海战和福克兰群岛海战，其他海战都是单艘船或小型舰队之间的一系列战斗。德国潜艇试图通过击沉协约国的商船编队赢得战争，因为协约国的海军主要依靠商船编队获得补给。协约国的目标是防止德国潜艇击沉自己的商船，并在可能的情况下摧毁德国潜艇。因此，在无限制潜艇战中，这一目标成了极其重要的军事行动。现在，战争中的各种武器和装备，譬如深水炸弹、伪装猎潜艇、水听器、雷区、战用水雷网、特殊狩猎潜艇等，都不再是秘密。通过战略部署，协约国海军的作战武器和装备不仅可以摧毁德国潜艇及其海军，还可以俘虏潜艇沉没时逃跑的德国海军,使德国海军部无法知道自己的U型潜艇是如何沉没的。因此,在德军意识到自己面临的危险前,被德国人称为"诱饵商船"的伪装猎潜艇已经摧毁了许多德国潜艇。甚至在德军了解了一切后,伪装猎潜艇依然利用各种装置成功摧毁了多艘德国潜艇,直到德国潜艇接到命令后返航回国。

显然,面对前所未有的战争形势,协约国的海军不能将自己的行动或作战计划毫无保留地告诉公众。媒体撰写的所有文章必须经过仔细审查。与战争有关的消息都受到了不同程度的封锁。但现在,这些禁令已经解除,我们可以将相关信息公之于众,让人们了解协约国反潜部队曾经面临的难题,以及解决问题的方式和采取的各种措施。

当然,关于德国无限制潜艇战的研究主题比较专业,我们只能尽力通过能够使普通读者容易理解的方式呈现这段历史。对一名海军军官来说,我很难确定哪些历史细节是日常生活的一部分,哪些海上经历可以吸引读者。因此,本书是我与伯顿·杰西·亨德里克先生合著的。我非常感谢伯顿·杰西·亨德里克先生提供的宝贵帮助。伯顿·杰西·亨德里克先生的写作经验十分丰富。读者可以在本书中了解到他的写作形式和叙述风格。他应该会得到读者的赞美。

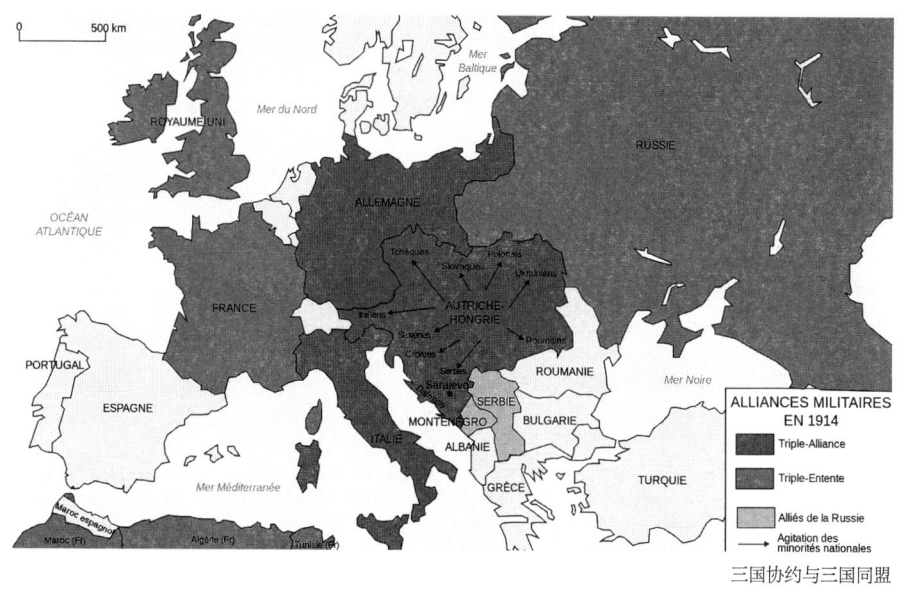

三国协约与三国同盟

在某种程度上，各种形式的战术、作战手段、武器及总体战略会对战争产生影响。虽然人们对此有不同的看法，但在本书中，我给出的意见是人们对这些问题达成的最明智的共识。通过参考现有的所有资料，我尽量准确地再现了当时的欧洲海军面临的情况，确保书中提到的典型战斗事件是真实无误的。

本书是在美国海军部的批准下出版的。这一点也许没有必要补充说明。我和美国海军部部长约瑟夫斯·丹尼尔斯就该主题的通信将出现在附录中。

威廉·索登·西姆斯

目 录

第1章 德国正在赢得这场战争 ················· 001
第1节 英国面临的真实情况 ················· 001
第2节 航运战争 ················· 022
第3节 捉迷藏游戏 ················· 033
第4节 美国的海军政策 ················· 043

第2章 "五月花"号回归 ················· 049
第1节 美国第八分遣队抵达王后镇 ················· 049
第2节 海军上将路易·贝利爵士 ················· 065
第3节 英国和美国之间的友谊 ················· 076

第3章 护航体系 ················· 089
第1节 驱逐舰与U型潜艇 ················· 089
第2节 实行护航体系 ················· 104
第3节 实验护航舰队 ················· 112

第 4 章　美国驱逐舰 · 115

第 1 节　早期美国驱逐舰 · · · · · · · · · · · · · · · · · · · 115

第 2 节　跟踪德国潜艇 · 118

第 3 节　护航舰队的运作模式 · · · · · · · · · · · · · · · · 124

第 4 节　护航体系的本质 · · · · · · · · · · · · · · · · · · · 132

第 5 节　一艘德国潜艇投降 · · · · · · · · · · · · · · · · · 145

第 6 节　美国小型驱逐舰 · · · · · · · · · · · · · · · · · · · 150

第 5 章　伪装猎潜舰 · 161

第 1 节　作战模式 · 161

第 2 节　伪装术 · 166

第 3 节　等待时机 · 172

第 4 节　"邓雷文"号 · 176

第 5 节　"邓雷文"号沉没 · · · · · · · · · · · · · · · · · · 180

第 6 章　美国猎潜舰 · 187

第 1 节　监听装置和猎潜舰 · · · · · · · · · · · · · · · · · 187

第 2 节　小型猎潜舰 · 198

第 3 节　搜寻德国潜艇 · 201

第 4 节　自　杀 · 210

第 5 节　奥特朗托拦阻线 · · · · · · · · · · · · · · · · · · · 212

第 6 节　轰炸都拉佐港口 · · · · · · · · · · · · · · · · · · · 215

第7章 美国驻伦敦海军总指挥部 ·················· 221
第1节 美国驻伦敦海军总指挥部的构成 ·················· 221
第2节 协约国海军委员会 ·················· 236

第8章 协约国潜艇 ·················· 243
第1节 "潜艇不能与潜艇作战" ·················· 243
第2节 协约国潜艇的成就 ·················· 257

第9章 美国的北海雷场 ·················· 265
第1节 北海拦阻线计划 ·················· 265
第2节 布雷舰 ·················· 273
第3节 布 雷 ·················· 283
第4节 北海拦阻线取得的成就 ·················· 288

第10章 德国潜艇到访美国海岸 ·················· 293

第11章 空中战斗机 ·················· 303

第12章 美国海军参加陆战 ·················· 327

第13章 运送二百万美国士兵到法国 ·················· 335
第1节 军队运输船起航 ·················· 335
第2节 德国海军面临的选择 ·················· 349
第3节 德国将领的承诺 ·················· 357

附录1 官方授权出版《德国无限制潜艇战》 ·················· 361

附录 2　给华盛顿的第一封海外电报 ·················· 363

附录 3　关于协约国海军形势的第一次详细报告 ············ 366

附录 4　武装商船的问题 ······················· 373

附录 5　护航体系的优点 ······················· 375

附录 6　海军部的政策 ························ 379

附录 7　对海军部政策的评论 ···················· 381

附录 8　1917 年 2 月以来由德国人行动导致的每月损失 ········ 387

附录 9　1914 年 8 月以来协约国和中立国建造的船舶吨位 ······· 389

专有名词英汉对照 ·························· 391

第1章

德国正在赢得这场战争

第1节 英国面临的真实情况

1917年3月下旬，我收到美国海军部发来的指示后，立即动身前往华盛顿。当时，我担任位于美国罗得岛州南部纽波特的海军军事学院院长。由于国际局势非常紧张，命我前往华盛顿的指示表明，即将发生一些非同寻常的事情。我尽量保持低调，所有行动都秘密进行。到达华盛顿后，我没有直接前往海军部，而是给海军部打了电话。根据海军部的命令，我与海军将领们取得了联系，然后花了一些时间了解当前的形势。我得知美国很快会与德国交战，战争似乎是无法避免的。美国驻英国大使沃尔特·海恩斯·佩奇曾发来电报说，在目前的局势下，驻扎在伦敦的美国海军应该由级别更高的军官领导。这是一件值得期待的事。因此，美国海军部希望我立即动身前往英国，与英国海军部取得联系并根据目前的形势，分析美国和英国如何在海战中进行有效合作。现在，我们在技术方面仍然与德国不相上下。因此，美国海军部长约瑟夫斯·丹尼尔斯认为，明智的做法是不公开我的行动。表面上，我依然是美国海军军事学院的院长。为了不引起任何怀疑，我的妻子和家人仍然住在海军军事学院院长的官邸。美国海军部要求我用假名乘商船出行，并且不能穿制服，只能穿便服。到达英国后，我要立即与英国海军部联系，同时向华盛顿提交关于当前情况的详细报告。

抵达华盛顿后，我与相关人员进行了面谈。几天后，两名穿着便服、长相普

威廉·索登·西姆斯

通的男士秘密登上了美国"纽约"号轮船。他们在乘客名单上的名字是V.J.理查森和S.W.戴维森。一两天后,一名有责任心的乘务员注意到,一位乘客睡衣上的姓名首字母与乘客名单上登记的名字不同。于是,他向船长汇报了这位可疑乘客。船长知道后,笑了笑,显得很平静,因为他知道S.W.戴维森就是美国海军少将威廉·索登·西姆斯,S.W.戴维森的同伴V.J.理查森其实是海军少将威廉·索登·西姆斯的副官J.V.巴布科克中校。此次航行本身很平常,但我们在海上度过的几天成了一段历史。1917年4月9日,我们乘坐的轮船抵达英国。一个星期前,也就是1917年4月2日,托马斯·伍德罗·威尔逊总统在国会向德国宣战。当我们靠近利物浦外港时,"纽约"号撞上一枚水雷。这件事提醒我们战争已经爆发。"纽约"号遭受的损失并不是不可弥补的。乘客转移到了另一艘轮船上,我们安全抵达利物浦港。在利物浦港,我找到了前来接我们的英国海军部代表海军少将乔治·霍普。英国海军部还为我们提供了一列专列。我们立即乘专列前往伦敦。

每当我想起1917年4月的局势时,脑海中总会出现两种截然不同的情景。一种是英国公众的代表出现在伦敦媒体和社交聚会上的情景,另一种是我与英国政治家和海军军官秘密会谈的情景。与此同时,英国报纸刊登了对德国无限制潜艇战的乐观声明。在声明中,英国各家报纸普遍认为,德国发动的新的海

乔治·霍普

德国潜艇

盗行为实际上威胁到了英国的安全。除了一些令人愉快的公开声明,英国报纸每周都会报道被击沉的德国潜艇的统计数据。虽然相关数据并不能让人感到安心,但没有报道表明英国商船遭到了德国潜艇的袭击。英国海军部公布的数据显示,每周有四五千艘船来往于英国港口。其他一些数据显示了每周被击沉的排水量不足一千六百吨的船只数量和排水量在一千六百吨以上的船只数量。因此,抵达英国后的那一周,我从相关数据中得知,英国已经失去了十七艘排水量较大的船和两艘排水量较小的船。两千四百零六艘船已经抵达英国港口,两千三百六十七艘船离开了英国港口。此外,德国潜艇击沉了七艘渔船。这些数据毫无价值，因为其中没有记录中立国的船舶情况，也没有列出沉船的吨位。当然，不能让德国人知道相关细节。因此，英国政府允许公众了解的事实并没有引起人们的担忧。事实上，英国的所有报纸都没有透露出任何不安的迹象。相反，各家报纸从统计数据中得出了乐观的结论。一两家报纸或许会发表一些令人不安的消息，但在大多数媒体的报道和关于战争的一般讨论中，体现出一种感觉，即德国最后一次企图赢得战争的尝试已经失败，和平即将到来。很多报纸对"英国航运量得到维持"的事实感到满意，发表了"继续改善"等标题的文章，并将一些英国政治家鼓舞人心的演说刊登在最显眼的位置。显然，英国人对战争结果的担忧已经消散。伦敦四处弥漫着愉悦的气氛，公众对战争局势一无所知，对德国潜艇的恐惧也没有影响还未达到高潮的伦敦赛季。每天晚上，剧院里都会挤满人。事实上，任何地方的上层人士都不会主动去想可能笼罩在自己头上的任何危险。抵达英国前，我并不知道形势的严重性。我对战争形势一直很感兴趣，密切关注着战事发展。与此同时，我读了美国和外国媒体发布的关于战争的所有报道，并且得到了美国政府收集到的所有官方信息。因此，1917年3月，我乘船前往英国的时候，并没有对战争结果感到恐惧。所有事实都表明德国不可能赢得战争。显然，制海权实际上一直掌握在协约国手中，甚至没有受到任何挑战。根据亘古不变的历史经验来看，制海权是取得最终胜利的绝对保证。美国媒体经常发表一些关于船舶损失的统计数据。虽然肆意践踏他人生命和财产的战争行为令人感到震惊，但统计数据中的记载并不能从实质上改变战争的结果。事实上，在美国对战争结果产生任何实质影响前，战争似乎已经结束。我的结论得到了大多数美国海军军官的认同。在战争爆发时，这些美国海军军官还都是学生。他们和我一样，非常尊敬英国舰队，并且相信英国舰队完全有能力掌控海战形势。

然而，在伦敦待了几天后，我发现所有事实都清楚地表明，英国人误解了战争形势，一直认为德国会战败。现在看来，德国不但没有输掉战争，而且很可能赢得战争。现在，英国海军部向美国代表展示了还没有告诉英国媒体的事实和数据。这些事实和数据披露了一个令人震惊的现状，即除非骇人听闻的商船

约翰·杰利科伯爵

吨位破坏事件不再发生,否则几个月内,英国将不可避免地走向无条件投降的结局。抵达伦敦当天,我与英国海军上将约翰·杰利科伯爵进行了第一次面谈。当时,约翰·杰利科伯爵任英国第一海务大臣。我和约翰·杰利科伯爵已经相识多年,之前经常定期通信。1901年,我在中国第一次见到了他。当时,他是一名海军上校,是驻扎在中国的英国海军中的一员。他是军械和射击方面的专家。因为我对军械和射击非常感兴趣,所以我们成了朋友。我一直都很钦佩约翰·杰利科伯爵的品格和智慧。约翰·杰利科伯爵一直是一个不知疲倦的军官,但他不仅是一名军官，还是一名学识渊博的学者，精通船舶和枪炮制造。此外，他也是一名能力出众、才智过人的指挥官，指挥能力超群。我通过他的妻儿和家庭结识了他，并通过他的属下了解了他。我近距离感受到了他的和善。每个人都会被他的魅力吸引。因此，他成了自己的孩子和英国舰队官兵们崇拜的偶像。他最突出的特点是简洁和直率。在英国皇家海军中，虽然很少有人能像他那样迅速崛起，但他一直很成功，并且变得越来越安静、温和、朴素、严肃。他是一位经验丰富的水手，一点儿也不盛气凌人，总是很有礼貌，十分睿智。我认为在我遇到过的所有人中，没有人比他更平易近人，更坦率，更豁达。约翰·杰利科伯爵虽然身材矮小，但身体健壮，思维活跃，英国海军中几乎没有人能在网球赛中打败他。1917年4月的一个清晨，我见到了他。他和往常一样，胡须刮得很干净，平静地微笑着，显得泰然自若。没有人能通过外在的情感表现猜测他的想法，也没有任何迹象表明他正在承受巨大的压力。这并不是说英国的国家安全主要由约翰·杰利科伯爵一人承担。我发现英国人普遍认为，在某种意义上，约翰·杰利科伯爵从英国舰队总司令转任第一海务大臣是降级。但事实证明，作为第一海务大臣，约翰·杰利科伯爵既指挥着英国舰队的所有行动，又指挥着整个英国皇家海军的行动。他没有上级，因为英国第一海务大臣在英国的地位相当于美国的海军部长。不过，他没有权力向英国舰队下达任何命令，而美国海军部长有这样的权力。因此，在击败德国潜艇方面，他是直接负责人，其他官员不承担这一责任。在面谈的时候，我发现约翰·杰利科伯爵肩负重任，德国潜艇的规模也令人震惊，但约翰·杰利科伯爵的举止没有透露出任何低落的情绪。在工作中，约翰·杰利科伯爵虽然会感到忧虑，但表现出了一贯严肃认真的态度。英国人的恬淡寡欲和拒绝向挫折屈服的精神一直鼓舞着他。

相互问候后，约翰·杰利科伯爵从抽屉里拿出一张纸递给我。纸上记录了过去几个月中英国船舶的损失情况：1917年2月，英国和中立国损失的船舶总吨数达到五十三点六万吨，1917年3月达到六十点三万吨，1917年4月高达约九十万吨。这些数字表明，英国舰队的真实损失情况是当时媒体公布的数据的三倍到四倍。

我对约翰·杰利科伯爵披露的信息感到震惊，因为我从未想象过会发生如此可怕的事情。我向约翰·杰利科伯爵表达了我的惊愕。

约翰·杰利科伯爵平静地说："是的，如果继续这样下去，我们不可能赢得战争。"他的语气像是在谈论天气，而不是英国的未来。

我问道："你打算如何应对呢？"

他回答道："竭尽所能。我们正在以各种可能的方式增加舰队的反潜力量，试图使用所有可以参战的船对抗德国潜艇，尽可能迅速建造驱逐舰、拖网渔船和其他类似的船。但形势非常严峻，我们需要得到各方面的援助。"

我说："德国似乎很可能赢得这场战争。"

他回答道："如果我们不能尽快改变目前的局势，德国人就会赢。"

我问道："没有办法解决这个问题吗？"

他说："我们现在还找不到任何解决办法。"约翰·杰利科伯爵向我描述了驱逐舰和其他反潜舰的工作，但对于英国舰艇能否遏制德国U型潜艇带来的破坏一事，他并没有信心。

几个月来，英国报纸一直在报道德国潜艇被大量击沉的消息。现在，我发现这些报道都不是真的。可以肯定的是，英国海军部的记录显示，战争爆发以来，被击沉的德国潜艇只有五十四艘。我得知德国的造船厂正在以每周三艘潜艇的速度建造新潜艇。虽然英国报纸刊登了关于德国U型潜艇自愿投降的报道，但约翰·杰利科伯爵说德国U型潜艇从来没有投降。一些报道仅仅是靠贬低了德国人的道德价值观才流传开来的。我甚至发现，更了解真实情况的英国政府官员和海军军官都认为，谨慎起见，应该将俘获的德国潜艇搁置在朴茨茅斯和普利茅斯的海军造船厂里。然而，协约国面临的真实情况令人感到不安，所有战线上的军队供给和通讯都受到了威胁。德国潜艇不断将战线延伸到大西洋沿岸，德国突袭队进了公海。长达三年的持续作战严重削弱了英国海军的实力。实际上，英国海军在海上的控制权岌岌可危。

约翰·杰利科伯爵并没有沉溺在对未来的错误预期中。尽管当时的情况很糟糕，但他预计情况会变得越来越糟。即将到来的天气状况更有利于对德国作

沃尔特·海恩斯·佩奇

战,因为白天较长的夏季更有利于德国潜艇作战。接下来的几个月,德国人和英国人可能会见证一场大危机。冬季到来前,德国人将作出决定,发动残酷的潜艇战。就我了解到的情况来看,英国海军界普遍认为,德国的作战计划会取得成功。现在,协约国的船舶损失已经接近每月一百万吨。要确定协约国还能坚持多久其实是一道非常简单的算术题。根据英国当局的计算,1917年11月1日,协约国将达到承受极限。换句话说,除非尽快找到一种可以有效抵御德国潜艇的作战方法,否则英国将被迫放下武器。

美国驻伦敦大使沃尔特·海恩斯·佩奇了解了形势后说:"我们即将见证英国的失败。"

爱迪生

　　接下来的几个星期里,我与约翰·杰利科伯爵和英国海军部其他成员进行了多次面谈。每天早晨,我和他们坐在一起开会。出于实际目的,我成了他们中的一员。英国海军没有秘密,对新盟友美国非常坦诚,这与英国政府心胸开阔的特点一致。大多数英国人认为美国应该了解目前的形势,并一直与美国人坦率地讨论。各方表示愿意接受建议,也愿意尝试任何能取得成功的权宜之计。然而,当时给人的感觉是,没有一种可以击败德国潜艇的快捷方法,人们苦苦寻找的"答案"一直没有出现。人们普遍认为,任何能及时控制德国潜艇的新发明都可以发挥作用,但都被否决了。当时,美国媒体一直呼吁爱迪生和美国其他伟大的发明家解决这个问题。事实上,在世界各地,发明家们发明出了成千上万的设备,试图解决德国潜艇问题。由海军上将约翰·费舍尔爵士领导的英国海军部的一个常规部门负责审查发明家的提议。几个月以来,这个部门收到并审查了约四万件发明。尽管很多发明不乏创意,但没有一件发明能解决德国潜艇问题。英国海军军官并没有对发明怀有敌意,但宣称依靠新设备击败德国潜艇是荒谬的。我发现时间是最重要的因素。然而,时间因素被其他因素掩盖了,许多海军士兵也没

约翰·费舍尔爵士

亚瑟·詹姆斯·巴尔弗伯爵

有意识到这一事实。我们不仅需要找到遏制德国潜艇的方法,而且必须彻底解决德国潜艇问题。我们从事的伟大事业仅仅是几个月的事情。六个月内,一种机械装置或一种新型舰船可以摧毁德国潜艇。但这对我们没有任何帮助,因为那时德国将赢得战争。

我与亚瑟·詹姆斯·巴尔弗伯爵、罗伯特·塞西尔子爵和爱德华·卡森爵士等内阁成员讨论了目前的形势。他们对我的态度和他们公开的态度截然不同。显然,他们不会在报纸上说任何美化德国人道德形象的话。但向我解释形势时，他们几乎重复了约翰·杰利科伯爵说过的话。正是因为形势严峻，所以英国政府立即派亚瑟·詹姆斯·巴尔弗伯爵和英国委员会成员前往美国。当时，其他国家还不知道协约国事业史上的黑暗时刻已经到来。德国潜艇横扫了英国的海上贸易，德军在法兰西战场上击败了英法两国。我们只有回想起罗贝尔·尼维勒将军在西线战败、德国U型潜艇已经获得巨大成功的时候，才可以了解到协约国在1917年春天面临的悲惨形势。

后来，亚瑟·詹姆斯·巴尔弗伯爵对我说："当我去美国的时候，局势已经非常严峻。我一直在想德国潜艇，但我什么都想不起来，只能想起被德国潜艇击沉的英国船的数量。当时，我们似乎会输掉战争。"

罗贝尔·尼维勒将军

英王乔治五世

英王乔治五世是最先意识到事态严重的人之一。1917年4月，英国人举行了一场纪念美国参战的感恩仪式。在这个令人难忘的日子里，我第一次在圣保罗教堂的前厅见到了英王乔治五世。在随后的几次会谈中，我发现英王乔治五世是一位朴素、谦恭、真挚的绅士。他和英国其他军官一样，穿着卡其色衣服，显得非常热情、真诚、民主。

提到伟大的英美纪念仪式时，英王乔治五世对我说道："我很高兴见到你，也很高兴向美国海军表达诚挚的问候。祝你们成功。"

当时，我们没有时间讨论德国潜艇。但几天后，我接到邀请前往温莎城堡。在自己的住所，英王乔治五世显得更亲切。晚饭后，我们来到一个小房间，一边享受雪茄一边详细讨论目前的形势。英王乔治五世很活跃，语速很快。他很了解德国潜艇，并且详细讨论了德国潜艇的现状。他也很熟悉所有海军问题，与英国舰队保持着密切联系。一开始，我对此感到很惊讶。但这一点都不奇怪，因为英王乔治五世曾经是一名水手。他年轻时加入了海军，和英国其他男孩一样从事海上工作。他对美国海军的了解和对英国海军的了解一样多，并对我们在陆地和海上的战事准备工作很感兴趣。英王乔治五世希望我作为美国代表进入英国海军部办公室。关于潜艇战，他像约翰·杰利科伯爵及海军部的其他成员一样直言不讳，认为必须阻止德国无限制潜艇战，否则协约国永远无法赢得战争。

温莎城堡

戴维·劳埃德·乔治

当时，在英国最有影响力的人中，只有英国首相戴维·劳埃德·乔治的态度是乐观的。我经常在晚宴上和英国其他地方见到戴维·劳埃德·乔治，他留给我的印象是难以抑制的乐观精神。英国首相戴维·劳埃德·乔治是一个身材高大、充满活力的人，脸上总是挂着笑容，经常开玩笑，妙语连珠。即使在当下的危机中，在英国历史上最黑暗的时期，他也没有流露出任何沮丧情绪。他的脸像年轻女性的脸一样清澈，从来不会流露出丝毫不安。他的眼睛总是闪闪发光，从未露出过一丝忧郁。我永远不会忘记的是：一位伟人肩负着英国的命运，却拒绝承认看似势不可挡的危险，用自己的全部精力鼓舞同胞，甚至在和同僚们交谈时或做决策的重大时刻，穿插讲述一些有趣的故事，回忆自己政治生涯中的逸事，嘲笑对手的错误，将西线和德国潜艇的话题转为一般性谈话。这是我知道的关于自我控制最鼓舞人心的例子。事实上，我认为历史上只有一个人可以与英国首相戴维·劳埃德·乔治媲美。当时，英国首相戴维·劳埃德·乔治的态度让我想起了美国内战最黑暗时期的林肯。收到弗吉尼亚州弗雷德里克斯堡或钱斯勒斯维尔

林肯

1918年3月，英国港口遭到德国人袭击

的灾难性消息后，林肯拿起了幽默作家阿蒂默斯·沃德的作品，用幽默的话语和自己的逸事安慰内阁成员。英国首相戴维·劳埃德·乔治的乐观也许可以通过跟林肯相似的特点解释。他的本性中带有一种威尔士神秘主义。有时，威尔士神秘主义会以狂热的宗教形式表现出来。显然，英国首相戴维·劳埃德·乔治坚定地信仰上帝和历史的神圣秩序。因此，他永远不会将德国人获胜的想法当作现实。我们都知道，林肯认为北方必胜的信心建立在相似的基础上。当然，只有一些根深蒂固的信念才能解释英国首相戴维·劳埃德·乔治面对可怕灾难时的平静和乐观。1918年3月，德国人发起了可怕的袭击。袭击发生四天后，我参加了一场小型宴会。英国首相戴维·劳埃德·乔治也出席了宴会，但没有表现出任何紧张情绪。像往常一样，他的乐观精神占据了上风。他一直在讲话，但从未提到吸引全世界目光的话题。相反，他不断谈论爱尔兰问题，讨论爱尔兰的征兵制对美国的影响，并不时停下来与亚瑟·詹姆斯·巴尔弗伯爵交谈。这就是我看到的英国政府首脑。我从来没有见过英国首相戴维·劳埃德·乔治劳累或气馁的样子。他一直坚信战争结果会令英国人满意。

我曾多次试图提醒英国首相戴维·劳埃德·乔治事态的严重性，但他总是拒绝承认。

他笑着说："哦，是的，很糟糕，但我们会得到最好的潜艇。不要害怕！"然后拍了拍手。

然而，英国首相戴维·劳埃德·乔治的乐观精神只是个例。他的同僚们都没有掩饰自己的忧虑。与此同时，一股热情席卷了德国。美国人仍然认为，潜艇战是德国政府最后的希望。德国人认为自己取胜的几率只有一半。当时，有人认为，如果德国人预见到美国将动用所有资源对抗德国，那么德国永远不会将自己押在潜艇战上。但这种想法完全错误。发动无限制潜艇战的时候，德国人认为自己有机会获胜。然而，最终的结果似乎是确定的。德国人估算了协约国和中立国可用的舰船数量，以及自己的潜艇每月可以击沉的船舶数量，并且从统计数据中精确推算出了战争结束的时间。他们不希望将美国变成敌人，因为他们在考虑战后的情况。德国人愿意重新调整战略，获得美国的支持。在战争中，他们并不担心美国会对自己造成严重威胁，但这不是因为他们看不起美军的战斗力，而是因为虽然美国是一个强大的对手，但显而易见的事实是，美军无法及时到达前线，无限制潜艇战将在三个月到四个月内结束。毋庸置疑，在无限制潜艇战期间，毫无准备的美国永远不会召集任何可能影响战争结果的军事力量。因此，从纯粹的军事角度来看，一亿美国人参战对德国的影响就像从火星上宣战一样不可能。

我们从被俘的德国潜艇指挥官口中确认了这一点。德军俘虏将被带到伦敦接受讯问，但他们对战争结果非常有信心。

德军俘虏会说："是的，你们俘虏了我们，但有什么关系呢？我们现在在建造了很多潜艇。你们可以击沉一些潜艇，但我们会建造更多潜艇代替被你们俘获或击沉的潜艇。无论如何，战争将在两三个月后结束。到时候，我们将被遣送回国。"

面对德国会战败的暗示，所有德军俘虏都嗤之以鼻。他们的态度不是囚犯应有的态度，而是征服者的态度。他们视自己为英雄，为自己在潜艇上服役的成就感到自豪。在很大程度上，他们夸大了被潜艇击沉的英国船舶数量，并估计战

德皇威廉二世

争将在1917年7月或1917年8月上旬结束。同样,柏林政府也夸大了自己的优势。这并不奇怪,因为德国潜艇有一个特点,即只有站在潜望镜旁边的指挥官才知道真实发生的事情。潜望镜旁边的指挥官可以报告说击沉了一艘五千吨的船,并且没有人会反驳他的说法,因为其他将士并没有看到水面上的情况。当然,指挥官不会贬低自己的成就。因此,柏林政府知道的被击沉的船的吨位大大超过实际被击沉的船的吨位。

德国政要的讲话同样充满信心。

德皇威廉二世说:"在即将到来的决战中,海军的任务是采取饥饿战,打败试图打倒德国的英军,然后集结所有力量发动海战,打败英国及其协约国。其中,潜艇将处在战斗最前沿。我认为,在其他作战武器的配合下,在德国精神的支持下,在战争的整个过程中,我们在海军造船厂里运用前沿技术制造的武器可以使海军出色地完成任务,打破其他国家试图打败我们的计划。"

德国内政部长卡尔·赫尔费里希说:"在饥饿导致的生死搏斗中,英国非常渴望获得食物。1916年,人们认为英国可以利用全世界的土地与德国竞争。但现在,英国看到自己面临的形势前所未有。因为我们的潜艇可以有效地封锁英国

卡尔·赫尔费里希

海域，所以英国不能继续控制海洋。我们已经考虑过所有后果。我们敢于这样做，并且决不允许任何人或任何国家从我们手中夺走属于我们的胜利果实。"

现在，读德国政要的声明就像读古代历史一样，但这些声明是在1917年2月发出的。当时，美国人和英国人面带微笑读着德国政要的声明，认为德国人大言不惭，同时从战争中了解了德国人的狂妄自大。这些声明都是用来支撑萎靡不振的德国精神的空话。荒谬的是，德皇威廉二世及其顾问们居然真的相信声明中的大话。他们不但相信自己说的话，而且正如已经解释的那样，有充分理由相信声明中的话。德皇威廉二世和德国官员们认为战争将在1917年7月1日或1917年8月1日结束。与我联系的英国官员认为，战争会在1917年11月1日结束，但前提是协约国找不到任何遏制德国潜艇的方法。

第2节 航运战争

我们怎样才能打败德国潜艇？在讨论这个话题前，我们最好先了解一下1917年春夏在英国海域发生的事情。迫使协约国屈服的新型战争是什么？在已知的记录中，人们对此类战争一无所知。1914年8月4日，当英国政府将所有人力和其他资源投入到对抗德国的战争中时，谁也没有预料到新型战争。

必须承认，如果完全不考虑国际法和人道主义，那么从战略方面来说，德国无限制潜艇战部署周密，其目的是在德国方面集结力量，而集结的力量一直被证明是国际冲突中的决定力量，即海上力量。对海洋的控制为控制海洋的国家带来了明显优势。首先，控制海洋确保了该国与外部世界及其盟国之间的航道，同时切断了对立国的航道。通过控制海洋，在海上占主导地位的国家可以利用全世界的资源，为本国人民运输粮食，为国内的生产制造提供原料，为军队输送军需品，同时维持其经济赖以发展的海上贸易。控制海洋的强国可以将军队运送到任何作战区域。当海上力量将所有优势整合到占主导地位的国家时，该国必定会拒绝给对手同样的优势。其次，海上力量的巨大优势就是封锁。如果对方在农业和工业上依赖外部世界，那么海上力量可以将其转变成一个被围困的堡

霍雷肖·纳尔逊

垒,最终迫使其无条件投降。被围困一方的作战并不引人注目,但会使自己走向不可避免的灭亡。

我非常熟悉这一事实。我坚持在此引用这个事实只是为了吸引读者注意另一个并不明显的事实。从英国报纸的报道来看,战争中最常见的也许是英国舰队控制了海洋。我已经说过,这种情况是所有学历史的学生都坚信英国永远不会被打败的原因。直到1917年春,我们才真正了解了实际情况。在英国待了几天后,我有了重大发现——英国并没有控制海洋,但仍然控制着霍雷肖·纳尔逊时代意义上的海洋。也就是说,英国舰队成功"遏制"了德军战斗小舰队。在作战

戴维·法拉格特

的大部分时间里，德军战斗小舰队一直被堵在德国港口里。从前，与英国舰队一样的海上力量很容易为协约国赢得战争。但目前，英国对海洋的控制并不是现代意义上的海洋控制，而是对海面的控制。在现代海战中，海洋控制远不止控制海面，因为有一种新型船可以在海面下航行，只在特定的时间暴露自己的位置，并且能够发射可怕的武器，在几分钟内击沉最令人引以为豪的水面舰艇。新型潜艇的存在使现在的海上控制与霍雷肖·纳尔逊时代的海上控制迥然不同。1917年初，在一片广阔海域里，潜艇能够在水下随意行动。因此，认为某支海军能够控制海洋的观点是荒谬的。1917年，德国人成功利用潜艇剥夺了英国海军最具决定性的战争优势。换句话说，英国海军再也不能像霍雷肖·纳尔逊时代和戴维·法拉格特时代那样保护本国的航道，也不能为交战国提供军需物资，为制造业提供原材料或进行海上贸易,更不能自由调动军队。如果一个交战国像1917年春协约国那样每月损失八十万吨或九十万吨航运物资,那么说它是无可争议的海上霸主的说法显然是荒谬的。如果德国无限制潜艇战以目前的状态持续下去,那么美国不可能将军队运送到法兰西。美国运往欧洲的物资虽然对协约国赢得战争至关重要,但永远无法越过海洋。

换句话说,德国对海洋的控制会使英国试图削弱德国的力量变成对英国的封锁力量。英国会将自己孤立起来,而不是将德国与世界其他国家隔离开来。

在适当的时候,我会解释海面控制和海洋控制之间的直接联系,揭示控制海面的国家也可能控制海洋的真相。但1917年早春,就商船运输来说,海面控制并没有发挥作用。

德国 U 型潜艇

当然，正如我指出的那样，德国采取残酷的无限制潜艇战的目的是使战场上的协约国军队和协约国的人民得不到海外补给，而海外补给对赢得战争来说必不可少。不列颠群岛的地理位置很适合德国开展封锁计划。事实上，孤立的大不列颠岛和周围海域为德国的作战计划提供了理想的战场。为了便于对比，我们可以先看一下美国的地理位置。看看地图就可以发现，用潜艇对美国实施封锁几乎是不可能的。首先，潜艇在离基地三千多英里的地方作战将会遇到几乎无法克服的困难。德国偶尔可以派一艘潜艇前往美国海岸，但几乎不可能维持任何类似于常规战或持久战的战役。

即使德国能派一支军队在美国海域作战，其他自然困难也会击败德军的所有努力。贸易航线呈扇形状靠近大西洋海岸，扇形上不同的点指向诸如波士顿、纽约、费城、诺福克等美国港口和墨西哥湾的一些港口。为了摧毁到达美国港口的运输船，德军必须派潜艇到所有航线上。这是一项浩大的工程，根本不值得尝试。此外，如果德国试图在大西洋海岸封锁美国，那么美国可以将航运转移到太平洋沿岸的港口。美国横贯大陆的铁路系统将使内部运输变得简单快捷。当然，最重要的是，美国是一个自给自足的工业和农业实体。因此，即使德军克服了所有几乎无法逾越的障碍进入潜艇封锁区，美国人也不会被饿死，更不可能被迫投降。但不列颠群岛的情况与此完全不同。大不列颠岛需要从海外获得大量食物和原材料。根据当时的可靠说法，1917年4月，英国国内的食物只能维持六周或两个月。前往英国的补给船经过的贸易航线使潜艇封锁成为一个相对简单的问题。与美国海岸的情况不同，英国现在要处理的是一个瓶颈问题，而不是扇形航线问题。靠近美国港口时，通往大西洋海岸的贸易航线会扩散开来。然而，通往英国的贸易航线几乎会聚成了一个点。轮船通过海上航线从六大洲为英国运来食物和原材料，会聚在爱尔兰海和英吉利海峡。因此，德国潜艇不需要在两三千英里长的海岸线上巡航，就可以切断前往大不列颠岛的航道，但在海岸线上巡航是封锁美国必不可少的。因此，德国潜艇只需在爱尔兰西部和南部的海域游弋。

爱尔兰西部和南部海域正是德国选择的主战场所在地。在这里，德国U型

利物浦

潜艇极具杀伤力。爱尔兰西部和南部海域构成了德国U型潜艇的"狩猎场",因为来自美国的大量补给船都会经过这片海域,然后驶向利物浦和海峡中的港口。除了U型潜艇,德军还有其他类型的潜艇,我会在下文描述。但U型潜艇是德军的主要潜艇。U型潜艇体积庞大,排水量约八百吨,能运载八枚到十二枚鱼雷及足够的燃料和补给,确保潜艇在海洋上航行三个到四个星期。在这里,我想要纠正一个普遍的误解。大多数人认为,德国U型潜艇在爱尔兰和西班牙海岸设有基地,但实际上没有,因为爱尔兰和西班牙海岸的基地对U型潜艇没有特别的用处。潜艇的巡航期也不像人们普遍认为的那样,取决于燃油和食物供给,因为在一段不确定的时间内,任何一艘潜艇都能携带足够的必备物资。此外,普通的U型潜艇可以轻易穿越大西洋并返航。潜艇的巡航周期依赖鱼雷的供给。用完了所有鱼雷后,潜艇才会返回基地。潜艇如果在二十四小时内发射完所有鱼雷,就可以结束巡航;如果航行一个月后还有鱼雷,那么就会坚持航行一个月。基于此,爱尔兰海岸的潜艇基地只有在能够补充鱼雷的情况下发挥作用,而这

泽布吕赫的德军炮台

显然是不可能的。U型潜艇的基地一点儿也不神秘。德军占领了比利时西北部的布鲁日后,将布鲁日变成了潜艇指挥部。许多U型潜艇会聚集在布鲁日。布鲁日有停靠潜艇的码头,也有修理潜艇的设备和为潜艇提供的供给。因此,布鲁日成为德国无限制潜艇战的主要指挥部之一。布鲁日是一个内陆城镇,但有两条向外延伸的运河,分别延伸到比利时西北部的奥斯坦德和泽布吕赫。因此,德国的内陆潜艇基地构成了一个三角形,U型潜艇通过布鲁日的运河到达公海。

一旦进入英吉利海峡,德国潜艇就可以选择两条路线前往爱尔兰西部和南部海域。很多德国潜艇在穿越北海和苏格兰海域的时候,会穿过苏格兰东北部的奥克尼群岛和北部的设德兰群岛之间的费尔岛通道,然后沿苏格兰西部的赫布里底群岛航行,有时会在其中一座岛上登陆,有时会在爱尔兰西海岸附近登陆,但需要耗费很长时间。实际上,德国潜艇没有必要绕道航行。前往爱尔兰西部和南部海域的航行看起来是一段漫长艰难的旅程,但航行时间并没有完全被浪费掉,因为正如沉船图显示的那样,U型潜艇通常会在前往"狩猎场"的途中摧毁几艘船。但对U型潜艇来说,还有一条前往"狩猎场"的更短路线。我必须纠正另一种普遍存在的误解。在当时的战争中,许多报道描述了从英国东南部的多佛到法国北部的加来,途中穿越英吉利海峡的拦阻线。人们普遍认为,这条拦阻线使德国U型潜艇不能顺利通过英吉利海峡。但不幸的是,事实并非如此。英国水面舰船经英吉利海峡成功运送了军队和供给,但为阻挡德国潜艇铺设的水雷、战用水雷网和其他障碍物并没有发挥预期的作用。1914年,英国海军对水雷知之甚少,很多士兵一直看不起水雷,认为水雷是"战斗力较弱的武器"。因此,所谓的英吉利海峡"水雷拦阻线"没有发挥作用也就不足为奇了。其中大部分水雷被猛烈的潮汐和风暴带走了。水雷的缺点十分明显。牡蛎和其他附着在水雷尖头上的海洋生物使水雷失去了杀伤力。1918年,海军上将罗杰·凯

罗杰·凯斯

斯用一种新型水雷重建了"水雷拦阻线",并将其转变成一道真正有效的屏障。但1917年春,德国U型潜艇几乎不费吹灰之力就通过了英吉利海峡,尤其是夜间。爱尔兰西部和南部的贸易航线相对较短。虽然德国U型潜艇的杀伤力非常大,但在爱尔兰西部和南部海域及其他海域同时作战的U型潜艇数量并不多。有人认为,爱尔兰西部和南部海域到处是德国潜艇,但这是一种普遍存在的误解,也是非常荒谬的。英国商船不断报告说遭到了"浅滩潜艇"的袭击,但大多数人仍然认为德国潜艇像鱼群一样,以小舰队的形式航行。在穿越大西洋的途中,几乎所有美国步兵都看到了至少十几艘潜艇。每一层由"激潮浪"激起的泡沫,或每一条海豚的游行路线,都会被误认为是鱼雷的航迹。横跨大西洋的航行者会将漂流木想象成潜望镜的外形。然而,事实上,任何一艘德国潜艇从基地潜入大海的时候,我们都会得到消息。协约国的情报部门比德国情报部门更具优势。我要特别向英国海军情报部致敬。我们不仅知道德国有多少艘潜艇,还能准确辨别德国潜艇在特定时间的位置,同时获得了关于德国建造潜艇的信息,估算出了德国建造潜艇的数量和地点,甚至了解了德国人的本质特征,以及德国人建造潜艇的进度。

潜艇从基地驶出并不是一件简单的事。协约国不断在德国潜艇基地出口布设水雷。U型潜艇安全离港前,需要进行一项彻底的扫雷工作。一支由九艘或十艘舰船组成的德国扫雷中队需要工作几个小时,才能使潜艇驶出基地。因此,我们可以仔细观察德国扫雷中队的一举一动,然后获悉德国潜艇什么时候出来,出来的是哪一艘潜艇,以及谁是潜艇指挥官和其他有价值的细节。此外,我们还知道德国潜艇的去向,并绘制图表记录每艘德国潜艇的航行情况。

每当我解释这个问题时,人们都会问我:"那你们为什么不击沉德国潜艇呢?"正如我即将说明的那样,这个问题仅仅反映了人们对潜艇战的无知。

现在,从爱尔兰北部延伸到法兰西布雷斯特的集货区,同时进行潜艇战的德国潜艇通常不超过八艘或十艘,有记载的最大数字是十五艘。参加潜艇战的是一支特殊军队,通常由四艘潜艇、六艘潜艇、八艘潜艇或十艘潜艇组成。然而,美国商船护航队和运兵舰上的士兵们看到德国潜艇遍布海面。据我们估计,商船护航队和运兵舰报告说自己看到了约三百艘德国潜艇,每艘潜艇都参加了战斗。然而,我们知道,每一百艘德国潜艇中,只有十艘或者十二艘潜艇可以留在公海上,其余的潜艇正在前往"狩猎场"的途中,或者在返回途中,或者在港口整修并获取补给。1917年春天和冬天,如果德军在主要航线上布置五十艘潜艇,那么在我们找到解决办法前,德国一定会赢得战争。一个月内,德军会击沉两百万吨或三百万吨船舶,而不是八十五万吨。事实是,在为战争做准备工作时,德国没有为自己提供一件可以确保赢得战争的工具。

虽然数量很少,但德国潜艇依然取得了巨大成就。这表明我们面对的问题十分可怕。当然,德国之所以可以取得巨大成就,是因为协约国的很多商船需要经过德国控制的海域。

我已经描述了德国U型潜艇在爱尔兰西部和南部海域的作战情况,但德国还有其他"狩猎场"。从哈里奇到纽卡斯尔的英国东部海岸船舶来往众多,大多数船在英国北海港口、挪威和瑞典之间航行,运输木材和生活必需品。每四天会有一支由四十艘到六十艘船组成的护航队离开英国东部海岸的某个港口,向斯

哈里奇

UB 小型潜艇

堪的纳维亚半岛驶去。虽然我使用了"护航"一词,但这里的"护航"仅仅指很多船成群结队航行,因为英国海军无法为所有船提供足够的护航舰,甚至无法提供一到两艘驱逐舰,或几艘快艇和拖网渔船。被称为UB和UC的小型潜艇从德国北部威廉港和斯卡格拉克海峡出发,不断攻击英国东部海岸的航运。与U型潜艇相比,UB和UC小型潜艇体积更小,排水量约为三百五十吨和四百吨,通常会携带水雷并执行布雷任务。小型潜艇比大型潜艇更快,可以迅速驶出或返回基地,对英国东部海岸的贸易造成了巨大破坏。与英国在跨大西洋航线上遭受的损失相比,英国东部海岸的损失并不重要,但依然是一个严重问题,因为对法国的军事行动来说,从北欧国家运来的供给必不可少。

除了U型潜艇和UB小型潜艇与UC小型潜艇,德国还有一种大型巡洋潜艇。巡洋潜艇和小型水上巡洋舰一样长,但只有驱逐舰的一半长,排水量有时可以达到三千吨,能够运载七十名潜艇兵,在不入港的情况下穿越大西洋三次到四次,有些甚至可以离开基地长达三四个月。但巡洋潜艇很难操控,需要很长时间才能潜入水中。因此,巡洋潜艇无法在英吉利海峡和其他反潜艇舰船众多的地方作战。事实上,签署停战协议时,正在服役的德国巡洋潜艇约有六艘,但在战争中没有取得任何成就。建造巡洋潜艇主要是出于战略目的。大西洋北部的亚速尔群岛通常会有一两艘巡洋潜艇,其目的不是摧毁敌船,而是迫使主要战区的反潜部队转移出去。事实上,巡洋潜艇击沉的商船很少。然而,就这一目的而言,巡洋潜艇也没有完成任务。我没有发现巡洋潜艇取得什么成就。用来证明德国建造巡洋潜艇的花费和遭遇的麻烦是值得的。

第3节 捉迷藏游戏

上述内容是德国潜艇针对协约国航运发动的战争。1917年4月,为了抵抗德国潜艇,协约国海军采取了哪些行动?研发了何种反潜方案?

UC 型潜艇的轮机舱

埃里克·格迪斯爵士

　　大西洋两岸最受欢迎的游戏是设计一种可以控制德国潜艇的方案。报纸、杂志，公众人物和俱乐部绅士都制订了自己最喜欢的方案，试图击败德国U型潜艇。这一吸引人的消遣活动需要北海地图。随后，解决方案会像白天一样清晰。正如英国的埃里克·格迪斯爵士曾经对我说的那样，没有什么事物像地图一样具有欺骗性。人们可能会将海军问题建立在研究地图的基础上。在地图上，北海是一个很小的地方。一位年轻女士曾在我的听证会上提出，她不明白德国潜艇是如何在英吉利海峡作战的，因为英吉利海峡实际上非常窄。她想知道德国潜艇如何在狭窄的英吉利海峡调转方向。事实上，英吉利海峡最窄的地方二十英里，最宽的地方二百英里。显然，这一点是很难理解的。

当时最受欢迎的方案是将德国潜艇阻挡在潜艇基地里,以防德国潜艇进入北海。毫无疑问,解决问题的最好办法是击沉整支德国潜艇舰队,但这显然是不可能的。因此,另一种办法是让德国潜艇留在母港,阻止其在公海上航行。街上的普通人也支持这个方案,但这种方案也是行不通的。我和几位重要官员进行了长谈,他们问我为什么不能这样做。

我回答道:"我可以说出十四个不能这样做的理由。首先,我们必须占领德国潜艇基地,否则阻挡德国潜艇的方案等于自杀,会将我们直接送到德国人手中。德国潜艇基地受到十五英寸口径、十一英寸口径和八英寸口径大炮的保护,大多隐蔽在山后或位于海岸的凹陷处,附近的船看不见基地的具体位置。其次,德国潜艇基地大炮的射程为四万码,但我们船上配置的火炮的射程不超过三万码。德国潜艇基地是静止的,我们的船是移动的。让我们的船对抗德国潜艇基地的大炮,相当于让一名盲人职业拳手对抗眼清目明、力量是其两倍的对手。我们可以尽可能多地派出远征船,但远征船最后都会被摧毁。在第一次齐射时,德国大炮可能会摧毁我们大多数船;第二次齐射时,我们的船必定会被彻底摧毁。德国人很愿意看到我们这样做。"

仔细看一下地图也许会想出另一种方案,即建立从苏格兰东北的奥克尼群岛到挪威海岸横穿北海的拦阻线。从地图上看,这段距离并不长,但实际上长达二百三十英里,水深在三百六十英尺到九百六十英尺之间。战略家在报纸上说:"我们如果不能将老鼠关在洞里,那么可以做一件好事——将老鼠关在北海里。然后,我们可以通过各条航线将补给送到英国西海岸。这样一来,问题就解决了。"

我和英国海军官兵们讨论了这一方案。他们的回答切中要害:"我们甚至没有足够的水雷设立一条长二十英里的横穿多佛海峡的拦阻线,那么如何设立一条长二百三十英里的横穿北海的拦阻线呢?"

正如下文会提到的那样,1918年,设立拦阻线的方案变得切实可行。但1917年,这个想法不太可能实现,因为当时没有足够的水雷,适合设立拦阻线的水雷也没有发明出来。

武装商船

对抗德国潜艇最有效的办法是在所有商船上配备大炮和炮手。在美国，这种观点很盛行。英国的一些老水手也持同样的观点，他们一直对英国海军部说："给我们一门大炮，我们有能力应对德国潜艇。"但这种观点是荒谬的。美国宣战前，武装商船成了美国国会讨论的一个重大政治问题。在国会议事录中，有几十页记录都是关于武装商船的。然而，在为协约国的航运提供保护方面，所有争论都没有意义。主张以武装商船对抗德国潜艇的人根本没有掌握潜艇战的基本特点，更不明白最重要的事实，即德国潜艇具有难以应对的隐形能力。在争议中，美国国会提到的重大政治问题和促使美国参战的问题，其实是因为德国人在没有发出警告的情况下，击沉了协约国的商船。因此，商船上的大炮没有发挥任何实际保护作用。因为德国潜艇藏在水下，所以在商船的瞭望台上看不到德国潜艇。如果德国潜艇露出潜望镜，那么具有敏锐洞察力的眼睛就可以发现潜望镜。

鱼雷触碰到商船船体，引起爆炸。商船立即知道附近有德国U型潜艇。1917年春到初夏的六个星期里，在王后镇，三十艘全副武装的协约国商船遭到鱼雷袭击后沉没，沉没前没有看到任何潜望镜或司令塔。英国人一直不信任没有护航驱逐舰的海上战舰。当然，如果一艘武器装备精良的战舰不能保护自己免受德国潜艇的攻击，那么一艘普通武装商船更无法保护自己。很多人认为，1917年，很少有美国武装商船遭到德国潜艇的袭击并沉没，因为这些船上的大炮提供了保护。但实际上德国的一项政策给了美国武装商船豁免权。正如我提到过的那样，德国希望在美国对战争结果产生影响前赢得战争。因此，为了防止美国人对德国产生不必要的怨恨情绪，无视美国武装商船的行为是一项政治策略。德国在美国埋下了一粒和平的种子，希望美国不要用已经掌握的武装力量对抗德国。美国武装商船没有被击沉的原因仅仅是没有受到严重袭击。我已经说过，德国可以轻而易举地击沉美国武装商船。任何试图依靠武装保护对抗德国潜艇的行为都是错误的，其本质只是一种防御措施。但显然，当时的严峻形势要求我们采取积极主动的进攻模式。武装商船只是一种次要防御措施。迫使德国潜艇潜入水下并使用鱼雷而不是大炮其实是一种巨大收获。毫无疑问，德国人更愿意用大炮击沉协约国商船，因为鱼雷数量有限。

1917年4月，英国海军主要从两方面对抗德国潜艇。一方面，英国海军不断在比利时西北部的奥斯坦德和泽布吕赫的德国潜艇基地入口附近布雷，同时在欧洲北海东南部的黑尔戈兰湾布雷。但布雷效果并不显著，因为德国人扫雷的速度几乎和英国海军布雷的速度一样快。另一方面，在德国潜艇出没的区域，英国海军派反潜舰队巡航。英国海军部几乎完全依赖巡航舰队。然而，这项唯一有可能击败德国潜艇的计划几乎没有取得任何进展。

在此次巡航中，英国海军派出了驱逐舰、快艇、拖网渔船、海上拖船及其他能集合起来的轻型船。任何能携带无线电、大炮和深水炸弹的船几乎都被派了出去。当时，英国海军主要使用的是驱逐舰。海战表明德国潜艇无法成功与驱逐舰作战。只要进入敏捷的小型水面舰艇的战斗范围内，U型潜艇就会非常危险，极有可能被击沉。一旦U型潜艇受到驱逐舰的攻击，就很可能被摧毁。这一基本事实调节着整个反潜战。因此，显而易见，德国有效的战略部署是合理安排潜艇，将潜艇遇到驱逐舰后的风险降到最低，从而进行潜艇战。此外，如果作战策略合理，协约国就能控制局势，利用驱逐舰对抗德国潜艇。

实事求是地说，1917年早期，在这场战略游戏中，德国占据了优势。德国潜艇不断攻击协约国的船，并且一直没有遇到协约国的驱逐舰，因此，德国人占据了主导地位。协约国的驱逐舰分散在广阔的海域上。德国潜艇的优势并不是源于德军的高超战术，而是现实因素。英国人与所有困难勇敢地做斗争，但英国海军和其他国家的海军一样，并没有做好应对潜艇战的准备。1917年，由于没有足够的驱逐舰，英国海军无法保护自己的战斗舰队和海上贸易。事实上，1914年前，人们认为英国海军的驱逐舰在战争中只有一个作用，即保护大型水面舰船。但现在，德国发动了针对协约国商船的新型战争。因此，英国海军的驱逐舰必须担负起新责任。显然，英国驱逐舰的数量并没有达到防御标准。

结果表明，我们可以用简单的算术表述令人尴尬的驱逐舰问题。正如我之前提到的那样，一切问题都可以简化成驱逐舰问题。1917年4月，可供英国海军使用的驱逐舰约有两百艘，但大部分驱逐舰都很陈旧，一些驱逐舰经过三年服役期后磨损严重，战斗力严重不足。英国海军部打算将驱逐舰部署在能够有效帮助协约国的战场上，但必须优先考虑的一个条件是：一支至少由一百艘驱逐舰组成的小舰队必须与主力舰队协同作战，随时准备行动。从中我们可以清楚地看到，德国的海战方略是让德国公海作战舰队一直驻扎在港口，避免与协约国海军作战。这一方略对潜艇战影响深远。只要有交战的可能性，英国的主力舰队就必须时刻准备应对危机。做准备工作时，小舰队必须随时准备保护主力舰队。

德国舰队如果正面参加一场大型海战，那么毫无疑问会战败。战败意味着面临比损失战舰更大的灾难，因为损失战舰并不能彻底改变潜艇战的局势，但战败的真正致命后果是，在苏格兰的斯卡帕湾，英国不再需要准备一百艘或更多驱逐舰。到时候，德国将派出潜艇，英国驱逐舰将与德国潜艇作战。现在，德国人不仅要确保自己的战舰不受损害，还要拒绝开战，但又威胁说要参战。于是，德国海军将一百艘英国驱逐舰堵在苏格兰东北部的奥克尼群岛上，防止英

斯卡帕湾的英国军舰

国驱逐舰对爱尔兰海岸附近的德国潜艇进行毁灭性打击。需要考虑的一个因素是,在北欧的日德兰半岛海域,德国公海作战舰队曾经与英国舰队交战。因此,历史或许会重演,甚至会对美国产生影响。英国在苏格兰的斯卡帕湾保留了驱逐舰。关键时刻,英国海军部曾多次讨论是否派出斯卡帕湾的驱逐舰或部分驱逐舰,前去参加反潜战。但英国海军部明智地决定不使用驱逐舰队。当时,德国舰队的舰船数量并不比英国的舰船少,并且拥有一道由约一百艘驱逐舰组成的保护墙。对英国人来说,派爱尔兰海岸几百英里外的驱逐舰参加战斗是一种疯狂行为。我之所以强调这种情况,是因为我发现,在美国,英国海军部一直受到指责,因为英国海军部派强大的驱逐舰队保护主力舰队,而没有派驱逐舰队与德国潜艇作战。实际上,这一指责是基于对整个海战的误解。如果没有驱逐舰队做保护墙,那么英国舰队可能已经被德国潜艇摧毁;如果英国舰队被摧毁,那么战争就会以协约国的失败告终。因此,不在北方海域保留一支驱逐舰队意味着背离文明事业,使德国轻易获胜。

实际上，德国潜艇攻击了英国舰队的医疗船，使很多英国驱逐舰无法正常运作。德国舰队的卑劣行径传播开来后，美国人和英国人都觉得不可能，认为德国人也许不是故意的，因为德国承诺遵守在海牙和平会议上签署的旨在减少战争恐怖行为的公约。因此，英国和美国选择暂时相信德国。但德国人冷酷无情，违背了公约。事实上，德国潜艇不仅故意攻击了英国舰队的医疗船，还发出正式警告，称会继续攻击协约国的医疗船。德国发出警告的理由很清楚。众所周知，在反潜艇战中，战争的关键就在于驱逐舰。协约国收到德国的警告前，英国舰队的医疗船就将自己的安全交给了海牙和平会议签署的公约，在没有得到战舰护航的情况下出海了。德国攻击英国舰队医疗船的目的是逼迫协约国派出驱逐舰保护英国舰队的医疗船，从而将协约国驱逐舰从反潜艇战中转移出去。当然，英国被迫接受了德国的计划。如果盎格鲁-撒克逊人的想法和德国日耳曼人的想法相似，那么协约国就会认清当时的形势，应该扰乱德国的计划，以防驱逐舰从反潜艇战中转移出去。如果不转移驱逐舰，协约国就会获胜。换句话说，协约国应该让英国舰队的医疗船决定自己的命运，因为协约国要完成比拯救英国舰队的医疗船更重要的使命。这样一来，协约国就有充分的理由不转移驱逐舰，同时会心安。然而，英国人和美国人的想法与德国人的想法截然不同。协约国不可能抛弃生病或受伤的士兵，让其成为德国潜艇的俘虏。因此，收到德国的警告并证实没有受到任何保护的英国医疗船被摧毁后，协约国开始为幸存的医疗船配备护航驱逐舰。在反潜艇战中，协约国感到不安，因为当大批战舰同时行动时，更多医疗船需要得到保护。协约国采取了保护医疗船的措施后，德国人不再攻击生病或受伤的士兵，因为德国试图将协约国驱逐舰赶出德国潜艇基地的目的已经达到。因此，协约国被迫为不幸的士兵提供了护航驱逐舰。如果协约国暂时撤回驱逐舰，那么德国潜艇会立即对医疗船发动第二次攻击。

当时，英国海军不仅维护了人类在海上的自由权利，而且前往法兰西保护了人类在陆地上的安全。事实上，英国人必须支持强大的英国舰队。在一定程度上，英国舰船很容易成为德国潜艇的猎物。此外，如果要确保英国舰队不受攻击，就必须保证英吉利海峡的安全。从英国运往法兰西去牵制德国军队的士兵和供给都要经过英吉利海峡。如果暂停英国与法国之间的联络，即使很短暂，也意味着德国人将占领巴黎，占领整个法国，同时意味着战争结束，至少是结束陆地上的战争。四年中，英国运送了约两千万人通过英吉利海峡，其间没有损失一人。英国派出大量驱逐舰和其他轻型水面舰艇保护运输军队的船，从而取得了巨大成就。然而，运送军队并不是英国肩负的唯一责任。在大西洋的其他海域，由于现实和政治方面的原因，英国驱逐舰队不得不执行护航任务。地中海不仅有通往东方的贸易航线，而且有延伸到意大利、埃及、巴勒斯坦和美索不达米亚地区的供给线。如果德国切断意大利的物资供应航线，那么意大利将被迫退出战争。为了迫使意大利退出战争，德国和奥地利的潜艇从奥地利的亚得里亚海港口驶出，不断攻击地中海地区的商船。此外，德国潜艇目前取得的胜利将迫使协约国放弃萨洛尼卡远征行动，从而使同盟国[①]完全统治巴尔干半岛和中东地区。因此，在地中海地区，协约国有必要维持一支规模较大的驱逐舰队。

    因此，英国海军需要作出选择，决定派驱逐舰队保护哪些海域。令人感到痛苦的是，英国海军无力保护所有危险海域。由于供英国海军调遣的军力有限，一些海域将不可避免地遭到德国U型潜艇的攻击。至于哪些海域能得到驱逐舰队的保护，将是一个关于平衡几大利益冲突的问题。1917年4月，英国海军部决定优先考虑保护英国主力舰队、医疗船、英吉利海峡和地中海。显然，英国几乎将整支驱逐舰队部署在了上述地区。经过综合考虑，大家一致认为这一部署是唯一可行的。将驱逐舰部署在选定海域后，虽然爱尔兰西部和南部横跨大西洋海岸的大片海域至关重要，但没有得到足够保护。形势危急，在爱尔兰西部和南部海域，有时只有四五艘驱逐舰巡航，最多的时候不超过十五艘，但德国潜艇的数量也不多。普通人认为，目前的形势并没有特别令人绝望，但任何比较都是荒谬的。在海面上，英国驱逐舰密切观察着德国潜艇的一举一动，但德国潜艇可以随时潜入水下隐藏起来。因此，我们有理由说明为什么这场军事竞赛是不平等的。除了其他需要考虑的因素，协约国采取的作战方式必然是无效的，但目前

---

① 同盟国（Central Powers），由德国、奥匈帝国、奥斯曼帝国及保加利亚王国组成，在第一次世界大战与协约国为敌。

的安排是唯一可行的，除非有足够的驱逐舰保护所有舰艇。在当时的情况下，所谓的巡航舰队几乎没有取得任何成就。执行巡航任务的英国驱逐舰队驻扎在王后镇，从王后镇港口出发，在英吉利海峡和爱尔兰附近海域巡航，希望可以发现德国潜艇。英国驱逐舰队巡航的主要目的是搜索德国潜艇，然后击沉或驱逐德国潜艇。当然，英国驱逐舰并不愿意执行巡航任务。对新手来说，四五艘驱逐舰要到处搜索藏在水下约一百英尺处的德国潜艇，几乎不可能有什么收获。在被发现之前，德国潜艇可以看到水面上的驱逐舰，从而迅速隐藏自己。必须明白的是，英国如果要出色完成搜索任务，就必须派出大量驱逐舰。我们认为，为了圆满完成巡航任务，英国有必要在每平方英里海域安排一艘驱逐舰。王后镇附近的巡航海域约二点五万平方英里。显然，如果要全面保护横渡大西洋的贸易航线，英国就需要派出约二点五万艘驱逐舰。但正如我说的那样，在爱尔兰西部和南部海域，英国只能安排四艘到十五艘驱逐舰。

因为英国驱逐舰队的规模非常小，所以德国潜艇一直在和其玩捉迷藏游戏。1917年4月的船舶沉没图告诉我们一个有趣的事实：在爱尔兰海域或英吉利海峡的入口，虽然被德国潜艇击沉的船很多，但遭到鱼雷袭击的英国商船很少。爱尔兰海域和英吉利海峡入口比较狭窄，因此聚集着很多船，小型驱逐舰也在这里巡逻。显然，德国潜艇避开了爱尔兰海域和英吉利海峡的入口，在公海上对英国商船发起了攻击，有时也在爱尔兰西部和南部两三百英里的海域发起攻击，目的是将巡航驱逐舰队引到公海上分散开来。德国的策略逐步取得了成功。但英国商船可以经六条不同的航线到达英吉利海峡和爱尔兰海域。一天，德国潜艇沿着一条航线对英国商船发起了进攻。随后，英国驱逐舰队赶到作战现场后，德国潜艇立刻离开了，并在数英里外的另一条航线上发起了进攻。当驱逐舰队赶过去的时候，德国潜艇又跑到了其他地方，乐此不疲地玩着捉迷藏游戏。在捉迷藏游戏中，德国潜艇能够很好地隐藏自己，占据了优势。与此同时，潜艇战和反潜战实际上就是一场捉迷藏游戏。英国驱逐舰永远看不到德国潜艇，但德国潜艇随时有可能发现英国驱逐舰。这就是协约国即将失败、德国即将成功的原因所在。

第4节　美国的海军政策

为了说明形势的严峻性,请允许我引用当时发给华盛顿的报告。1917年春,我在很多急件中作出了如下声明:

> 德国无限制潜艇战呈现出来的军事形势不但严峻,而且非常紧急。
>
> 无法忽视的重要事实是,我们没有成功,或者德国人暂时取得了成功。
>
> 我们参加的协约国事业失败了,或者说部分失败了,其后果产生了深远影响。因此,我非常担心,想要确保在历史的法庭面前,美国在战争中起到的作用能够接受每一次审查。目前的形势非常严峻。毫无疑问,如果美国更多海军加入战争,那么协约国的胜利将得到保证。
>
> 简而言之,就目前的情况来看,我认为我们正在走向失败。

现在,美国面临的另一个重要问题是,在这场危机中,美国的海军政策应该是什么?对此,人们意见不一。一些人认为,美国的北大西洋舰队应该立即进入欧洲海域。然而,这一做法不但不可能,而且从战略上来说非常不明智。事实上,北大西洋舰队进入欧洲海域的部署将很快被德国打破。海军专家立即取消了这一部署。当时,由于不能保证舰队供给,尤其不能保证石油供给,美国不可能在欧洲海域驻扎舰队。德国U型潜艇成功控制了欧洲海域的油轮,使美国很难向英国舰队提供石油燃料。英国石油供给形势非常严峻。1917年6月29日,我向华盛顿汇报石油紧缺情况时说道:"我们已经接到命令,除了紧急情况,我们要按照原速度的五分之三航速行进。这意味着德国人正在赢得战争。"幸运的是,德国对协约国的石油紧缺情况一无所知。德国人如果意识到了协约国石油紧缺问题,一定会破坏英国舰队的海上航行,同时阻挠美国对协约国的石油供给,从而得到海上的实际控制权。然而,德国情报部并没有掌握这一重要情况。

石油紧缺使北大西洋舰队无法进入欧洲海域,至少当时是无法进入的。由于协约国的大部分石油是从美国运来的,因此,1917年春天和夏天,协约国根本不可能为欧洲的无畏战舰提供燃料。此外，美国如果将所有大型战舰派到英国，就应该让驱逐舰随时待命，准备进行一次重大的海上行动。这与德国的计划完全相符，因为当时的美国驱逐舰无力对抗德国潜艇。英国确实要求美国派五艘船增援英国舰队，保证英国舰队的安全。随后，美国派出了增援船，但英国没有为美国的无畏战舰提供燃料。事实上，驻扎在英国的大型美国战舰对协约国作出的贡献比驻扎在欧洲基地时作出的贡献更多。美国大型战舰为英国舰队提供了物资储备，与法兰西军队为协约国提供的物资储备一样多。与此同时，美国的战略部署使美国海军有机会将协约国的护航驱逐舰送到作战区域参加反潜战役。在美国海域，大型战舰可以保持最佳状态，因为美国海域有可供训练的开阔海域，成千上万的新兵会被派到战争期间建造的新船上服役。

战争早期，我认为美国海军应该是协约国海军的主要增援力量，美国应该忽略民族自豪感带来的所有问题，甚至忽略隐含的国家利益，充分发挥美国海军的进攻能力，帮助协约国击败德国潜艇。英国的海军资源比美国多。在当时的情况下，美国不能保证自己有能力保护欧洲海域的所有英国船。因此，美国的海军政策应该是使用所有可用舰船，加强协约国航线中的薄弱环节。

有人认为，国家尊严要求美国在欧洲海域建立一支独立海军，同时将这支海军视为一支特殊的美国海军部队进行管理。但我坚持认为，这样做并不能赢得战争。美国如果在欧洲海域建立一支独立海军，那么应该同时建立海军基地，并在签订停战协议时完善基地管理制度。事实上，当时，协约国根本没有考虑过单独行动。在美国，一些人认为将美国舰队全部派往欧洲海域是不明智的，因为美国的海岸线也有可能遭到攻击。人们认为德国会派潜艇到大西洋西部海岸掠夺美国船，或者轰炸美国港口。我前文提到过德国潜艇可以长时间航行。1917年4月和1917年5月的情况要求德国采取远航行动。正如我指出的那样，潜艇防御主要考虑的因素是驱逐舰。美国能够有效帮助协约国海军的唯一方法是立即派出整支驱逐舰队和所有轻型水面舰艇。因此，德国海军的任务是采取各种措施迫使美国驱逐舰队滞留在美国海岸附近。德国海军的表现可能会让爱好和平的美国人感到震惊，甚至激发美国人维护和平的热情。这样一来，美国政府可能会被迫将所有反潜舰部署在美国海域。我认为德国一定会向美国示威。因此，我提醒华盛顿海军当局提高警惕，指出德国在美国海域攻击美国船将不会取得任何成果。事实上，如果美国能诱导德国海军部将所有潜艇集中在美国海岸，而不是进入爱尔兰海域和英吉利海峡，那么最后的胜利将属于协约国。然而，1917年，人们并没有看清事实。我认为德国犯了一个错误，即在美国宣布参战的时候，德国没有立即派潜艇前往美国海岸，而是等到1918年的时候才派出潜艇。当时，德国潜艇对美国海岸的攻击将引发美国人的保护欲，华盛顿当局如果要压制民众的诉求可能会比较困难。这样一来，美国驱逐舰队会一直停留在美国海域，协约国的事业将遭受巨大损失。显然，德国没有这样做是因为不想与美国彻底反目，并且试图延迟美国的军事准备，在不与美国发生流血冲突的情况下赢得战争。

还有一些人认为，将美国舰队的任何一部分暴露在欧洲危险中是不明智的。他们担心如果协约国战败，美国可能需要派出所有海军保卫美国海岸。当然，这一观点不但显得目光短浅，而且十分荒谬，同时违背了战争的基本原则，即交战国必须尽快集结最强大的军队攻击对手。显然，美国的海军政策要求美国竭尽全力确保德国战败。抗击德国的最好办法不是等到德国击败协约国，而是与协约国携手共进，消灭德国在陆地和海上的军事力量。1917年4月，形势要求美国立即发动强有力的进攻。保护美国的最佳方法是摧毁德国在欧洲海域的海军力量，从而确保德国不能在美国沿岸发动进攻。

事实上，在1917年春天和初夏，很少有国家像英国那样面临如此严峻的考验。当时，在不同的几个地方，英国海军陷入了可怕的战争。虽然军力不足，但英国海军依然坚定地保持着英勇无畏的战斗精神。在历史记载中，没有人比当时的英国海军更英勇。与此同时，美国正面临一个千载难逢的机会。美国应该怎么做已经很明确。对协约国来说，爱尔兰西部和南部海域的航线至关重要。但由于其他海域急需英国海军的保护，爱尔兰西部和南部海域无法得到有效保护。因此，美国海军的责任是立即将所有可用反潜舰派到爱尔兰西部和南部海域。

来到伦敦的前四天，我将收集到的所有数据做了分析。我虽然无意对华盛

布赖顿

顿当局发出警告,但相信如果不将所有事实如实呈现出来,将是严重的玩忽职守。我咨询了能为我提供必要细节的所有人,写了一份长达四页纸的电报,首次向华盛顿政府详细描述了目前的严峻形势。

在做收集数据的工作时,我得到了美国驻伦敦大使沃尔特·海恩斯·佩奇的积极配合。沃尔特·海恩斯·佩奇非常热心,全身心投入协约国的事业,认为美国应该在这场重大危机中发挥重要作用。他很乐意与我合作,希望将所有事实汇报给美国政府。发送出去一份急件后的几天,我突然想到,沃尔特·海恩斯·佩奇提供的信息可能会证实我的观点。因此,我立即写了一张便条,并将其带到了英国南部的布赖顿。当时,沃尔特·海恩斯·佩奇正在休息。由于不知道他是否在乎我的观点,或是否有强烈的责任感,我并没有特别强调自己的观点。

沃尔特·海恩斯·佩奇接过便条,仔细读了一遍,然后抬起头说:"语气不够强烈,我想我能做得更好。"

他坐下来，立即给美国总统写了一封电报。内容如下：

来自：沃尔特·海恩斯·佩奇大使
给：美国国务卿
发送日期：1917年4月27日
对美国国务卿和总统来说非常机密

  德国潜艇不断取得成功，我们应该立即发出警报。我得到官方消息，截至1917年4月22日，协约国和中立国共有八十八艘船失踪，总吨位达二十三点七万吨。没有受到攻击的船数表明，参加战争的德国潜艇越来越多。

  因此，在1917年秋天到来前，协约国每个月几乎都会遭受一百万吨损失。到那时，海上将看不到船。大多数船都是在爱尔兰西部和南部海域被击沉的。在爱尔兰西部和南部海域，虽然英国的每一艘反潜驱逐舰都可以对抗德国潜艇，但依然没有足够的力量抵抗德国潜艇的进攻。

  运输军队和补给的英国船面临极大危险。与此同时，在战场上，英国军队受到了严重威胁，食物只够维持六个星期或两个月。

  在未来，美国可以随时为协约国的任何一支军队提供帮助。但现在，在德国潜艇出没的海域，协约国急需美国的帮助，比任何时候都迫切。

  在与英国首相戴维·劳埃德·乔治和其他政府官员讨论后，我强烈建议协约国立即派出所有驱逐舰和其他可以参战的船。我认为我们正面临有史以来最严重的危机。对协约国来说，无论现在还是将来，目前的处境都是最危险的处境。

  在接下来的两三个月里，我们如果能摧毁更多德国潜艇，就有机会赢得战争；如果美国立即提供有效帮助，那么协约国就有机会直接赢得战争。我不能夸大实际情况造成的紧迫感和日益加剧的危险。如果美国立即派出三十艘或更多驱逐舰和其他作战船，那么这些船很可能会起到决定性作用。

我们没有可以浪费的时间了。

沃尔特·海恩斯·佩奇

但沃尔特·海恩斯·佩奇和我都认为，即使向美国政府汇报了紧急情况，我们也没有彻底完成自己肩负的任务。无论发生什么事，我们相信自己永远不会因没有如实反映协约国的真实情况而遭到指控。此外，英国政府发表的权威声明将确保我们的声明符合实际情况。因此，沃尔特·海恩斯·佩奇和我请求亚瑟·詹姆斯·巴尔弗伯爵发出电报。亚瑟·詹姆斯·巴尔弗伯爵答应了我们的请求，向华盛顿发送了电报急件，描述了形势的严峻性。

所有信息表明，美国应该立即派所有驱逐舰和轻型战舰前往王后镇参加反潜战役，为协约国提供援助。

附注：

[1] 刊登的声明都不是假的，但不具有决定性，甚至是刻意的。声明中包括英国的沉船数量，但没有给出沉船吨位，也没有给出英国、其他协约国和中立国损失的总吨位数。

[2] 请参阅附录二和附录三，查阅我发给美国海军部的详细电报和信件。

[3] 请参阅附录四查阅我发给华盛顿有关武装商船的声明。

[4] 请参阅附录二和附录三了解我早期发给美国海军部的报告样本。

[5] 请参阅附录二。

第 2 章

"五月花"号回归

第1节 美国第八分遣队抵达王后镇

1917年5月4日上午,王后镇发生了一起重要历史事件。当时,事件信息并没有刊登在英国或美国报纸上,但以某种神秘方式传播开来。据报道,1917年4月24日夜晚,一支由美国驱逐舰组成的分遣队离开波士顿,抵达爱尔兰西部,将于1917年5月4日上午到达王后镇。在指定的时间,爱尔兰西部海域出现了一团烟雾,聚集在山上的人群都看见了烟雾。与此同时,烟雾附近出现了一个黑点,随后出现了另一个黑点。最后,黑点变成了六艘快速行进的军舰。美国的星条旗出现在公共建筑、私人住宅和停泊在港口的所有船上。手拿美国国旗的人群聚集在岸边,英国官员们穿着礼服欢迎来自美国的朋友。英美历史上最伟大的一天已经到来。美国海军的第一支分舰队即将抵达英国海域,与协约国联手对抗德国军队。

1917年5月4日早晨,阳光明媚。由于持续不断的暴风雨,美国小型舰船在海上颠簸了十天。抵达爱尔兰海岸时,海面突然变得异常平静,太阳也跳了出来。在爱尔兰人的欢呼声和其他船的鸣笛声中,美国分遣队驶入了英吉利海峡。波光粼粼的海面、山丘边缘的绿色植物、已经开花的果树,以及热情好客的爱尔兰人的笑脸,似乎都预示着美国的伟大冒险有了一个良好开端。英国的"玛丽·罗斯"号驱逐舰被派去带领美国分遣队前往抛锚地,接头信号是"欢迎美

王后镇

国人"。美国指挥官对"玛丽·罗斯"号的舰长说:"谢谢,我非常高兴有您的陪同。"上述信息代表了美国参战的意义。的确,看似奇特的美国舰船与英国驱逐舰不同,必然会受到英国人的欢迎和尊重。美国舰船又长又细,侧板和钢制甲板上洒满阳光,整艘船在水面上闪闪发光。此外,美国舰船上的商业化大炮和鱼雷发射管表明美国海军已经准备就绪。事实上,美国舰船准时到达了指定地点,并且在英国准备欢迎它们时,已经抵达王后镇港口。当时的景象是,美国军官穿着他们不熟悉的贴身衬衫,士兵们戴着整洁的白色亚麻帽,受到了爱尔兰人的热烈欢迎。

当一位爱尔兰妇女看到一部分长相酷似盖尔人的美国船员时,非常欣喜地说道:"我们自己的人回来了。"事实上,王后镇的居民似乎将美国船员视为自己人。他们对美国人的欢迎和赞美不是官方动员和组织的,而是自发地聚集起来的。在爱尔兰,几乎每个家庭都与美国有联系,或者都有来自美国的纪念品。王后镇的天主教大教堂格外引人注目,因为在建造大教堂的过程中,美国人给予了很多帮助。此外,当地许多家庭的兴旺与其美国亲朋的帮助分不开。因此,当美国士兵上岸活动了几个小时后,许多爱尔兰人前来欢迎他们。爱尔兰人挽着美国士兵的胳膊,将美国士兵带到自己家里,用食物款待他们,同时打听自己在美国的朋友和亲戚。大多数有爱尔兰血统的美国年轻人都没有来过爱尔兰,但这并不能阻止王后镇的居民将他们当作自己人。爱尔兰人的热诚让人感动,因为穿越大西洋的旅行非常危险,几乎每天都会遇到风暴。

负责美国分遣队的高级军官是海军中校约瑟夫·陶西格,旗舰是"沃兹沃思"号驱逐舰。美国分遣队的其他驱逐舰和指挥官分别是"科宁厄姆"号驱逐舰

约瑟夫·陶西格

"麦克杜格尔"号驱逐舰

及其指挥官海军中校阿尔弗雷德·W.约翰逊、"波特"号驱逐舰及其指挥官海军少校沃德·K.沃特曼、"麦克杜格尔"号驱逐舰及其指挥官海军少校亚瑟·P.费尔菲尔德、"戴维斯"号驱逐舰及其指挥官海军少校鲁弗斯·F.佐格鲍姆,以及"温赖特"号驱逐舰及其指挥官海军少校弗瑞德·H.波蒂特。战争爆发后,这些驱逐舰组成了美国驱逐舰队第八分遣队,驻扎在弗吉尼亚州约克河的二号基地。1917年4月6日,美国对德国宣战。宣战当天晚上7时,第八分遣队指挥官收到大西洋舰队旗舰"宾夕法尼亚"号发来的信号:"根据1917年3月21日海军部的秘密动员计划,发动战争。"于是,第八分遣队迅速行动起来。1917年4月14日,即我向华盛顿当局递交了第一份关于德国潜艇情况的报告当天,海军中校约瑟夫·陶西格接到消息,率领第八分遣队前往"遥远"的波士顿执行任务。1917年4月24日,海军中校约瑟夫·陶西格率第八分遣队起航,根据指示航行到科德角以

东五十英里,然后打开了随身携带的密令。他在指定地点打开了密令的封印,阅读到了一份具有历史意义的重要文件。该文件首次命令美国军官与德军直接交战,全文如下:

美国海军部
华盛顿哥伦比亚特区海军作战指挥办公室
秘密并且机密
致:美国海军大西洋舰队驱逐舰第八分遣队旗舰"沃兹沃思"号指挥官
主题:保护大不列颠岛和爱尔兰海岸附近的贸易。
　　一、英国海军部已经要求美国驱逐舰派出一支分遣队和英国海军合作,保护大不列颠岛和法兰西海岸附近的贸易。

二、你的使命是竭尽全力帮助协约国海军作战。

三、继续前往爱尔兰的王后镇，向当地的英国海军高级军官报告，并与英国海军积极合作。如果你的部队需要与法兰西海军合作，在法兰西海军部的领导下，你的使命和合作方式保持不变。

去王后镇的路线：从波士顿出发，黎明前到达北纬50°西经20°，然后到达北纬50°西经12°，前往王后镇。

到达爱尔兰附近与英国海军进行无线电联络时，用英国通用代码将你的位置、航线和航速告知王后镇的英国海军中将。在王后镇，你会与英国海军会合。

四、基地设施将由英国海军部提供。

五、将你接到的命令和行动传达给伦敦的海军少将威廉·索登·西姆斯，接受他给你的指令。不要直接向英国海军部报告你的情况。

约瑟夫斯·丹尼尔斯

海军中校约瑟夫·陶西格是最适合担任第八分遣队指挥官的人选。他除了具有优秀水手应该具备的品质外，还拥有容易被英国海军接纳的人际关系。1900年，海军中校约瑟夫·陶西格还是一名海军学校的学生，是美国派往中国与其他国家的军队联合镇压义和团运动的美国海军中的一员。到达天津附近的时候，这支国际部队遭到了反击，约瑟夫·陶西格负伤。养病期间，约瑟夫·陶西格发现自己躺在一张小床上，和一位四十岁左右的英国海军上校并排躺着。这位英国海军上校指挥着"世纪战魂"号，是英国海军指挥官海军上将爱德华·西摩的参谋长。这位英国海军上校受了重伤，一颗子弹穿透了他的肺。在相当长的一段时间里，他一直无法长时间躺下。因此，这位英国海军上校与年轻的约瑟夫·陶西格成了朋友。海军中校约瑟夫·陶西格曾多次回忆起自己与英国海军的联系，因为那位受伤的英国海军上校正是后来的海军上将约翰·杰利科伯爵。从受伤起，约翰·杰利科伯爵在英国海军中的地位迅速提升。在镇压义和团运

"纽瓦克"号

动的远征中，约翰·杰利科伯爵成了指挥美国"纽瓦克"号和登陆部队的海军上校鲍曼·H.麦卡拉的朋友。因此，约翰·杰利科伯爵与美国海军的亲密关系是从义和团运动开始的。很自然地，海军中校约瑟夫·陶西格对约翰·杰利科伯爵的职业生涯很感兴趣。然而，由于海军中校约瑟夫·陶西格当时只有二十一岁，约翰·杰利科伯爵的年龄是他的两倍，因此，海军中校约瑟夫·陶西格从来没有想到过约翰·杰利科伯爵会记得自己。然而，海军中校约瑟夫·陶西格抵达爱尔兰海域时，收到的第一封信是英国海军部派去与美国第八分遣队联系的英国皇家海军上校芒特文斯男爵爱德华·埃文斯带给他的。具体内容如下：

尊敬的约瑟夫·陶西格：

我依然记得我们在中国的愉快交往。我真的很高兴你能担任为自由、人道和文明事业而战的军队指挥官。我们将尽一切努力阻止任何海盗行为。在中国的经历让我坚信,英美两国将进行密切合作。我不会奉承你,说你的帮助多么重要。然而,我必须说的是,世界上没有任何海军能为我们提供比美国海军更有价值的援助,任何士兵都没有美国士兵英勇善战。

如果我最尊敬的朋友海军上校鲍曼·H.麦卡拉能看到这一天,一定会非常高兴!

我代表英国和英国海军部,向你和所有美国军官及军人表达最热烈的欢迎,并表达我个人对你们的美好祝愿。祝愿好运与你们同在,祝愿你们旗开得胜。

你真诚的朋友约翰·杰利科
英国海军部

在一次会议上,海军上校芒特文斯男爵爱德华·埃文斯给美军指挥官带来了另一封信。这封信和约翰·杰利科伯爵的信一样有特色。以下几句话是英国海军上将路易·贝利爵士写给美国海军指挥官的。接下来的十八个月中,海军上将路易·贝利爵士将指挥美国第八分遣队的行动。此外,简单地说,海军上将路易·贝利爵士的信具有商业化特征,但其中不乏真诚和善良:

尊敬的海军中校约瑟夫·陶西格:

我希望星期五晚上7时45分你和其他五名指挥官可以来英国海军部用餐。此外,你和其他三位指挥官可以留宿在海军部大楼,以便你们在长途跋涉后好好休息一下。请允许我对你们的到来表示欢迎,并感谢你们的到来。

便服即可。不用发言。

你真诚的朋友路易·贝利
王后镇英国海军部大楼

爱德华·埃文斯

到达王后镇后，美国军官们的首要职责是进行礼仪性拜访。科克市的市长托马斯·C.巴特菲尔德来到王后镇迎接美国海军，正在美国领事馆等待。科克市的许多市民也聚集在美国领事馆，欢迎美国海军的到来。迎接队伍中最引人注目的是电影运营商。电影运营商的到来具有国际意义。英国政府选派他来完成宣传任务。英国政府将美国驱逐舰的到来视为一桩伟大的历史事件，希望在官方档案中保存一份愉快的记录。人们聚集在街道上。当美国军官经过时，人群欢呼起来。在美国领事馆，科克市市长托马斯·C.巴特菲尔德发表了意味深长的演讲，特别强调了美国人和爱尔兰人之间的深厚友谊。其他政要也发表了类

约瑟夫·陶西格（右二）与"沃兹沃思"号驱逐舰上的军官

似的讲话。欢迎仪式结束后，海军中校约瑟夫·陶西格及其同事沿陡峭的山坡向一座宏伟的古老建筑——英国海军部大楼——走去。

在英国海军部，按照美国海军部的指示，美国海军中校约瑟夫·陶西格将向英国海军上将路易·贝利爵士汇报工作。在与英国军官的第一次会面中，如果美国军官感到不安，那么对海军上将路易·贝利爵士是不公平的。美国军官都知道海军上将路易·贝利爵士在英国海军中的声望，也知道他是此次任务中最能干的指挥官之一。但美国军官听说，海军上将路易·贝利爵士是一个极其严格的人，有点儿沉默寡言，不愿意与下属过于热络，更不会轻易给予他人友谊和尊重。总之，在焦虑的美国年轻军官心中，海军上将路易·贝利爵士是一个令人生畏的人物。海军上将路易·贝利爵士站在英国海军部大楼门口等待美国军官的到来。他的外表证实了人们对他的偏见。他是一位中等身材的男性，皮肤黝黑，看起来饱经风霜,头发略微变白。他带着疑惑站在英国海军部大楼门口,双手放在身后,注视着美国军官爬上山坡,明亮的眼睛观察着美国军官的一举一动,脸上没有一丝笑容。一开始,美国军官们觉得海军上将路易·贝利爵士有点儿冷酷。此外,海军上将路易·贝利爵士的态度表明,他对美国海军的作用有一些怀疑,认为只有实践才能使他信服美国海军,而不是亲切的问候。然而,他非常礼貌地欢迎美国军官的到来,与美国军官握手时,他的脸上露出了平静但态度不明确的微笑。他的举止没有流露出任何感情,也没有说一句多余的话。但在陌生的环境中,他内心的热诚让美国军官感到轻松自在。当然,美国军官知道自己来爱尔兰不是为了社交娱乐,而是为了参与攻打德国的伟大事业。这也是海军上将路易·贝利爵士唯一在乎的。到目前为止,爱尔兰人用庄重的演讲形式欢迎美国海军的到来,强调了盎格鲁-撒克逊人之间的血缘关系,也强调了美国和英国并肩作战的重要性,但这并不是美国军官从海军上将路易·贝利爵士那里得到的问候。海军上将路易·贝利爵士穿着破旧的制服,似乎缺乏仪式感,与科克市市长托马斯·C.巴特菲尔德及其随员的正式接待形成了鲜明对比。此外,他没有发表任何讲话。当时,他对美国海军的主要兴趣是他们能否给协约国带来帮助。礼貌地问候了美国军官后,他问的第一个问题是:"你们准备什么时候出海?"

即使在最有利的条件下,一见面就问美国海军指挥官什么时候出海的问题也是令人尴尬的。任何船都需要经常检修。即使在和平时期,维修驱逐舰也需要很长时间。在没有进行检修的情况下,美国的第一支分遣队开始了一段极其艰难的航行。事实上,在欧洲海域,美国第八分遣队遭遇了很多挫折。早在美国海岸,第八分遣队就进行了为期六个月的巡航工作。尽管状况很好,但大部分美国驱逐舰依然受到了一定程度的破坏。一艘驱逐舰的锅炉舱的通风设备受损严重,另一艘驱逐舰的冷凝器在航行途中出了故障。此外还有其他困难。然而,海军中校约瑟夫·陶西格认为,在回答海军上将路易·贝利爵士的问题时如果找借口,就犯了战术上的错误。于是,他立即回答道:"长官,我们准备好补给燃料后就可以出海了。当然,您知道驱逐舰是怎么回事,总是需要进行检修。但现在是战争时期,我们做了最充分的准备,可以立即出海。"

海军上将路易·贝利爵士对海军中校约瑟夫·陶西格回答中传达出来的精神感到很高兴。于是，为了表达对下属的关心，他说："从你们到达的时间算起，四天准备时间够吗？"

海军中校约瑟夫·陶西格回答道："够了，足够了。"

正如我们后来发现的那样，海军上将路易·贝利爵士有一套特殊系统，可以用来"考验"新人。此次面谈很可能是他对美国海军的考验。

在准备阶段，第八分遣队做了一些基本的准备工作，譬如拨打和接听各方电话，参加很多茶话会、晚宴和俱乐部聚会等。在海军上将路易·贝利爵士的驳船上，美国军官对科克市进行了正式访问，并对市长托马斯·C.巴特菲尔德及其随行人员表达了祝愿。

很自然地，美国海军及其驱逐舰成了英国人的兴趣所在。我想，这是第一次有外国驱逐舰队拜访英国。因此，美国驱逐舰的出现勾起了英国人的好奇心。美国驱逐舰与英国驱逐舰有一些相似之处，但其形状、烟管数量及位置、大炮位置、鱼雷发射管、船桥、甲板室和其他细节与英国驱逐舰完全不同。美国驱逐舰可以在不同环境中航行，巡航半径比较长，预计可以从美国航行到西印度群岛，从大西洋航行到太平洋，也可以在美国海域的任何地方自由航行。然而，英国驱逐舰主要在不列颠群岛附近的受限海域航行。因为不列颠群岛附近有充足的燃料和维修设施，所以英国驱逐舰上的物资储备空间不是很大。因此，与英国驱逐舰相比，美国驱逐舰可以在海上航行更长时间。此外，英国驱逐舰的航速比美国驱逐舰快，并且可以快速调转航向。英国驱逐舰和美国驱逐舰之间的差异是王后镇的观察者们讨论的话题，有时甚至会引发争论。当然，双方海军军官们对对方驱逐舰的优点非常感兴趣，并且详细研究了驱逐舰在大炮、鱼雷、深水炸弹和机器设计与排列等方面的特点，彼此交换了信息，友好地讨论了改进措施。奇怪的是，虽然美国驱逐舰携带的燃料比英国驱逐舰多，但美国驱逐舰的线条更优美。这一事实引发了一场著名的争论，很快在英美海军中传开了。

一位英国军官对一名美国人说："你知道，与美国驱逐舰相比，我更喜欢英国驱逐舰。英国驱逐舰看起来更结实。我觉得美国驱逐舰的外表很女性化。"

拉迪亚德·吉卜林

美国人回答道:"是的,是这样的。但你必须记住英国作家拉迪亚德·吉卜林说的话'女性往往比男性更致命'。"

1917年5月6日,美国海军到达王后镇后不久,就立即投入了战斗。当时,美国海军已经与英国海军上将路易·贝利爵士建立了友好关系,准备毫无保留地信任路易·贝利爵士。1917年5月6日早晨,海军上将路易·贝利爵士召集了美国军官,在美国海军进入德国潜艇作战区域前,与美国军官进行了短暂交谈。美国第八分遣队起航的时间定在1917年5月7日。海军上将路易·贝利爵士并不擅长礼节性的问候,但谈到自己手中的事情时,他仿佛变成了一位令人信服的演说家。他的谈话主题是摆在美国海军面前的任务。他说话时虽然断断续续,但表达很清晰,准确阐述了自己的观点,没有使用任何华丽辞藻或者一些无关紧要的话。他有点凶狠地看着美国军官,让美国军官觉得摆在自己面前的工作并不轻松。他说当美国驱逐舰遇到港口附近的德国防御潜艇时,除非成功返航,否则只能走向毁灭。美国驱逐舰必须遵循一条安全规则,即几天或几星期内可能看不到一艘德国潜艇,但必须假设有一艘德国潜艇正在窥伺自己,甚至正在寻找机会发射鱼雷。海军上将路易·贝利爵士说:"你们一刻也不能放松警惕,否则可能会错失摧毁德国潜艇的机会,或者给德国潜艇提供摧毁你们的机会。"目前,英国海军部计划将美国驱逐舰派出去六天,然后返航修整两天,每月在港口停留五天清洗锅炉。之后海军上将路易·贝利爵士强调了海上作业的一些细节,希望美国驱逐舰一定要当心,不能撞到德国潜艇的潜望镜,因为潜望镜往往是诱饵,遇到德国潜艇的潜望镜后要立即开炮。此外,营救被鱼雷击中的驱逐舰的幸存者时一定要小心,必须确保周围没有德国潜艇。"不要为了拯救少数人的生命冒失去自己驱逐舰的风险。"

　　海军上将路易·贝利爵士告诉美国军官,一旦驱逐舰被德国潜艇的鱼雷击中,其他驱逐舰的首要任务不是营救幸存者,而是追捕德国潜艇,因为这是残酷的战争哲学。美国驱逐舰的三项主要任务按照重要性顺序排列分别是:第一,摧毁德国潜艇;第二,护送协约国商船;第三,营救被鱼雷击中的船上乘客和船员。驱逐舰指挥官不能为了营救小船或落水人员错失摧毁德国潜艇的机会。海军上将路易·贝利爵士解释道,营救小船或落水的人是一种虚假的人道主义,除了特殊情况,击沉一艘德国潜艇意味着拯救更多生命,因为德国潜艇一旦侥幸逃脱,就会继续袭击协约国的商船。随后,海军上将路易·贝利爵士用简短精练的句子给出了指示:"不要使用探照灯;夜晚不要发出任何亮光;不要使用火柴;不要以低于十三节每小时的速度航行;曲折行进以防德国潜艇绘制出你的位置;顺时针方向接近被鱼雷击沉的船;只发短信号,不要重复船的名字;仔细观察所有渔船,因为一些渔船可能是伪装的德国潜艇;德国潜艇有时会通过竖

美国"沃兹沃思"号驱逐舰

起桅杆、帆和烟囱伪装自己。"基于对德国人性格和作战方式的了解,海军上将路易·贝利爵士向美国军官发出了警告,然后结束了讲话。他说,实际上,如果没有违反人道主义精神和源远流长的海上骑士精神,他会对德国潜艇指挥官给予最大的尊重。他告诫美国军官不要低估德国人,强调了德国人的聪明才智。他解释道,到目前为止,他还无法从德国人的行动中推断出任何作战计划或战术,并建议美国军官时刻警惕德国海军任何有规律的行动。譬如,美国驱逐舰最好不要从德国潜艇作战区域的一个地方巡航到另一个地方,不要统一作业,因为德国人可能会很快察觉到美国驱逐舰的行动,甚至利用这一点。

当海军上将路易·贝利爵士作出令人印象深刻的指示的时候,德国无限制潜艇战已经到了关键时刻。协约国从来没有像当时那样身陷困境。与美国海军的到来有关的一件小事让美国人回到了不得不时刻准备应战的警戒状态。

实际上,德国人也许事先不知道美国驱逐舰到达英国的信息,但在预测即将发生的事情方面,他们确实表现出了高超的技巧。在美国驱逐舰到达王后镇的前一天,一艘德国潜艇几个月来第一次在王后镇的入口处铺设了一个雷区,但这只是一个惊人的巧合。不久，美国驱逐舰的一艘母舰到达了王后镇港口，受到了当地人的热烈欢迎。随后，另一艘母舰发现一片雷区正在等待自己。实际上，美国驱逐舰到达王后镇的消息首先出现在了德国报纸上。几天后，我们在英国和美国媒体上发布了这则消息。然而，由于英国扫雷舰的警惕和工作效率，德国人一无所获。美国驱逐舰到达王后镇港口前，德国在英吉利海峡布下的水雷已经被全部清除了。

美国驱逐舰到达王后镇的前一天晚上，我的一些属下正在和海军上将路易·贝利爵士一起用餐。突然，扫雷舰扫除水雷的巨响震得窗户摇摇晃晃。海军上将路易·贝利爵士开玩笑地说，扫雷舰破坏了为美国"十字军战士"准备的欢迎仪式，实在是太可惜了。1917年5月4日晚上，当美国军官们在英国海军部大楼用餐的时候，几枚水雷在之前清扫过的海域爆炸。这件事再次告诉我们，美国正在参加的战争游戏与和平时期进行的军事演习完全不同。

当时，德国人对潜艇战的进展感到很满意。事实上，他们有充分理由感到高兴。美国第一支分遣队到达爱尔兰海域的时候，德国潜艇摧毁的协约国船舶量约有二十四万吨。如果德国潜艇按照当前的速度继续摧毁协约国的船，那么意味着协约国一个月内会损失一百万吨船舶，德国也会很快取得胜利。

查看相关信件时，我发现当时的许多资料体现了协约国的官方态度。德国无限制潜艇战期间，我一直与沃尔特·海恩斯·佩奇大使保持着密切联系。沃尔特·海恩斯·佩奇大使非常支持我的观点，努力让更多美国船穿越大西洋。

我写信给沃尔特·海恩斯·佩奇大使说："这仍然是一个事实。现在，德国人正在取得成功，我们即将面临失败。船舶被击沉的速度比建造新船的速度快得多。显而易见，德国人将赢得战争。德国潜艇正在迅速切断协约国的航道。一旦航道被切断或者受到干扰，我们就必须接受德国人提出的条款。"

美国驱逐舰抵达王后镇的六天前，我发给沃尔特·海恩斯·佩奇大使一则消息："现在，协约国还没有控制大海。军队和供给运输非常困难。战场上的协约国军队正面临巨大威胁。"

这就是美国小规模驱逐舰队第一次出海作战时的情况。

第2节 海军上将路易·贝利爵士

现在，海军上将路易·贝利爵士成了王后镇美国第八分遣队的指挥官。就驱逐舰的军事行动来说，他已经为英国海军服役了五十年，在海上航行了四十年。丰富的航海经历和出众的航海天赋使他成为英国海军中最高效的指挥官之一。一开始，他留给我的印象也许与实际不符。他是一个沉默寡言的人，有时显得过于严厉。第一次会面时，他似乎并不想交朋友，只对工作感兴趣。虽然这一切都是真的，但实际上，他是一个慷慨、善良、热心的人。他十分低调、谦虚，导致外表特征掩盖了真实性格。第一次见到海军上将路易·贝利爵士时，美国军官看到的是一个坚持不懈、从不接受失败借口的人。然而，当美国军官与海军上将路易·贝利爵士近距离接触后，发现饱经风霜的海军上将路易·贝利爵士非常喜欢花卉、儿童、动物、图画和书籍，并且阅读过大量文学、历史和科学方面的书籍，对英国及其机构非常了解。相比之下，许多美国官员并不了解自己的国家及其机构。美国人有充分的理由为美国海军取得的成就感到自豪，其中最值得称赞的是美国海军成了英国海军上将路易·贝利爵士的朋友。海军上将路易·贝利爵士非常真诚，永远不会结交不值得交往的朋友。与美国军官交往早期，他直言不讳地说，他和美国军官取得的所有成功都完全取决于美国海军的作战方式。美国军官如果表现得很好，就再接再厉，但如果表现得不好，他会毫不犹豫严格要求他们。这说明海军上将路易·贝利爵士非常尊敬美国军官。于是，美国军官很快与海军上将路易·贝利爵士建立了友好关系。美国驱逐舰到达王后镇后不久，大部分英国驱逐舰都离开了，前去增援英吉利海峡和北海的驱逐舰队。因此，在海军上将路易·贝利爵士的指挥下，王后镇的驱逐舰队中几乎全是美国人。在爱尔兰北部和其他地区，美国海军曾经与许多英国船合作过，如单桅帆船、拖网渔船、扫雷舰和伪装猎潜艇。海军上将路易·贝利爵士用父亲般的眼神看着美国驱逐舰和美国海军。每次发出指令时，他都会说"我的驱逐舰"和"我的美国人"。此外，面对试图干涉美国或针对美国的任何不公正行为，他会感到悲哀。他为美国人战斗，甚至与英国海军的联合部队对抗，就像老虎保护幼崽一样。他非常关注英国驱逐舰的主要基地普利茅斯,确保普利茅斯的驱逐舰都尽职尽责。后来,一名美国驱逐舰指挥官和一名英国人发生了争执。面对当时的情况,海军上将路易·贝利爵士公开支持美国人。他对美国军官说:"你做得很对。"然后,他命其他人拿起枪指向惹事的英国人。年轻的美国军官和经验丰富的海军上将路易·贝利爵士之间的关系越来越亲密。有时,美国军官会因个人问题去找海军上将路易·贝利爵士。海军上将路易·贝利爵士不仅成了美国海军的指挥官,而且成了美国军官的知己和顾问。

年轻的美国军官身上的一些特质深深吸引了海军上将路易·贝利爵士。海军上将路易·贝利爵士非常喜欢美国人的幽默感。他十分睿智,喜欢听故事,能很好地理解美国俚语和美国逸事,这样的人在英国并不常见。显然,一些故事只有土生土长的美国人能听懂,但海军上将路易·贝利爵士总是能够抓住故事要点。他甚至为自己能理解美国笑话感到自豪。王后镇的生活非常普通。当地有一群白发苍苍的老绅士,都是退休的英国军官,虽然身体健康,但已经无法继续参加战争。在英国海军部大楼里,他们经常抽着烟,聊着天,从而获得一些安慰。海军上将路易·贝利爵士经常鼓励美国军官为退休的老绅士们讲讲美国故事。老绅士们脸上的困惑表情为美国军官提供了无尽的快乐。当老绅士们将海军上将路易·贝利爵士堵在一个角落里,悄悄问他"美国人到底说的是什么"的时候,海军上将路易·贝利爵士显得十分开心。

海军上将路易·贝利爵士立即回答了老绅士们的问题,正如美国军官"戏弄"老绅士们那样。作为英国海军专员在美国旅行的时候,他仔细观察了美国的国家特点。因此,他能迅速回答老绅士们的问题。在"戏弄"老绅士们时,美国军官并不是总能占据上风。然而,海军上将路易·贝利爵士虽然拥有现代倾向,但实际上非常保守,很尊重旧事物或旧习俗。英国的一个古老传统规定,每周星期天,各个社区的领袖人物必须站在教堂的阅读台上阅读当天的功课。海军上将路易·贝利爵士用一种简单但不失庄重的方式遵循着这一传统,体现了他虔诚的宗教信仰。在一些细节方面,他同样是一个热爱传统的英国人。他从来没有想过用打字机给同事或上级写信,一直用笔写信。他认为用打字机写信是对他人的一种亵渎。我曾经批评过一位海军上将,因为这位海军上将用一个小时左右的时间费力写了一封信,但这封信原本只需要几分钟时间就能向速记员口述完毕。

于是,我问海军上将路易·贝利爵士:"如果你用这种写信方式浪费时间,怎么能指望赢得战争呢?"

海军上将路易·贝利爵士眼睛里闪烁着光芒,回答道:"我宁愿输掉战争,也不愿意用打字机给我的长官写信!"

美国军官喜欢拿海军上将路易·贝利爵士的保守主义开玩笑。海军上将路易·贝利爵士经常和很多人一起吃早餐。一次吃早餐时,有人问他:"您早餐后吃了一个橘子,这是美国的习俗。您为什么没有和以前一样呢?"

海军少校鲁弗斯·F.佐格鲍姆:"我可以告诉你为什么。"

海军上将路易·贝利爵士问道:"为什么呢?"

海军少校鲁弗斯·F.佐格鲍姆说:"因为这是'征服者'威廉①会做的事情。"

海军上将路易·贝利爵士立即回答道:"我想不出比这更好的理由了。"他非常高兴。后来,每当他提议做一些美国人认为过于保守的事情时,就会说:"你要知道,'征服者'威廉也这样做过!"

然而,在其他方面,海军上将路易·贝利爵士是一个典型的美国人。他努力工作,有时甚至会为了工作拼命。他坚持要求下属密切关注手中的工作,从不放松对自己的要求。来到王后镇后,也就是美国驱逐舰投入使用两年前,他开始用商业化方式整改英国海军部大楼。他首先想到的是海军部大楼地下室里的台球室,决定将台球室布置成一个绘图室,并且将台球桌改成了工作人员的画板。他的工作能力令人钦佩。随后,他立即打电话给相关负责人,要求其配合自己的工作。

负责人说:"好吧,我们明天早上就开始。"

但海军上将路易·贝利爵士回答道:"不,不行,我们打算明天早上使用台球室的桌子。你们必须在明天早上8时前准备好。"

---

① "征服者"威廉(William the Conqueror, 1027—1087),英格兰国王威廉一世,是欧洲中世纪最具影响力的君主之一。

海军上将路易·贝利爵士说到做到。工人们用一整晚时间重新布置了台球室。海军上将路易·贝利爵士没有考虑舒适度，在英国海军部大楼会客厅里分隔出了一间办公室。办公室墙上挂满军事地图。

这些事意义重大，不仅与海军上将路易·贝利爵士的工作风格有关，还与他的理想有关。海军上将路易·贝利爵士认为，在指挥作战的英国海军部大楼里，台球室应该为战争服务。在战争危机中，所有人都将精力放在工作上，他们最主要的职责是打败德国海军。英国海军部大楼一直对美国军官开放。在海军上将路易·贝利爵士办公室的炉火周围，美国军官度过了许多愉快的夜晚。在午餐和晚餐时，美国军官经常受到款待，有时也会受邀去英国海军部大楼喝茶。但当时，传统意义上的社会庆祝活动都被禁止了。除了海军上将路易·贝利爵士的亲戚，没有一位女性踏入过英国海军部大楼。楼内的一些家具十分破旧，但海军上将路易·贝利爵士从未要求更换地毯或椅子。他坚持认为，英国政府的每一分钱都应该用在战事上。因此，他看不起桌子上摆放着银器的海军军官，认为海军部的钱应该花在深水炸弹、鱼雷和十二英寸口径的炮弹上，而不是用来炫耀。此外，他严格遵守着关于食物和其他必需品的所有官方规定。

作为美国海军的理想指挥官，海军上将路易·贝利爵士是一个严格的禁酒主义者。他的禁酒令不是被迫采取的战争措施。他一直非常厌恶酒精，从来不喝鸡尾酒或白兰地和苏打水。因此，英国海军部的晚宴上绝对不会出现酒。这一点完全符合美国海军的规定。

海军上将路易·贝利爵士并不热衷体育运动，户外运动仅限于在英国海军部大楼的运动场地用圆球棒和网球打板球。他是一个不知疲倦的步行者。事实上，即使是美国海军中最健壮的年轻人，也很难跟得上他的步伐。每周六下午，他最喜欢的消遣方式是在王后镇周围的村子里，带着一支队伍进行徒步活动。虽然海军上将路易·贝利爵士六十岁了，但徒步活动结束后，他依然是队伍中最精神的人。我清楚地记得在一场大雨中，我和海军上将路易·贝利爵士一起走了很长一段路。当我们回到家时，浑身湿透了，但他看起来依然精神抖擞。一座陡峭的山从海岸边一直延伸到英国海军部大楼所在的位置。海军上将路易·贝利爵士曾经说过，这座山是一笔宝贵的军事财产。当其他人与海军上将路易·贝利爵士一起爬山前往英国海军部大楼时，可能会感到生气。但到达英国海军部大楼后，使人疲倦的爬山活动已经平息了人们的怒气。海军上将路易·贝利爵士喜欢和美国年轻军官们一起爬山。他总是精力充沛，能很快爬上山顶，但他的下属们常常累得气喘吁吁。

海军上将路易·贝利爵士喜欢用各种方式考验美国军官。没有什么能比给美国军官分派艰苦的工作更让他高兴的了，尤其是当美国军官出色完成任务的时候。一天，他命令近期到达王后镇的一名美国军官，即"邓肯"号驱逐舰的指挥官海军少校罗杰·威廉姆斯，穿过爱尔兰海并带回一艘船。当时，海军少校罗杰·威廉姆斯指挥"邓肯"号来到王后镇不久，"邓肯"号的操舵装置已经完全不能使用。海军上将路易·贝利爵士很清楚"邓肯"号的状况。其他军官也许会找借口不去执行任务，但意志坚定的海军少校罗杰·威廉姆斯没有。他知道海军上将路易·贝利爵士想要"戏弄"他，但依然接受了命令。在王后镇狭长的港口，美国驱逐舰无法掉头。因此，海军少校罗杰·威廉姆斯面临的问题非常棘手。但他巧妙利用"邓肯"号的发动机，先后退了五英里，紧接着后退了一英里半，成功掉了头，并且顺利穿过了爱尔兰海，圆满完成了任务。在整个过程中，"邓肯"号没有使用操舵装置。海军少校罗杰·威廉姆斯从来没有向海军上将路易·贝利爵士提过自己遇到的困难，但他用行动赢得了海军上将路易·贝利爵士的信赖。从那时起，他成了海军上将路易·贝利爵士最喜欢的美国军官之一。事实上，正是因为美国海军表现出来的优秀品质，所以海军上将路易·贝利爵士非常钦佩美国海军。

有时，海军上将路易·贝利爵士会亲自出海。这是一件前所未有的事，甚至会遭到人们的谴责，因为他的这种行为相当于一位将军进入前线战壕。但海军上将路易·贝利爵士认为，亲自出海有利于鼓舞士气。此外，他很喜欢出海，因为他天生不是一位待在陆地上的水手。他有一艘排水量约为五千吨的巡洋舰。他可以轻松登上巡洋舰，在爱尔兰西海岸航行。有时，他会亲自率领一支搜救队，在被鱼雷击中的船附近寻找幸存者。一天，我和海军上将路易·贝利爵士、美国

戈登·坎贝尔

驱逐舰"梅尔维尔"号的海军上校乔尔·R.P.普林格尔,以及英国伪装猎潜舰的海军上校戈登·坎贝尔①一起登上"活跃"号,前去观看关于深水炸弹的实验。当时,我们的行为显得非常鲁莽,因为"活跃"号很容易成为德国潜艇的攻击目标。但海军上将路易·贝利爵士认为,潜在危险只会激发我们的热情。

海军上将路易·贝利爵士笑着说:"对德国人来说,'活跃'号就像一个装着

---

① 戈登·坎贝尔(Gordon Campbell, 1886—1953),英国海军军官,曾因伪装猎潜舰名噪一时。——原注

猎物的大袋子。袋子里面装有一位美国海军上将、一位爱尔兰海域的英国海军上将、一位英国海军上校和一位美国海军上校!"

可以想象,在柏林的报纸上,我们可能会看到四名著名囚犯站成一排的照片。

海军上将路易·贝利爵士对待下属的方式可以用一个简单事实表明。按照惯例,出航归来的海军军官应该立即向上级口头汇报自己的工作。但深夜归来的军官常常非常疲乏,找上级汇报工作可能会让急需睡觉的军官根本没有时间睡觉。因此,海军上将路易·贝利爵士规定,军官们可以在回来后的第二天上午10时找上级汇报工作。在这种情况下,人们发现海军上将路易·贝利爵士经常坐在办公桌后面,完全沉浸在工作中。他如果正在写字或阅读邮件,就会一直持续下去,直到写完或者读完。然后,他会耐心听下属汇报,其间可能会说一句赞美的话,听完后继续埋头工作。有时,他会注意到自己的突然出现可能会使年轻的美国军官感到痛苦,然后他会露出歉意的微笑,邀请美国军官共进晚餐,甚至在海军部大楼留宿。

"活跃"号

对美国军官来说，宴会是很好的交流机会，尤其是海军上将路易·贝利爵士的侄女沃伊齐小姐主持宴会的时候。沃伊齐小姐、西班牙猎犬帕特里克和海军上将路易·贝利爵士组成了一个"家庭"，他们完全忠于彼此，尤其是帕特里克，它是这个"家庭"中不可或缺的一分子。我从来没有见过像帕特里克这样的狗。每当沃伊齐小姐或海军上将路易·贝利爵士离开一两天后，它就会变得垂头丧气，愁眉苦脸。沃伊齐小姐是一位充满魅力的年轻女性，非常受王后镇的美国军官们欢迎。美国第八分遣队到达王后镇后，她与美国人建立了亲密的战友关系。她为美国军官们提供下午茶，从未忽视任何可以增加美国军官幸福感的机会。由于她的盛情款待，英国海军部大楼成了美国军官的家。沃伊齐小姐对美国和美国人非常友好，也许是因为她是一名澳大利亚人。不管怎么样，她发现美国人的一些品质很吸引她，她也赢得了美国军官的尊敬。任何想要唤起驻扎在王后镇的美国军官们热情的人，只需要提到沃伊齐小姐的名字就可以达到目的。沃伊齐小姐将海军上将路易·贝利爵士的住所打理得井井有条，为了让海军上将路易·贝利爵士过得舒适一些，她付出了很多努力。因此，美国年轻军官很尊敬她。同时，沃伊齐小姐是王后镇所有战争慈善机构的负责人。她和海军上将路易·贝利爵士都认为自己有责任寻找被鱼雷击沉的协约国船上的人。无论任何时候，只要有幸存者到达王后镇，都会受到当地慈善机构的热心帮助。在海军部大楼里，海军上将路易·贝利爵士储存了很多香烟和烟草，以及可以立即提供热咖啡的装置和日用品。他和王后镇的驻军欢迎每一位幸存者的到来，并为幸存者提供服务。很多幸存者到来的时候，浑身都湿透了，有些还负了伤。即使在吃晚饭，只要有幸存者到来，海军上将路易·贝利爵士和沃伊齐小姐也会放下碗筷，立刻赶到码头迎接幸存者。海军上将路易·贝利爵士及其军官们一直坚持为幸存者服务，甚至为幸存者洗碗。当然，海军上将路易·贝利爵士也会命令其他人去做这项工作，但他更愿意亲自帮助一位历经艰险后幸存下来的水手。显然，我们没有必要说，任何能够及时赶到幸存者身边的美国军官都会伸出援助之手。我敢肯定，当我对这场战争的记忆逐渐变得模糊的时候，依然会记得巴斯勋章、圣迈克尔勋章及圣乔治勋章和皇家维多利亚勋章的获得者——和蔼可亲的海军上将路

巴斯勋章

易·贝利爵士。他为幸免于难的英国人、美国人、法兰西人、意大利人、日本人或黑人水手提供热咖啡,鼓励他们,然后卷起袖子,在一锅热水中安静地洗盘子。

我向美国公众详细介绍了海军上将路易·贝利爵士,但担心会让海军上将路易·贝利爵士感到不高兴,因为他非常谦虚。当美国记者来到王后镇的时候,海军上将路易·贝利爵士会非常礼貌地接待美国记者,并说:"你可以了解你想要知道的关于美国海军的任何信息,但请记住不是关于路易·贝利的。"他非常谨慎,不愿意让记者拍照,即使是派来记录美国驱逐舰抵达王后镇一事的电影运营商也没有机会拍到他,因为当他看到电影运营商的时候,总会背对着镜头。然而,我之所以描述海军上将路易·贝利爵士,是因为他几乎是美国军官们崇拜的偶像。此外,美国第八分遣队驻扎在王后镇的十八个月中,他一直是美国海军的指挥官,而且他代表了美国人民的合法利益。事实上,美国军官们都知道海军上将路易·贝利爵士,私底下亲切地称他"路易大叔",一些熟悉他的军官甚至当面叫他"路易大叔",这也说明美国军官和海军上将路易·贝利爵士之间的关系非常亲密。因此,如果忽略了海军上将路易·贝利爵士,那么任何关于美国海军在欧洲战争中的描述都是不完整的,因为在很大程度上,海军上将路易·贝利爵士是美国海军获胜的关键因素。

另一名对美国海军的胜利作出重大贡献的军官是英国皇家海军上校芒特文斯男爵爱德华·埃文斯。在我的请求下,约翰·杰利科伯爵选派海军上校芒特文斯男爵爱德华·埃文斯担任美国驱逐舰的联络官。再也没有比这更幸运的选择了。海军上校芒特文斯男爵爱德华·埃文斯作为罗伯特·福尔肯·斯科特南极探险队的第二指挥官名声大噪。他在美国待了很长时间,很了解美国人。事实上,战争爆发后,他正在美国讲授自己南极探险的经历。美国海军到达王后镇的前几天,他在一场著名的海战中脱颖而出。他是大型驱逐舰"布洛克"号的指挥官。在战斗中,三艘大型英国驱逐舰与六艘德国驱逐舰作战。海军上校芒特文斯男爵爱德华·埃文斯指挥的驱逐舰击沉了一艘德国驱逐舰,并撞向另一艘德国驱逐舰,从舰尾上方穿过去,几乎将德国驱逐舰劈成了两半。整个英国都在为这场战役欢呼。约翰·杰利科伯爵同意选派海军上校芒特文斯男爵爱德华·埃文斯担任联络官是对美国的一种致敬。海军上校芒特文斯男爵爱德华·埃文斯是一个智慧超群、精力充沛的人,而且非常友好。无论讲述南极探险经历或英国驱逐舰上的日常生活,还是与美国军官交换故事或交流实战经验,他总是像在自己家里一样亲切自在。他似乎就是美军中的一员。

事实上,由一名英国海军上将指挥美国驱逐舰让一些美国人感到不满。我记得有一位非常傲慢的美国记者,在访问王后镇时,他大声表达了对英国海军上将指挥美国驱逐舰的不满,甚至威胁要在美国媒体上"揭露"我们所有人。我被特别委任为美国驱逐舰指挥官一事使局面更加混乱。然而,由海军上将指挥美国驱逐舰是完全合理的,事实上也是绝对必要的。我的官方头衔是"美国海军欧洲海域作战部司令"。此外,我还是美国海军部驻英国海军部代表,也是协约国海军委员会的美国代表。我肩负的职责要求我前往伦敦。伦敦是协约国所有作战行动的指挥中心。我不仅指挥着驻王后镇的美国驱逐舰,还指挥着驻法国布雷斯特和直布罗陀海峡的美国驱逐舰队、驻扎在希腊西北沿海科孚岛和英国普利茅斯的猎潜舰艇部队、驻扎在大西洋北部亚速尔群岛的混合部队、驻扎在苏格兰斯卡帕湾和爱尔兰贝雷文海的美国战舰、驻扎在俄国北部摩尔曼斯克和阿尔汉格尔斯克的美国海军部队和其他部队。显然,我不可能将所有时间花在一支部队上。就实战而言,有必要派特定指挥官管理各支部队。所有美国驱逐舰队,包括王后镇的第八分遣队,都由驻伦敦的美国海军上将统一指挥。然而,无论何时,第八分遣队的出航任务都是根据海军上将路易·贝利爵士的命令执行的。但我可以随时撤回王后镇的美国驱逐舰,将其安排到其他需要的地方。我的立场和驻扎在法国的约翰·J.潘兴将军的立场完全一致。约翰·J.潘兴将

约翰·J.潘兴将军

道格拉斯·黑格伯爵

军派一些美国舰队协助英国海军。只要美国舰队与英国海军一起行动,就必须服从道格拉斯·黑格伯爵的命令。但约翰·J.潘兴将军可以随时撤回自己派出的美国舰队,将其派往其他地方作战。美国军队的最高指挥权掌握在美国人手中,包括所有陆军和海军部队。但对于特定作战任务,美军必须服从驻地指挥官的命令。

第3节 英国和美国之间的友谊

1917年5月17日,由六艘驱逐舰组成的第二支美国驱逐舰队抵达王后镇。直到1917年7月5日，几乎每星期都有新的美国舰队抵达王后镇。六艘美国驱逐舰护送第一批运兵舰从美国抵达法兰西后，很快被派往爱尔兰海域与美军一起执行任务。与此同时，美国其他舰艇陆续来到欧洲。1917年5月22日，美国驱逐舰母舰"梅尔维尔"号到达王后镇，成为驻王后镇的美国舰队的旗舰。就美国驱逐舰队来说，兼任检修船和补给船的"梅尔维尔"号实际上取代了造船厂。战争爆发前的许多年里，作为海军造船厂的王后镇几乎被遗弃了，因为王后镇缺乏维修战舰的设施。"梅尔维尔"号减轻了英国当局在维修战舰方面的负担。除了大规模检修和需要入坞才能进行的检修，"梅尔维尔"号能完成四分之三的维修工作。此外，"梅尔维尔"号为修理驱逐舰提供的设备及为美国士兵提供的物资也得到了英国海军界的认可。美国舰队抵达欧洲后，立即投入了战斗，一开始就表现出了强大的作战能力，给其他国家的人留下了深刻印象。截至1917年7月5日，共有三十四艘美国驱逐舰到达王后镇，并在王后镇驻扎到了1917年11月。1918年，大部分海上巡航工作和护送商船到爱尔兰西部和南部海域的工作落

"梅尔维尔"号

在了美国驱逐舰身上。在许多方面，爱尔兰西部和南部海域是最重要的作战区域。美国军官和全体船员以极高的热情开始了护航工作。截至1918年6月1日，我向美国海军部做了陈述："我可以报告说，美国军队在爱尔兰西部和南部海域的军事行动不仅令人满意，还对协约国打破德国潜艇威胁有一定帮助。事实证明，美国驱逐舰的装备和作战能力十分出众，全体人员表现出了极高的热情和应对困难的勇气。"

我们不能夸大美国驱逐舰对英国公众产生的影响。美国驱逐舰到达欧洲海域的消息公布后，美国民众的情绪非常激动。但与不列颠群岛的欢乐气氛相比，美国国内的气氛相对温和一些。美国人感到非常骄傲。虽然美军正在积极参加欧洲战争，但大多数美国人没有遭受过欧洲战争带来的痛苦，依然觉得战争遥不可及。德国胜利将危及美国的国家主权，但美国还没有意识到这一点，认为这一想法是模糊、抽象甚至荒谬的。但在英国，随着大炮不断发出巨响，人们强烈地感受到了形势的恐怖程度。因此，驻扎在王后镇的美国驱逐舰象征英国人心目中的美国。美国驱逐舰不仅代表美国对英国的物质援助，而且代表伟大的美国精神。尽管在政治上，英国人和美国人的血缘关系是分开的，但现在，两国联合起来为共同的文明战斗。过去两年，英国也曾有过怀疑，怀疑美国人是否仍然忠于构成美国国家生活的基本原则。不过，美国驱逐舰的到来消除了英国人的所有疑虑。

几乎是出于本能，英国人回想起了三百年前"五月花"号抵达北美的那一天。在英国各地，宣传美国第一支驱逐舰队到达王后镇的电影正在上映，并且吸引了很多热情的观众。这部电影讲述了1620年，一些英格兰人登陆北美殖民地的故事。电影情节包括英格兰人如何在公正自由的国家理念基础上奠定了一个新国家的基础、如何使新国家变得繁荣强盛、一些英国政治家的愚蠢如何迫使美国宣布独立、美国人如何为独立而战及如何在支离破碎的英国殖民地建立了历史上最强大的国家之一。现在，当人类的自由受到威胁时，"五月花"号先驱们的后代漂洋过海，向东而行，勇敢地为自己种族的传统而战。如果拍这部电影的是美国人，那么电影中一定会出现历史上的另一起著名事件，即"五月花"号

"五月花"号抵达北美

的航行,也就是1607年,英格兰殖民者在弗吉尼亚登陆的故事。但在英国人心中,"五月花"号只是美国进步的象征和美国代表的一切象征。这部电影讲述的故事是历史上的一个伟大奇迹,因此吸引了很多英国民众。从马萨诸塞湾的一个偏僻村落,到富饶强盛的美国,在不到三个世纪的时间里,"五月花"号上的英格兰人将北美洲发展成了一个拥有一亿多人口的国家。在影片中,美国驱逐舰的到来告诉英国人民:美国人将与他们并肩战斗。

实践表明,我非常适合指挥欧洲海域的美国舰队。1910年,作为在英国和法兰西海域巡航的美国"明尼苏达"号战舰的指挥官,我访问了英国。显然,当时,德国已经开始为欧洲战争做准备。大量证据表明,德国试图主宰整个世界。我向指挥美国舰队的海军上将递交了一份报告,推测欧洲战争将在四年内爆发。在伦敦市政厅的一次演讲中,八百名美国水手受到了伦敦市长托马斯·维兹利·斯

伦敦市政厅

特朗的款待。当时,我的演讲给我带来了很多麻烦,后来也被多次引用。我的演讲是即兴的,没有经过仔细琢磨,但绝对是发自内心的。也许我的演讲与德国的暗中备战有关。此外,在没有得到政府授权的情况下,我发表了演讲。随后,我发现自己的行为很轻率。我在演讲中说:"如果战争真的爆发了,那么当英国受到同盟国的威胁时,可以依靠大洋彼岸的最后一艘舰艇、最后一美元、最后一个人和最后一滴血。"因此,英国人对由我指挥的美国舰艇非常感兴趣,这一点不足为怪。事实上,我的预言虽然让英国人感到非常震惊,但对英国来说是善意的。我在演讲中说的一些话成了介绍第一支美国驱逐舰队到达英国的影片的导言。到达英国后的几个星期里,只要拿起报纸,我就可以看到我在伦敦市政厅演讲时说的话。

当然,在欧洲海域,指挥美国海军的任何一位美国海军上将都是英美合作的象征,我只是作为美国人和美国海军的代表受到了英国人的热情接待。起初,美国海军刚出现,就引起了英国人的好奇。我们穿的紧身衬衫和英国的男士短上衣完全不同。事实上,在伦敦,很少有人知道我们是谁。然而,我们的照片出现在媒体上之后,街上的人们经常认出我们。随后发生了一些不寻常的事情。虽然我们期待英国海军向我和我的属下致敬,但英国民众对美国海军表现出的尊重令人惊喜。英国人对我们的欢迎表明,美国人参战对英国影响深远,甚至比其他任何事都重要。无论阶级,不分年龄,英国人向美国表达了深深的感激之情。在英国,我参加了许多公共宴会,也做了很多演讲。参加宴会或演讲时常常有人站起来向我致敬。有时,参加聚会的人中会有英国童子军、从事军需品生产的工人、记者或政治家。所有人不分年龄、社会地位和职业,似乎都很高兴自己可以向美国海军致敬。譬如,有一天,英国陆军元帅弗雷德里克·斯雷·罗伯茨伯爵的

弗雷德里克·斯雷·罗伯茨伯爵

玛丽王后

遗孀罗伯茨夫人来信说,她渴望见到美国海军上将。我很高兴有机会与罗伯茨夫人度过一个愉快的下午。罗伯茨夫人年老体弱,大部分时候都坐在轮椅上,但依然非常睿智,一直密切关注着战争。她对德国潜艇非常感兴趣,问了无数有关德国潜艇的问题。当谈到美国在战争中发挥的作用时,她感触颇深,说美国的参战肯定会让陆军元帅弗雷德里克·斯雷·罗伯茨伯爵感到高兴。

我已经描述了英王乔治五世和玛丽王后留给我的第一印象,时间也证实了我的描述。英王乔治五世和玛丽王后没有错过任何一个向美国海军表达敬意的机会。1917年7月4日,英王乔治五世积极参加了美国海军举行的庆祝活动,受到了美国海军的热情欢迎。英王乔治五世对美国的运动项目产生了兴趣。早期的美国舰队驻扎在温莎附近。在温莎,美国士兵们设计了一个棒球场,每天沉迷在自己最喜爱的体育运动中。英国皇室成员常常会来观看美国士兵打球,逐渐对棒球产生了兴趣,并且很快学会了打棒球。康诺特公爵亚瑟王子和女儿帕特丽

康诺特公爵亚瑟王子

帕特丽夏公主

夏公主在加拿大住过几年，学过棒球，并且可以像热情的美国"球迷"一样观看棒球比赛。到达英国的美国水手和士兵越来越多，英国皇室成员也对棒球运动越来越感兴趣。英王乔治五世极富幽默感。玛丽王后很喜欢听故事。一次，她被澳大利亚人的一句关于美国西线最凶猛的士兵的名言逗乐了。这句名言是："是好战士，但有点儿粗野。"在所有与美国军队有关的逸事中，英王乔治五世最喜欢听黑人军队的故事。在欧洲，关于黑人军队的故事迅速传播开来。我发现其中很多故事之前已经传到欧洲。英王乔治五世留给我的最深印象是：他是一位非常平易近人的君主，喜欢的东西和普通美国人或英国人喜欢的东西是一样的，譬如关于家人、朋友或国家的有趣故事，以及和志趣相投的朋友度过一个愉快的夜晚。他对战争的热忱也和普通英国人或美国人一样。协约国的胜利会让大街上的每个人欢呼雀跃，也会让英王乔治五世激动不已；协约国的失败会使英王乔治五世像最普通的英国公民那样感到悲伤。我在英王乔治五世身上发现了与英国平民相同的热情和友善。走在街上时，英国平民会向美国人致敬。

1917年5月下旬，英国海军部提议，在海军上将路易·贝利爵士度假期间，我应该担任指挥官一职。这一提议证明了英美两国海军之间的友好关系。海军上将路易·贝利爵士是爱尔兰海岸作战区的英军总司令。因此，他指挥的军队远不止王后镇的军队，还包括爱尔兰海域海军基地的军队和其他英国海军部队。迄今为止，从来没有外国海军军官指挥英国海军部队的先例。但对我来说，指挥海上作战并不是最重要的。王后镇驻地的工作进展顺利，海军上将路易·贝利爵士的副官可以确保一切正常运转。因此，我如果暂时担任指挥官，几乎不可能改变任何政策。英国海军部的提议只是向美国海军示好的一种方式，同时向世界强调英美两国之间的友好关系，以及英国海军和美国海军共同作战的事实。此外，英国人可能希望德国媒体刊登的这一消息会在德国产生影响。因此，1917年6月18日，我去了王后镇，在英国海军部大楼前升起了代表我的旗帜。我有些犹豫，因为美国海军规定，一名海军上将的旗帜只能在一艘舰艇上升起。但海军上将路易·贝利爵士坚持认为他的旗帜应该降下来，我的旗帜应该升上去。我决定不讨论旗帜问题。升旗事件引起了英国人的极大兴趣，但在王后镇引发了一系列奇怪的谣言。有谣言称，海军上将路易·贝利爵士和我发生了争执，一怒之下离开了，于是英国海军部让我担任指挥官。还有谣言称，我从海军上将路易·贝利爵士手中夺取了王后镇军队的指挥权，将海军上将路易·贝利爵士赶出了王后镇，我代表美国接管了爱尔兰政府，现在，美国已经决定将爱尔兰岛从英国的压迫中解放出来。但几天后，海军上将路易·贝利爵士回来了，一切恢复正常。

在欧洲度过的近两年时间里，美国海军只在一个方面感受到了不友好，甚至是敌意。当我写这些话的时候，一个声称代表"爱尔兰共和国"的代表团正在美国作巡回演讲，希望美国人关心爱尔兰的事业，对其给予资金支持。我非常尊敬爱尔兰人，因为爱尔兰人曾经对美国水手给予了很多帮助。因此，我不愿提及一些新芬党人的所作所为。但现在，新芬党人试图煽动美国与英国之间的仇恨。这样做具有一定的针对性，目的是让美国人知道爱尔兰的新芬党是如何对待美国勇敢的水手的。

正如前文描述的那样，王后镇和科克市的人民以爱尔兰人真正的热诚接待了美国海军。然而，几个星期内，一些地区出现了针对美国海军的明显敌意。事实上，爱尔兰地区的美国海军恰好驻扎在新芬党的总部所在地。新芬党人不仅公开表示不忠于英国，还公然支持德国，夜以继日地为德国的胜利努力，因为他们彻底被误导了，认为德国的胜利标志着爱尔兰共和国的胜利。众所周知的一个"秘密"是，新芬党人向德国发送情报，不断干扰英国海军和美国海军的作战计划。一开始，人们可能认为，大批爱尔兰水手和军官撤出美国驱逐舰将会改善美国海军面临的情况。但事实恰恰相反。显然，新芬党人认为爱尔兰裔美国人会同情他们的事业，甚至希望美国海军支持他们。但勇敢的美国士兵首先是美国人，其唯一目标是打败德国。美国士兵很厌恶在街上闲逛的健壮男性，经常盘问他们为什么没有去西线参战。美国士兵举止得体，从未公开表示过对英国的仇恨或对德国的热爱，从而激怒了新芬党人。此外，由来已久的女性问题发挥了作用。美国士兵比爱尔兰男性赚的钱多，经常慷慨地邀请爱尔兰女孩看电影或吃冰淇淋，很快和爱尔兰女孩成了朋友。在我看来，美国士兵与爱尔兰女孩之间的关系非常友好，并且王后镇和科克市的爱尔兰女孩大都品德高尚。事实上，任何地方的爱尔兰女孩都很优秀。爱尔兰女孩的友善增加了美国士兵的幸福感和满足感，不少美国水手娶了年轻的爱尔兰女孩为妻。但当新芬党人看到自己的恋人为了美国士兵抛弃自己的时候，他们压抑已久的愤怒开始通过一些敌对行为表现出来。

当美国士兵急需医疗照顾的时候，我们偶尔会将一些士兵送到王后镇。美国士兵苏醒后，常常会描述自己的受伤经历。几名美国士兵遭到暴徒袭击受了重伤。有时，新芬党的支持者会朝美国士兵扔石头，或在电影院和剧院里举行示威活动。然而，新芬党人的首要攻击对象不是美国士兵，而是与美国士兵交好的爱尔兰女孩。他们会冲上去试图夺走美国士兵身边的爱尔兰女孩，或者扯下女孩们的头发，踢打她们。当然，美国士兵不会容忍新芬党人的暴力行为。于是，一些流血冲突事件不可避免地发生了。在科克市，一件令人遗憾的事发生了，激化了新芬党人与美国士兵之间的矛盾。一名美国士兵和一名爱尔兰女孩正在街上散步，突然，一名愤怒的新芬党人冲上来，开始辱骂爱尔兰女孩，并试图伤害她。这名新芬党人是爱尔兰女孩之前的恋人。美国士兵狠狠地打了新芬党人一拳，新芬党人倒了下去，摔断了头骨，几小时后不幸离世。我们将美国水手交给了科克市的民事局。一个由爱尔兰人组成的陪审团宣布美国士兵无罪。陪审团的判决表明，爱尔兰的正派人士并不同情新芬党人。但美国士兵和新芬党人之间的关系并没有得到改善。发生在大教堂的一起事件的重要性被夸大了。在星期天的一次布道中，一位牧师谴责美国士兵，称美国士兵蓄意破坏他人感情，并且背叛了爱尔兰女孩。但许多天主教徒对牧师的荒谬行为感到愤怒，与一些天主教官员一起离开了教堂。教区主教拜访了海军上将路易·贝利爵士，为牧师的轻率行为道歉，并惩罚了牧师，将其派到离美国舰船很远的地方执行新任务。

但更严重的问题还没有浮出水面。美国军官们发现，美国士兵正在制订周密的保护计划。如果美国士兵的计划没有被及时发现，那么可能会发生意外的国际事件。因此，我们感到很遗憾，认为有必要发布一项命令，禁止所有军衔在海军中校以下的士兵进入科克市，无论是英国士兵还是美国士兵。然而，王后镇驻地有近八千名美国士兵。王后镇面积不大，当地人口只有六千到七千人。因此，很明显，王后镇没有足够的娱乐设施供美国士兵放松。我们在王后镇建了一个俱乐部，为士兵们提供电影和其他娱乐活动，竭尽全力让美国水手们感到满意。科克市的大多数市民对美国士兵很友好，认为新芬党人的敌对行为导致美国士兵必须离开科克市，这对科克市来说是一种耻辱。科克市的报纸上刊载了许多向美国士兵道歉的信件，一些信件还呼吁当地人采取行动，请求美军指挥官取消禁止美国士兵进入科克市的命令。科克市的商人损失惨重。美国士兵每月的收入在二十万美元到三十万美元不等。他们可以自由支配自己的收入。重要的是，美国海军会在科克市驻扎近两年。对许多当地商人来说，这意味着一笔巨额财富。然而，我们不得不拒绝科克市市民们的友好请求。

在科克市市长托马斯·C.巴菲特尔德的带领下，科克市杰出市民组成的委员会来到英国海军部大楼，请求废除禁止美国士兵进入科克市的命令。海军上将路易·贝利爵士一针见血地指出，对美国士兵犯下罪行的科克市市民似乎从来没有受到过惩罚。

除非提供书面保证，确保科克市不会出现针对英国人或美国人的敌对示威活动，否则海军上将路易·贝利爵士不会撤销禁令。我完全同意海军上将路易·贝利爵士的决定。但遗憾的是，科克市的委员会无法作出任何保证。显然，一旦美国人出现在科克市，美国士兵和新芬党人之间的敌对状态将立即恢复，而美国士兵绝不会屈服于新芬党人。因此，取消禁令可能会造成可怕的后果。我们甚至发现，"梅尔维尔"号上的铁匠们正在暗中制造武器。美国士兵将武器藏在身上，打算和新芬党人决斗。因此，驻扎在王后镇期间，美国士兵只能被迫远离危险的科克市。但令人欣慰的是，科克市的年轻女孩们发现美国士兵不能去找她们。于是，她们决定来王后镇找美国士兵。每天下午，科克市的女孩们乘列车来到王后镇，美国士兵会在车站迎接她们，和她们一起度过一个美好的下午。到了晚上，美国士兵会护送女孩们到车站，将她们送上回家的列车。

但新芬党人通过各种方式干扰我们的行动，尽其所能帮助德国。在他们的帮助下，德国特工和间谍在爱尔兰登陆。一次，由于情况紧急，我不得不将容易与人产生冲突但经验丰富的军官们调离驱逐舰，将他们分派到爱尔兰的偏远地区。当然，在一定程度上，这一做法削弱了美国舰队的实力，延长了战争时间。

第3章

护航体系

第1节 驱逐舰与U型潜艇

一直以来,我们都在寻找打败德国潜艇的办法,最后终于找到了。1917年4月到1917年6月,欧洲海域呈现出两幅令人印象深刻的景象。一幅景象是德国潜艇轻而易举地击沉了协约国商船,另一幅景象是德国潜艇没能从根本上削弱协约国舰队。爱尔兰海域和英吉利海峡呈现出的景象是,协约国商船不断被德国潜艇击沉。如果想看到一幅与众不同的景象,我们可以将目光转向北海。在北海,英国无畏舰队勇往直前,与德国潜艇对战。不知道实情的公众认为,英国的无畏战舰停泊在由大炮、战用水雷网和雷区构成的屏障后,德国潜艇无法穿越屏障。然而,事实上,英国无畏舰队经常在公海上巡航,甚至在德国潜艇经常出没的海域巡航。德国潜艇一直试图摧毁英国无畏舰队,打算通过"消耗战"削弱英国无畏舰队的战斗力,逐个击沉英国无畏战舰,为德国无畏战舰创造取胜机会。战争爆发初期,"消耗战"是广为人知的德国作战计划。现在,近三年时间过去了,德国的作战计划依然没有取得成功,德国潜艇甚至没有摧毁一艘英国无畏战舰。一方面,协约国商船不断被德国鱼雷击沉,另一方面,英国无畏战舰不断击退德国潜艇。当然,仔细研究局势发展的人会发现一些事实,帮助协约国解决最令人头疼的战争问题。

然而,德国潜艇没能摧毁英国无畏战舰,这并没有任何神秘之处。到目前为

英国无畏战舰

止,能影响协约国舰队的潜艇问题早已得到解决。解决方案非常简单。英国无畏战舰出海时,前面总有一道由巡洋舰和驱逐舰构成的屏障。这道屏障似乎是一堵无法逾越的墙。德国U型潜艇不停地发动进攻,试图越过英国无畏战舰前面的屏障,但一直没有成功。然而,对旁观者来说,德国潜艇似乎无法对协约国的驱逐舰发起任何致命袭击。表面上看,协约国的驱逐舰并不起眼。当驱逐舰出现在战斗中队前方时,显得与整支舰队格格不入。驱逐舰给人的印象是脆弱不堪。因此,派驱逐舰保护无畏战舰似乎是荒谬的。但驱逐舰确实拥有战胜德国潜艇的力量。战争一直没有取得太大进展,因为德国U型潜艇无法在确保自己不受重创的情况下,与敏捷的小型驱逐舰作战。

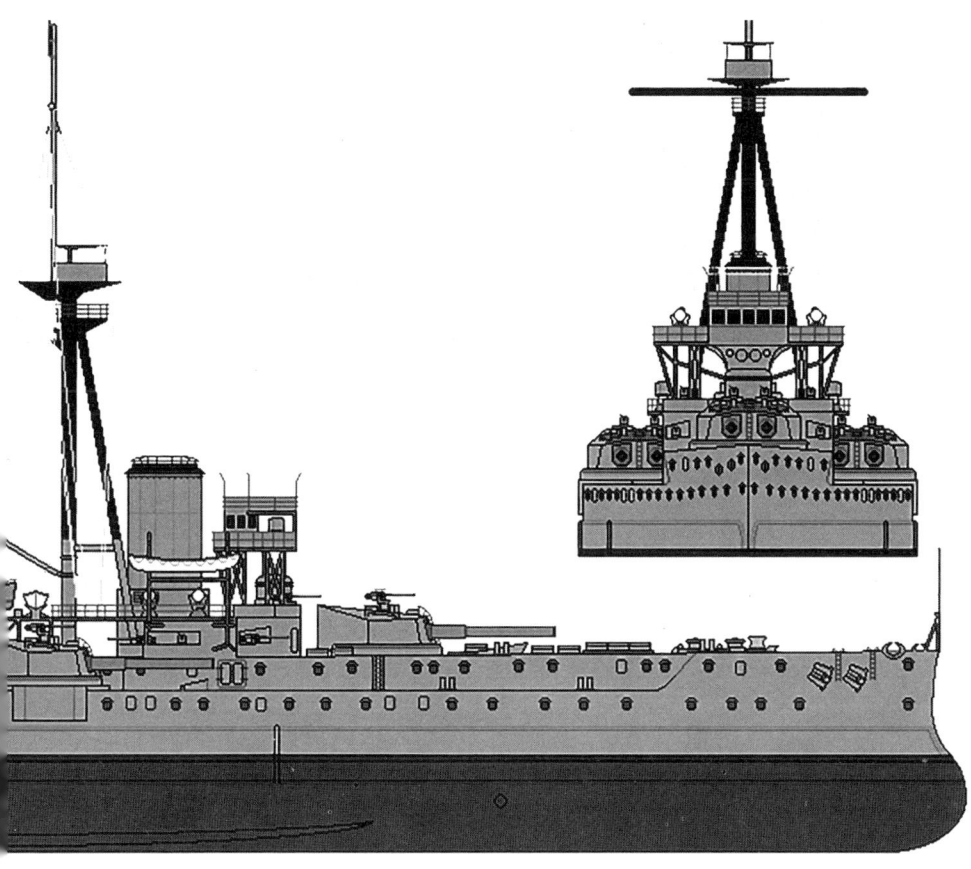

然而，有关德国无限制潜艇战的报告出现在报纸上之前，驱逐舰可能是公众最不感兴趣的战舰。事实上，驱逐舰已经成为协约国海军的"丑小鸭"。美国国会经常忽视驱逐舰的作用。随着局势的发展，美国海军专家建议为每艘战舰配备四艘驱逐舰。但美国国会只批准每年建造一到两艘驱逐舰。此外，英国没有足够的驱逐舰进行反潜战。英国海军部为执行巡航任务和参加战斗的舰队提供了尽可能多的驱逐舰，但为了保护军队运输船、补给船和商船，被迫转移了很多驱逐舰。因此，英国舰队的实力被大大削弱了。英国发现自己没有足够的驱逐舰应对潜艇战，但这种情况不是由于缺乏远见导致的，而是因为没有预见德国居然会在无限制潜艇战中使用鱼雷。

亚瑟港海战

　　1904年，驱逐舰曾引起了人们的关注。当时，在亚瑟港，几艘类似驱逐舰的船袭击了俄国舰队，击沉了多艘俄国大型舰艇，从而摧毁了俄国在远东的海上力量。然而，驱逐舰的历史可以追溯到1904年以前。与驱逐舰在世界大战中的光荣使命一样，最初的驱逐舰也肩负一项重要使命。19世纪70年代末80年代初，一种新型舰船——鱼雷艇造成的影响几乎与德国潜艇近年来造成的影响一样。鱼雷艇是一种敏捷的小型战斗舰艇，作为媒介运输一种新的海战引擎，即机动鱼雷。鱼雷艇的作用是靠近一艘战舰，将机动鱼雷发射到毫无防备的战舰上，当然最好是在黑夜或恶劣天气的掩护下。鱼雷艇出现后，许多人认为，鱼雷艇仅仅意味着大型水面战舰的终结。但在寻找对抗鱼雷艇的"武器"时，舰船工程师们设计了一种叫"反鱼雷艇驱逐舰"的新型战舰。反鱼雷艇驱逐舰不仅比鱼雷艇更大、更快，还拥有行动半径和适航性，能与战斗舰队同行。反鱼雷艇驱逐舰的吃水很浅，鱼雷可以在其龙骨下安全通过。反鱼雷艇驱逐舰带有一种武器，可以击毁任何挡路的鱼雷艇。很少有舰艇可以像反鱼雷艇驱逐舰那样，用实力证明自己的名字。因此，反鱼雷艇驱逐舰完全解除了鱼雷艇对战斗舰的威胁，各国海军不再建造鱼雷艇。然而，驱逐舰很快承担了鱼雷艇之前的一项主要任务，即用鱼雷攻击大型战舰，同时保护战舰免受同一类型敌舰的类似攻击。

让许多人感到惊讶的是，驱逐舰不是小型舰艇，而是一种颇具规模的战舰。现在，大多数人依然认为驱逐舰是小型舰艇，因为其他商船和战舰大幅提升了排水量。最新的驱逐舰装有四英寸到五英寸口径的舰炮和十二座鱼雷发射管，每座鱼雷发射管可以发射一枚一吨多重的鱼雷，并像箭一样将鱼雷笔直地发射到六英里以外的地方。哥伦布第一次航行到美洲时，探险队中最大的船是"圣玛丽亚"号。"圣玛丽亚"号的排水量约为五百吨，规模只有驱逐舰的一半。即使在快速帆船时代初期，也很少有比"圣玛丽亚"号更大的船。

1914年之前，人们普遍认为，在所有大型海战中，鱼雷起到了重要作用。因此，各国海军顾问们坚持认为应该大量建造驱逐舰，并将驱逐舰作为舰队的基

哥伦布航行到美洲

停在港口里的 U 型潜艇

本组成。然而,目前的战争并没有取得多大进展,因为显而易见,用途广泛的驱逐舰不但有另一个重要作用,而且将再次证明自己的名字。就像在驱赶鱼雷艇时发挥的作用一样,现在驱逐舰已经发展成为潜艇的劲敌。事实证明,在德国潜艇与协约国驱逐舰之间的所有公开较量中,德国潜艇几乎没有任何优势。原因很简单,德国潜艇没有可以抵抗驱逐舰攻击的有力武器,但驱逐舰有多种可以攻击德国潜艇的武器。德国潜艇载有三座到四座鱼雷发射管,以及一到两门大炮。此外,德国潜艇无法用鱼雷发射管或大炮攻击全副武装的驱逐舰。U型潜艇非常脆弱,永远无法参加大型战役,因为它很容易被击中。驱逐舰可以承受相对猛烈的攻击,但U型潜艇一旦被击中,就会付出惨重的代价。即使被击中的U型潜艇不会沉没,但几乎不可避免的是,U型潜艇的一些部件也会受到重创,导致U型潜艇很难驶进港口。因此,U型潜艇更喜欢攻击商船和客船,而不是攻击像驱逐舰那样强大的舰船。德国潜艇必须稳扎稳打,在对方处在劣势时发动进攻,尽可能避免一切风险。

驱逐舰的空载吃水量约为九英尺或十英尺，可以有效避免德国潜艇的鱼雷攻击，因为如果要使鱼雷发挥出最大威力，那么潜艇必须在水下约十五英尺的地方发起进攻；如果鱼雷距水面的距离不足十五英尺，就会受到海浪的影响，无法直线前进。重要的是，驱逐舰的航速、敏捷度、曲折行进方式等都使鱼雷很难瞄准或击中它。此外，发射鱼雷远比一般人想得复杂。德国潜艇的指挥官不能冒着被击中的危险随意航行，也不能鲁莽地发射鱼雷，必须使潜艇停在合适的位置，计算出发射范围、路线和速度，然后瞄准目标。显然，德国潜艇如果向着目标以每小时三十或四十英里的速度快速行进，就很难击中目标。此外，驱逐舰不断改变航线，曲线行进，鱼雷根本无法捕捉其航行路线。德国人很清楚，用鱼雷击沉一艘驱逐舰的难度很大。因此，德国人几乎从未尝试与协约国的驱逐舰正面战斗。

鱼雷是一种复杂昂贵的机械装置，每枚鱼雷造价约八千美元，而一艘普通U型潜艇最多能携带八到十二枚鱼雷。因此，U型潜艇必须节约使用鱼雷，只在最有可能击中目标的情况下发射鱼雷。试图击沉驱逐舰却浪费鱼雷的U型潜艇指挥官很可能遭到军事法庭的审判。

然而，虽然德国潜艇无法成功与驱逐舰对抗，但驱逐舰有多种办法击毁德国潜艇。正如前文提到的那样，驱逐舰的真正优势是行进速度。在水面上，U型潜艇的时速只有十五英里左右，但水下时速仅七英里到八英里。因此，一旦发现U型潜艇，驱逐舰就会在极短的时间内将U型潜艇变成自己的猎物。驱逐舰可以用大炮攻击U型潜艇，如果条件有利，也可以撞击U型潜艇。一般情况下，一艘时速为三十英里或四十英里的驱逐舰可以用像剃刀一样强有力的舰艏将一艘U型潜艇切成两部分。战争初期，撞击德国潜艇是协约国驱逐舰的主要作战方式。但当我到达伦敦的时候，一种更可怕的武器横空出世，即一种可以容纳约三百磅TNT炸药的大型武器——深水炸弹。如果深水炸弹在德国潜艇周围一百英尺范围内爆炸，那么德国潜艇要么被摧毁，要么受到重创，然后浮出水面投降。

真正发明深水炸弹的是英国海军上将约翰·杰利科伯爵。我曾经问过海军上将约翰·杰利科伯爵，他说："没什么特别的。深水炸弹是为了满足战争需要发明的。当德国潜艇浮出水面时，大炮可以摧毁德国潜艇。但你要知道，当德国潜

查尔斯·马登

艇潜入水下时,大炮对它没有任何威胁。"战争初期,驱逐舰很难击沉水下的德国潜艇。一天,当英国舰队在北海巡航的时候,一艘德国潜艇向一艘英国巡洋舰发射了鱼雷。英国巡洋舰看到了德国潜艇的潜望镜和鱼雷航迹,于是发起了反攻,以免被鱼雷击中。然后,英国巡洋舰全速前进,前往德国潜艇发射鱼雷的地方,试图撞击德国潜艇。但当英国巡洋舰到达预定地点的时候,德国潜艇已经潜入海底。英国巡洋舰从德国潜艇旁边擦身而过,但没有对德国潜艇造成任何威胁。英国巡洋舰的指挥官和船员们只能眼睁睁看着德国潜艇潜入海底。英国军官向我报告了这件事。当时在场的有英国舰队副指挥官海军上将查尔斯·马登。

海军上将查尔斯·马登说："如果有一种威力强大的鱼雷能在德国潜艇所在的水下位置爆炸，不是很好吗？"

海军上将约翰·杰利科伯爵说："海军上将查尔斯·马登的这句话给了我们设计深水炸弹的灵感。我要求英国海军部按照海军上将查尔斯·马登的建议生产一种特殊鱼雷。结果证明，生产深水炸弹非常简单，在一个装满TNT炸药的普通钢瓶上安装一个简单的点火装置即可。点火装置由水压控制，可以按照不同情况加以调整，使深水炸弹在规定的深度爆炸。深水炸弹的点火装置虽然很简单，但非常有必要。我们立刻开始批量生产深水炸弹。"

从表面上看，深水炸弹像普通家用垃圾桶一样，但很快被人们熟知。后来，英国的每艘驱逐舰会在舰艉携带二十枚或三十枚深水炸弹，只要拉一下杠杆就能使深水炸弹掉到水里。一些驱逐舰会携带几枚形状奇怪的Y形榴弹炮。通过Y形榴弹炮，深水炸弹可以被投掷到五十码或更远的地方。如果深水炸弹在德国潜艇周围几百英尺范围内爆炸，那么德国潜艇的金属板受到挤压后，会引发严重泄漏事故，导致潜艇瞬间沉没。即使与德国潜艇相距较远，深水炸弹也会造成极其严重的泄漏事故，迫使德国潜艇打爆压载舱，浮出水面后投降。如果深水炸弹在距德国潜艇一百英尺的地方爆炸，那么结果同样是灾难性的，因为深水炸弹爆炸后的冲击力可能会挤压潜艇船体，损坏潜艇的水平方向舵，或破坏潜艇的基本机械，使潜艇无法正常运作。有时，如果德国潜艇上的灯坏了或重要零件松动了，那么潜艇指挥官只有两种选择，要么眼睁睁看着潜艇被水压压碎，要么浮出水面被海面上的驱逐舰俘获或击沉。德国潜艇指挥官说，在这种令人尴尬的情况下，他们宁愿被俘，也不愿潜艇被击毁，更不愿在水下痛苦地死去。但这一选择并不能反映德国潜艇指挥官们的勇气。即使深水炸弹在距德国潜艇很远的地方爆炸，德国潜艇并没有受到重创，但对德国潜艇上的所有潜艇兵来说，依然是十分恐怖的。如果不幸遇到一连串深水炸弹，那么遭到追捕的德国潜艇上的潜艇兵会陷入绝望。在战争中，协约国的几艘潜艇被自己驱逐舰发射的深水炸弹摧毁了。从协约国的潜艇兵口中，我们得到了关于深水炸弹威力的生动描述。我们发现，见证过深水炸弹威力的潜艇兵会出现一种后遗症，甚至不适

装填深水炸弹

合继续在舰船上服役。这种后遗症与新型战争精神病"炮弹休克"相似。美国一名军官曾亲历过深水炸弹爆炸,他告诉我,一枚深水炸弹的冲击力与一艘战舰上所有十四英寸口径的大炮同时开火产生的冲击力一样。因此,我们很难想象十枚或二十枚深水炸弹连续爆炸会产生怎样的结果。无论能否摧毁或重创德国潜艇,载有深水炸弹的舰艇上的船员都会变得非常谨慎。在导致德国U型潜艇陷入混乱的诸多因素中,与深水炸弹有关的因素无疑是最重要的。即使是最勇敢的德国水手,也不愿再次遇到可怕的深水炸弹。

深水炸弹似乎决定了德国潜艇的命运,但真实情况并没有这么简单。为了应对携有三百磅TNT炸药的深水炸弹,德国潜艇练就了一种强大的防御本领,即不被协约国海军发现的本领。奇怪的是,大多数人都忽略了这一明显事实。因此,我认为有必要说一下德国潜艇的隐藏能力。事实上,潜艇与其他战舰的本质区别就在于潜艇的隐藏能力。当潜艇从远处发现危险时,可以在二十秒到一分钟内快速隐藏。潜艇的最大优势是可以在对方探测到自己前发现危险。在航行中,一艘U型潜艇可以完全淹没在水中,或航行时只露出司令塔。如果天气晴朗,U型潜艇可以看到距自己约十五英里的驱逐舰。但在相同的情况下,驱逐舰只能看到距自己约四英里的潜艇。因此，德国潜艇通常可以决定是否暴露自己。德国潜艇如果认为隐藏起来是明智的，那么唯一要做的是躲在水下，直到协约国的驱逐舰与自己擦身而过却完全没有发现自己，然后继续照常行进。然而，德国潜艇的主要攻击目标不是协约国的战舰，而是商船。因此，德国潜艇指挥官最担心的是如何避免遇到协约国的驱逐舰和可怕的深水炸弹。与此同时，协约国驱逐舰指挥官的首要任务是在可攻击范围内击毁德国潜艇。

通常情况下，在茫茫大海中，德国潜艇会占据优势。但协约国的驱逐舰拥有更多攻击机会，因为德国潜艇只有在静止不动的情况下才能完全隐藏自己。德国潜艇如果不打算战斗，就不可能被协约国的驱逐舰发现。一旦参战，德国潜艇的行踪会立刻暴露出来。如果德国潜艇浮出水面并发射大炮，那么一定会暴露自己的位置。当德国潜艇发射鱼雷时，其位置也很明显，因为发射出的鱼雷会有一条清晰的行进轨迹。尽管大多数报纸都报道了鱼雷的这一缺点，但我发现很少有人真正理解鱼雷为什么会有一条行进轨迹。实际上，鱼雷是一艘小型潜艇，在压缩空气的推动下行进。当压缩空气被释放出来时，水中会产生泡沫状的

协约国驱逐舰释放鱼雷

航迹，与远洋客轮的螺旋桨产生的航迹相似。鱼雷的航迹尾巴约四英尺到五英尺宽，呈白色状，天气晴朗的时候像黑板上的白色线条一样清晰。因此，清晰的鱼雷航迹很容易暴露鱼雷的位置。任何一艘机动船舶，有时甚至是一艘渔船，都可以只通过转舵并改变航向轻松避开鱼雷。但对德国潜艇指挥官来说，鱼雷航迹暴露的只是发射鱼雷时的潜艇所在位置。水面上的鱼雷航迹很特别，像一根指向目标物的幽灵般的修长手指。

协约国的驱逐舰看到鱼雷航迹后，指挥官会命令驱逐舰全速前进。驱逐舰最大的优点是能够在极短的时间内达到全速，然后沿着鱼雷航迹冲到德国潜艇发射鱼雷的位置，发射一枚深水炸弹。随后，驱逐舰开始切割水面上的一个圆。如果德国潜艇朝右方前进，驱逐舰就会努力扩大这个圆，以确保潜艇进入到圆中。然后，驱逐舰在左边又画了一个圆。每十秒到十五秒，驱逐舰会在水面上画一个圆，同时继续发射深水炸弹。事实上，几分钟内，一艘驱逐舰可以发射二十枚到三十枚深水炸弹。如果一艘驱逐舰的附近有另一艘驱逐舰，那么另一艘驱逐舰也会跟踪鱼雷航迹，并在到达指定位置后，反方向移动。有时，可疑地点会出现两个以上的圆。在一定条件下，深水炸弹会在半径为半英里的圆内或更大范围内爆炸，使海水沸腾起来。

通过对鱼雷航迹的描述，我们发现，对攻击型潜艇来说，发射鱼雷是一种极其危险的游戏。在这种情况下，德国潜艇成功逃脱的几率可以简单计算出来。显然，逃脱几率大小取决于从发射鱼雷到驱逐舰到达鱼雷发射点的时间长短。这段时间给了德国舰艇逃跑的机会。然而，德国舰艇的水下航速并不快，当驱逐舰到达鱼雷发射点时，德国潜艇并没有行进多远。德国潜艇行驶了多远和朝哪个方向行驶是驱逐舰指挥官必须回答的两个问题，而判断的对错决定了深水炸弹能否成功击沉或重创德国潜艇。如果驱逐舰指挥官判断准确，那么德国潜艇必然在劫难逃。但判断错误的可能性非常大，因此，在大多数情况下，德国潜艇能成功逃脱。驱逐舰指挥官可能知道附近有一艘U型潜艇，但不知道U型潜艇的确切位置，只能凭运气进行战斗。一般情况下，德国潜艇即使逃脱了，有时也会因深水炸弹而结束职业生涯。

德国潜艇如果只遇到了一艘协约国驱逐舰，那么逃跑机会就会很大。然而，如果几艘协约国驱逐舰同时追击一艘德国潜艇，那么德国潜艇就会很危险，几乎无法逃脱。在浅水区，德国潜艇有时会潜到水底，在无声的安全状态下前行，直到水面上的驱逐舰不再追击。但在公海上，德国潜艇不可能完全隐藏自己，只能靠运气逃跑，因为潜到一定深度后，水压会将潜艇压碎。

记录显示，U型潜艇通常可以成功躲过深水炸弹的攻击，但也有很多U型潜艇被击沉或遭到重创。残酷的现实不断提醒德国潜艇上的潜艇兵们，受到协约国驱逐舰保护的海域潜藏着巨大危险。因此，德国潜艇指挥官们往往会避开受协约国驱逐舰保护的海域，尽量在深水炸弹不能干扰他们行动的海域攻击协约国的商船。

显而易见，受到驱逐舰掩护的大型战斗舰队几乎不会遭到鱼雷的攻击。为了攻击协约国的战舰，德国潜艇不得不进入深水炸弹的攻击范围内。正如已经提到的那样，在发射鱼雷时，距离是必须考虑的因素。U型潜艇携带的鱼雷比驱逐舰携带鱼雷的射程短。如果在超过两千码的距离内发射鱼雷，那么鱼雷几乎无法击中目标。事实上，要使鱼雷的杀伤力达到最大，就必须在短距离内发射鱼雷。鱼雷造价高昂，德国潜艇必须谨慎利用每一枚鱼雷。因此，U型潜艇的艇长下达命令说，除非条件特别有利，否则只能在不超过三百码的距离内发射鱼雷。战争早期，远距离发射鱼雷通常会击中目标船的船头或船尾，无法对目标船造成致命伤害。受到鱼雷攻击的船可以在短期内恢复如初，再次离港出海。德国海军部发现，长距离发射鱼雷几乎是在浪费鱼雷，因此，命德国潜艇靠近"猎物"后才能发射鱼雷，争取一举击中"猎物"，最好是击中"猎物"的船舱。为了击中目标，德国潜艇必须从水下浮到靠近目标三百码的范围内。但如果要靠近掩护战舰的驱逐舰，德国潜艇必须做好被摧毁的准备。因此，德国潜艇能够采取的一种攻击方法是潜入驱逐舰的屏障下，然后出现在战斗舰队的中间。然而，几分钟后，德国潜艇的踪迹就会暴露出来，水面上的驱逐舰会在德国潜艇附近投掷深水炸弹。在这种情况下，德国潜艇成功逃脱的几率几乎为零，更不用说摧毁对方的驱逐舰了。

战争初期，德国人发现试图击毁协约国战舰的行动都是徒劳的，最先总结

奥托·韦迪根

出这一教训的是德国海军中校奥托·韦迪根。1914年9月,海军中校奥托·韦迪根指挥的潜艇击沉了英国古老的"霍格"号巡洋舰、"克雷西"号巡洋舰和"阿布基尔"号巡洋舰首次向世人展示了德国潜艇在实战中的价值。与此同时,海军中校奥托·韦迪根成为德国最受欢迎的英雄之一。几个月后,他决定进行一项比击沉三艘英国巡洋舰更危险的实验,迫切希望对英国舰队发起攻击。1915年3月18日,英国舰队的一支分遣队在苏格兰的克罗默蒂附近巡航。海军中校奥托·韦迪根指挥U-29号潜艇潜入英国驱逐舰的保护墙下,发射了一枚鱼雷。鱼雷穿过了英国"海王星"号战舰的舰尾,"海王星"号上的警报立即响了起来。不久,一艘无畏战舰看到了德国潜艇的潜望镜,然后立即全速追击德国潜艇,将德国潜艇撞入了海底。当德国潜艇下沉的时候,潜艇艇艏浮出水面,清楚地露出了"U-29"几个字。U-29号潜艇上的潜艇兵无一幸免。海军中校奥托·韦迪根的试验是一次勇敢的试验,但对他和U-29号潜艇来说,这次试验是灾难性的。因此,很少有德国指挥官以海军中校奥托·韦迪根为榜样。显然,U-29号潜艇的遭遇证明,试图用潜艇摧毁或削弱协约国大型舰队是不可能的。U-29号潜艇的遭遇也许与新型战争有关。新型战争是一种利用潜艇对抗不受保护的商船的战争,也是德国人发动战争的主要目的。

一个简单的事实是,在驱逐舰的掩护下,公海上的协约国战舰大都是安全的。由于受到驱逐舰的掩护,协约国的战斗舰队比停泊在斯卡帕湾基地时更安全。事实上,受到斯卡帕湾的德国潜艇的攻击前,英国指挥官们已经意识到,在

"霍格"号巡洋舰被击沉

公海上巡航是战斗舰队避免遭遇德国潜艇的最好办法。大多数人认为，德国潜艇可以在驱逐舰构成的屏障下攻击协约国的战斗舰队，并用鱼雷攻击一艘或多艘协约国战舰。海军中校奥托·韦迪根差点儿击沉了"海王星"号战舰。虽然他最后失去了生命、潜艇兵和潜艇，但他的实验表明，德国潜艇有能力击沉英国战舰。我想强调的一点是，击沉协约国战斗舰队的机会非常渺茫，德国人觉得不值得进行类似的尝试。后来，协约国将商船编入了护航队。德国潜艇偶尔会潜入驱逐舰屏障下，摧毁一艘协约国舰艇，但大多数情况下都是无功而返。经验告诉德国人，试图击毁协约国战舰的努力将导致更多潜艇被击毁，从而导致德国战败。因此，U型潜艇的指挥官们没有攻击协约国的战斗舰队，一方面是因为缺少勇气，另一方面是因为他们接到了来自柏林的指示。

第2节　实行护航体系

在德国鱼雷的攻击下，协约国的战斗舰队毫发无损。当我与海军上将约翰·杰利科伯爵和其他人讨论目前的形势时，我问的第一个问题是："为什么不将驱逐舰保护墙应用到商船方面呢？"

如果驱逐舰能让德国潜艇远离协约国的战舰，那么驱逐舰也可以使德国潜艇远离协约国的商船。我们可以从已经给出的描述中清楚地看出，协约国的战舰平安远离了德国潜艇，像往常一样列队行进或巡航。事实证明，驱逐舰保护墙是有效的。因此，护航体系无疑是解决德国潜艇问题的"答案"。

然而，以前的战争采用的护航体系与现在战争中的护航体系存在本质上的不同。由舰艇护送大型舰队的体制几乎和海战一样古老。早在13世纪，汉萨同盟[①]的商船就被迫采取了护航措施，以免受到潜伏在波罗的海附近的海盗的袭击。威尼斯政府也曾使用护航体系保护庞大的贸易活动。15世纪，英格兰与西班牙摩尔港之间的大规模羊毛和葡萄酒贸易得到了护航舰队的保护。16世纪，

---

① 汉萨同盟（Hanseatic League）是欧洲西北部和中部的商会与集镇结成的商业防御联盟，统治北欧沿岸波罗的海的海上贸易长达三个世纪。中世纪晚期，其范围从波罗的海一直延伸到北海和欧洲内陆地区。

伊丽莎白一世

西班牙经常通过集结战舰应对英格兰和法兰西冒险家们的掠夺性攻击,保护西班牙与西印度群岛之间的贸易,为商船提供护航舰奠定了强大的西班牙舰队基础。一百多年来,强大的西班牙舰队逐渐威胁到了英格兰王国的利益。英格兰女王伊丽莎白一世统治时代,护航舰队已经成为保护商船的普遍方法,并在拿破仑战争中发挥了重要作用。当时,各国对护航舰队实行军事化管理,详细规定了集结船舶的方法,以及在指定地点与巡洋舰会合的方式和通过危险区域时的驱散方式，同时对海军军官进行系统管理。这一时期的护航舰队规模庞大，每支护航舰队通常有二百艘到三百艘舰艇。在一些重要的地方，如波罗的海入口处，护航舰队的舰艇有时会达到五百艘或更多。但与现在相比，当时护航舰队的规模依然是非常小的。只有巡洋舰需要保护的时候，才有必要聚集舰艇，以抵抗任何可能发起进攻的突袭舰。商船不需要按照特定的编队航行，也不需要对看不见的神秘威胁采取军事行动，更不需要结队而行，有时甚至可以在海上随意航行。如果发现了突袭舰，护航舰或巡洋舰就会离开舰队，追击突袭舰，随后展开一场战斗。在海上，护航舰队安然无恙地航行着。受到护航舰队保护的舰艇击退突袭舰后，会重新加入商船队。商船船长不需要掌握特殊的航海技术，因为他们将自己的生命安全交给了护航巡洋舰。

　　但在公海上，商船有时也需要对抗水面突袭舰。商船参与的军事行动与保护舰艇不受鱼雷攻击的军事行动截然不同。在战争中，为了应对突袭舰的攻击，商船和护航舰必须曲折行进。曲折行进的过程本身就是一种有效保护措施。如前所述，德国潜艇必须找到发射鱼雷的有利位置。因此，德国潜艇常常在靠近协约国战舰几百码的距离内发起攻击。事实表明，曲折行进是避免协约国驱逐舰被德国潜艇摧毁的最好方法之一。在曲折行进成为惯例前，德国潜艇可以轻而易举地用鱼雷攻击协约国的舰艇。当时，德国潜艇会将桅杆排成一行，直接将桅杆竖到潜艇前面，与小型潜望镜一起潜入水下，在协约国舰艇经过的短射程内发射鱼雷。除了缓慢航行的协约国舰艇，只有当德国潜艇发现"猎物"，并且在离"猎物"不远的地方，才会发射鱼雷。然而，如果协约国舰艇是曲折行进的，那么德国潜艇通常会失败。德国潜艇从来不知道如何确定进入鱼雷射程范围内的航向，由于水下航速很慢，也不能进行远航。护航舰队也采取了曲折行进的防御措施。一旦进入德国潜艇区域或者发现德国潜艇，协约国的商船或护航舰队就开始曲折行进，行进路线杂乱无章，断断续续，德国潜艇几乎无法找到一个适合发射鱼雷的位置，也就不可能有什么收获了。一艘独自航行的舰艇可以毫不费力地曲折行进，但显然，排成密集队形航行的二三十艘舰艇很难曲折行进，必须排成有规律的密集队形航行，以便随时调转航向，并且还要有驱逐舰护航。毫无疑问，舰艇队形越密集，需要的护航驱逐舰越少。因此，现代护航舰队与拿破仑时代的护航舰队截然不同。

商船船长常常对护航舰队充满敌意，这一点儿也不奇怪。从前，令商船船长们感到恼火的是，除了聚集船舶会浪费很多时间，有时还需要降低航速等待速度较慢的船，导致不能将货物及时送到港口。在使用护航舰队的战争中，很难让所有商船船长保持一致。在霍雷肖·纳尔逊时代，经验丰富的商船船长们陆续脱离了护航舰队，在没有护航舰保护的情况下进入港口。如果一个世纪前的商船船长已经对护航舰队表现出不满，那么现在的商船船长也不会对相对复杂的护航措施感到满意，这并不奇怪。在英国海军部，与商船船长们进行讨论时，他们几乎一致反对使用护航舰队。

海军上将约翰·杰利科伯爵说："商船船长是护航舰队的主要障碍。我们已经和商船船长们讨论了很多次。商船船长们认为，我们可以花时间对商船进行编队，也可以按照密集队形管理商船，因为这是海军的职责所在，但他们不能这么做。商船船长们尤其反对的是，在雾中或夜间没有灯光的情况下，让商船排成编队航行。他们说在碰撞过程中，他们失去的船会比被德国潜艇击沉的船多。"

美国决定参战的六个星期前，也就是1917年2月23日，英国海军部召开了一次会议，讨论了护航舰队问题。当时，十名商船船长与海军上将约翰·杰利科伯爵及海军部其他成员详细讨论了护航舰队问题。在经验丰富的商船船长面前，海军上将约翰·杰利科伯爵强调了商船保持队形的必要性，同时描述了商船必须保持的密集队形。他解释道，商船必须结队航行，否则掉队的商船可能会被德国潜艇击沉。他问商船船长们，速度相差两节的八艘商船是否可以在五百码之外的地方保持一条直线，在两列护航舰队中间沿着英吉利海峡航行。

十位商船船长几乎异口同声地回答道："绝对不可能。"

商船船长们说，一个令人沮丧的事实是，许多能干的商船船长加入了海军。他们一直没有找到合适的新船长，从而有效管理以编队形式航行的商船。

商船船长们还说："有能力的舱面甲级船员很少，商船船长必须二十四小时待在船桥上。"除了船桥上的困难，还有船舱内的困难。为了使商船之间保持相同距离，商船船长必须准确控制船速。战舰可以通过一些精密设备准确控制速度，但商船没有可以控制航速的设备，也无法记录引擎的转速。此外，由于商船上的煤炭质量很差，商船很难保持匀速行驶。

随后，海军上将约翰·杰利科伯爵问商船船长们，能否让两三艘商船结队航行，并保持定位。

商船船长们说："两艘船可能可以，但三艘恐怕不行。"

商船船长们的回答令人沮丧。他们肯定地说，即使两艘商船结队而行，也不能在夜间没有灯光的情况下时刻保持定位。如果结队而行，那么两艘商船必须排成一列纵队，导航船的船尾灯必须一直亮着。商船船长们强调了自己的观点，即他们更喜欢独自航行，让每艘商船都有机会进入港口。

我有幸与几位商船船长讨论了护航体系。在讨论时，他们重复了会上表达过的观点。我认为，当时，英国海军军官没有与支持护航体系的商船船长及时联系。英国海军军官并不怀疑商船船长们的观点，而是公开反对。英国商船船长是一群杰出的水手，最大的理想是为英国和协约国提供服务。面对护航体系的缺陷，他们并不固执，但真诚地认为，护航体系造成的商船损失会比受到德国潜艇攻击导致的商船损失大得多。

当时，许多海军军官与商船船长持相同的观点。他们不仅反对护航舰队，还认为护航舰队的引入意味着减少15%到20%的船舶吨位，因为集合船舶和等待护航舰会耗费一些时间，维持商船匀速行驶也会耗费一些时间。其他商船船长和轮船公司董事也表达了同样的观点。他们反对护航舰队的理由是，护航舰队会拖延商船的进度，造成商船的收入损失。然而，商船船长们并没有完全将护航体系排除在外。当我到达伦敦的时候，人们还在讨论护航体系。德国人击沉协约国商船的速度迫使护航体系成为必然选择。协约国海军似乎分成了两派，一派反对护航舰队，另一派坚持认为应该尝试使用护航舰队。护航舰队有一种不可抗拒的吸引力，似乎可以抵消所有反对意见。采用护航体系意味着协约国将对德国潜艇发起反攻。当时的巡航体制只是一种防御措施，不能发动进攻。在指定区域内，巡航驱逐舰随时准备营救遇险的商船，护送商船通过危险区域，同时找机会攻击德国潜艇。但正如我已经解释过的那样，协约国的驱逐舰在特定区域巡航时，德国潜艇会潜入水下隐藏起来。因此，在协约国驱逐舰的视线范围外，德国潜艇会继续行动。德国潜艇的活动区域非常广，但协约国驱逐舰队的规模相对较小，根本不可能覆盖整片潜艇区域。在这种情况下，协约国驱逐舰很少有机会遇到德国潜艇，至少在爱尔兰南部和西部海域很难遇到，因为爱尔兰南部和西部海域的德国潜艇采取了一切可以采取的防御措施，以免被协约国驱逐舰发现。

当时，除了英国海军和法国海军依靠巡航驱逐舰的保护，在大西洋沿岸，美国海军也犯了同样的错误。如果美国对德国宣战，那么德国U型潜艇就会在大西洋海域攻击美国船。事实上，很多人认为，当美国打算参战的时候，一些德国U型潜艇已经越过了大西洋。报纸上满是关于墨西哥海域、新英格兰海岸和其他地方的德国"潜艇基地"的报道，甚至有报道称，德国潜艇已经进入美国长岛海峡，德国的战用水雷网已经延伸到美国纽约湾海峡。在缅因州到佛罗里达州的各个地方，美国沿海地区的船发现了德国潜望镜和鱼雷的航迹。美国人开始担忧。战争早期，美国驱逐舰经常在美国海岸附近巡航，寻找德国潜艇。然而，通过巡航方式寻找德国潜艇的做法是荒谬的。我们即使知道德国潜艇的位置，也不太可能看到德国潜艇，更不可能接近德国潜艇。我们得知，一艘德国U型潜艇正在美国科德角附近作业，同时得知德国U型潜艇会在特定的时间到达指定位置。我们收到消息时，德国U型潜艇可能已经浮出水面，准备攻击路过的商船。即使知道确切时间和位置，美国驱逐舰也无法及时赶到德国U型潜艇附近，因为德国U型潜艇一旦看到美国驱逐舰，就会立即潜入水下，等待美国驱逐舰离开。危险过去后，德国U型潜艇会再次平静地浮出水面，继续执行击沉商船的任务。各国与德国之间的潜艇战有一个惊人的相似之处，即海军军官们很晚才明白，派反潜驱逐舰到茫茫大海上攻击或驱赶德国潜艇没有任何作用。当然，应该让德国潜艇遇到反潜驱逐舰，并且让德国潜艇为了击沉商船与反潜驱逐舰进行战斗。

我之前已经说过，巡航体系一定不会成功，因为巡航驱逐舰几乎没有机会与德国潜艇进行战斗，对商船也起不到任何保护作用。正如护航体系的倡导者认为的那样，护航体系的优势在于，护航舰队可以迫使德国潜艇进行战斗。换句话说，护航体系意味着进攻性战争。有人提议在每支护航舰队周围安排一道驱逐舰保护屏障，就像保护战斗舰队那样。因此，在驱逐舰出没的海域，如果德国潜艇计划用鱼雷攻击受到护航舰队保护的商船，那么协约国海军可以将德国潜艇驱逐出去。为了发射鱼雷，德国潜艇不得不靠近协约国驱逐舰队的边缘地带。当成功发射出鱼雷，暴露潜艇位置的鱼雷航迹出现在水面上时，护航驱逐舰会立即发射深水炸弹。因此，未来的德国潜艇将失去优势，不能继续随意击沉协约国商船。如果想击沉协约国商船，德国潜艇必须战斗。英国海军已经证明，驱逐舰组成的屏障可以有效保护战舰和商船。运送军队和供给的英国船每天都会顺利穿过英吉利海峡。显然，在英吉利海峡，英国已经建立了一个免疫区，通过驱逐舰和其他反潜舰的巡航，英国商船可以安全通过英吉利海峡。因此，有人建议在更广的范围内使用护航体系。美国如果将商船安排在紧凑的护航舰队中，并派驱逐舰保护商船，那么可能会建立另一个免疫区。与英吉利海峡的免疫区不同，美国的免疫区可以移动。这样一来，美国就可以建立一个约一平方英里的海上免疫区。到时候，德国潜艇如果想在美国海岸附近作业，就会面临很大危险。然后，美国海军可以将免疫区向前推移，保护商船安全到达港口。

因此，护航体系的优势非常明显，尽管商船船长们依然持悲观态度，但许多英国海军军官坚持认为，护航体系值得尝试。在讨论中，我和支持护航体系的英国军官们保持一致意见。从一开始，我就相信护航体系可以对抗德国潜艇。我的一些早期经历让我相信，商船船长们错误地低估了自己的航海技术。我坚信，睿智坚强的商船船长们并不知道自己的潜力有多大。在我与商船船长们的讨论中，商船船长们认为，海军军官可以出色地管理大型舰队，因为海军军官受过良好的训练，舰艇的操作性能也很特别。他们的说法有点儿言过其实。商船船长们还说："建造军舰是为了让军舰保持定位，接到通知后立即调头。但商船上没有人能做这些事情。"事实上，商船船长们的想法完全错了。他们可以在不同情况下操控各种规模、形状和速度的船，经验比海军军官们丰富得多。三十多年前，我已经明白了这一点。当时，我在宾夕法尼亚的训练舰上教学员们航海技术。教学经历是我一生中最有价值的经历之一，因为教学经历可以让我有机会与商船水手们打交道，从而有了一个非常有价值的发现。

的确，商船船长们需要学习很多与管理船队有关的东西。但我坚信他们可以迅速学会所需的知识，并在海军军官的指导下成功运用学到的知识。通常情况下，护航舰队指挥官就是一名海军军官。

一名海军军官负责管理一支舰队。舰队的舰船不仅航速一致，还可以迅速调头。海军军官可以通过操控各种仪器保持发动机转速恒定和测量船距。此外，下级军官需要花几年时间接受有关操控舰船的训练，然后指挥护航舰队中的一艘舰船，因此他不仅知道舰船的特点，还了解商船船长。顺便说一下，对下级军官来说，商船船长们的经验非常有用。

然而，对商船船长来说，有必要让自己的商船加入一支由三十艘大小不同、形状不同、速度不同、国籍不同和操控性不同的商船组成的编队中。但我相信，在各种困难面前，商船船长们有能力成功操控自己的商船。事实上，护航体系实施后，一位资深驱逐舰指挥官向我报告说，当他护送一支由二十八艘商船组成的编队时，商船编队像战斗舰队那样，一直保持着队列。与此同时，商船船长们正在运用两种不同的策略避开德国潜艇。

因此，鉴于自己当时拥有的影响力，我加入了支持护航体系的英国军官中。

然而，护航体系依然面临着一个巨大障碍，即驱逐舰数量不足。由于各种复杂原因，英国没有足够的驱逐舰实行护航体系。因此，美国决定参战，因为美国海军拥有额外的舰船，可以帮助协约国实行护航体系。当时，如果美国没有派舰船援助协约国，那么协约国就无法成立护航舰队。但早期的护航舰队并不完整，也没有系统的管理办法，这是我不愿看到的。美国为协约国提供的不是驱逐舰，而是可以保护大量商船免受德国潜艇攻击的舰船。通过德国潜艇区域后，协约国的驱逐舰会引导商船继续前进，但并不会将商船护送到大洋彼岸，因为到达德国潜艇区域前，商船几乎不会遇到德国潜艇。在任何情况下，数量有限的驱逐舰都不可能将商船护送到大洋彼岸。但协约国的护航舰队离开母港后，很可能遭到德国潜艇的攻击，这和霍雷肖·纳尔逊时代护航舰队的情况是一样的。此外，协约国的护航舰队还面临一种危险，即德国的水面战舰、突击舰或巡洋舰可能会离开基地，向协约国护航舰队发起突袭。我一直记得"莫威"号战舰的遭遇。因此，我认为有必要派战舰和巡洋舰护送护航舰队跨越海洋，就像一个世纪前的护航舰队那样。英国没有足够的护航舰达成护航目的，但美国海军能够为英国提供护航舰，因为美国有很多适合执行护航任务的前弩级战舰和巡洋舰。

第3节 实验护航舰队

1917年4月30日，我收到了来自英国海军上将约翰·杰利科伯爵的消息，要求我到英国海军部去拜访他。当我到达英国海军部时，海军上将约翰·杰利科伯爵告诉我说英国海军部已经开始实施对护航体系的研究计划，然后递给我一份研究计划的副本。副本上说，英国海军部已经决定派遣一支来自直布罗陀海峡的实验护航舰队。海军上将约翰·杰利科伯爵补充道，英国海军部还没有明确决定是否采用护航体系，但有意向对护航体系进行彻底、公正的试验。就在到达英国海军部的那天晚上，我在晚宴上遇到了首相戴维·劳埃德·乔治、爱德华·卡森爵士和阿尔弗雷德·米尔纳勋爵，并且再次与他们讨论了整个护航想法。我发现戴维·劳埃德·乔治非常支持护航计划。事实上，平民百姓通常对护航舰队的态度比海员们对护航舰队的态度更友好，因为平民百姓不太熟悉护航舰队涉及的航海和航运困难。

海军军官们立即被派往直布罗陀海峡，向商船船长们传达聚集和指挥船舶的细节问题。为了这次试验，英国海军部选择了时速为八节的船，并且指派了一些驱逐舰来保护这些船。正如预料的那样，商船船长们都持怀疑态度，但还是开始认真地工作了。

1917年5月20日，第一支护航舰队完好无损地到达了英国的目的地。这次航行的成功证明，商船船长们所持的悲观看法是错误的。商船船长们突然发现，就像我说的那样,他们几乎可以做任何事情,尽管在与英国海军部的会议上他们已经表明自己做不到那些事情。在会议上,商船船长们声称能够定位的船不超过两艘,但现在他们发现,整个护航舰队航行时可以确保不改变船舶之间的规定距离,并且可以轻松地保持。护航舰队曲折行进——这是对所有护航舰队进行的一次演习——当护航舰队到达危险区域时发现,按照预先安排的信号,所有船好像是一艘船一样整齐掉头,并且根据形势要求曲折行进。商船船长们曾经声称,如果没有灯光,商船就无法在夜间航行,因为会相互碰撞。但实验护航舰队证明,这只不过是自欺欺人的例子。很自然地,在英国海军部,这支护航舰队的到来引起了人们最大的关注,但最高兴的是商船船长们,因为对他们来说,他们的航海能力得到了展示。他们为自己感到自豪,感到高兴。护航舰队抵达的消息在航运圈中迅速传播开来,彻底改变了商船水手们的态度。曾经反对护航舰队的人现在成了护航舰队最热心的支持者。

然而,在航运圈外,这支护航舰队当时并不为人所知。不过,1917年5月20日,护航舰队安全到达英国,这是战争的一个重要转折点。这次关键的航行意味着协约国找到了击败德国潜艇的方法。世界可能呼吁一个特定的"发明"一夜之间摧毁所有德国潜艇,也可能要求协约国应该把德国潜艇封锁在潜艇基地里,也可能确信协约国可能做任何不可能的事情。不过,1917年5月20日协约国海军将领们发现,即使没有这些不确定的帮助,他们也可以击败德国。当第一支护航舰队到达时,德国潜艇带来的危险没有消除。在未来的许多个月里,协约国仍然会感到焦虑,必须设计出其他方法来补充护航舰队。然而,最重要的事实是,协约国的将领们第一次意识到,德国潜艇问题并不是一个无法解决的问题。此外,通过努力工作和无限耐心,他们可以保持对战争胜利至关重要的航道的畅通。这些经历过风吹雨打的船的到来使人们确信,协约国的军队和平民百姓可以得到食物和物资供给,可以保持美国军队到法兰西的运输畅通。总之,这意味着协约国可以赢得这场战争。

这支实验护航舰队完全改变了英国海军部对护航体系的看法。1917年5月21日,英国海军部投票通过对所有商船采用护航体制。不久之后,第二支护航舰队从汉普顿锚地出发,安全抵达英国。然后,其他护航舰队也开始从北欧港口驶进来。1917年7月21日,我明确地向华盛顿报告说:"到目前为止,护航舰队的成功表明,如果护航体系得到广泛和及时的应用,护航体系将会击败德国潜艇。"

然而,协约国认识到,护航舰队保护了协约国海军的航道,使战争得以继续,但不能忽视护航舰队成功的一个极其重要的因素。在描述驱逐舰的工作——驱逐舰是护航舰队的保护臂——时,我没有提及真正奠定反潜战役基础的军队。在协约国驱逐舰与德国潜艇作战期间,使协约国驱逐舰作战成为可能的力量却在北海安静地巡航,这支力量所做的工作很难让人觉察,全世界几乎没有意识到这支力量的存在,因为所有行动背后就是大舰队的强大力量。海军上将戴维·贝蒂的无畏战舰和战斗巡洋舰将德国的水面舰艇堵在了港口,使协约国的水面舰艇可以在海洋上自由作业。我已经说过,1917年4月,协约国海军控制了水面,但没有控制水下。当时,水下几乎全是德国人的天地。然而,我们现在即将得知的一个决定性事实是,对水面的控制是为了让协约国能够对水下也进行控制。只有协约国战舰使德国舰队陷入困境,驱逐舰和其他水面舰艇才可能完成任务。在一次公海海战中,协约国驱逐舰和水面舰艇构成的水面海军本来应该已经击败德国舰队,但让我们假设这样一个场景:一场地震或者其他一些重大的自然灾害,已经将斯卡帕湾的英国舰队吞没。然后,整个世界本应该都在德国的掌控之中。协约国在海上的所有驱逐舰应该不会有什么收获,因为德国战舰可能已经击沉协约国的驱逐舰,或者把协约国驱逐舰赶回了港口。这样一来,协约国的贸易不仅成为自由作业的德国潜艇的猎物,也成为德国水面舰艇的猎物。几个星期以后,英国的食物供给将会耗尽,英国不断向法兰西派遣士兵和军需品的行动也该早早结束。美国本可以不派遣任何军队到西线。结果,协约国投降。1917年春,协约国认为投降并不是不可能的。到那时,在协约国有机会集结资源和装备军队之前,美国将被迫独自面对德国军队。而现在整个世界得到了保护,免受上述灾难,因为协约国驱逐舰和护航舰队解决了德国潜艇问题,因为协约国海军的胜利有海军上将戴维·贝蒂的中队做后盾。这些相对弱小的船拯救了世界,同时与德国水面舰艇保持了距离。

第4章

美国驱逐舰

第1节　早期美国驱逐舰

1917年5月4日早晨，美国第八分遣队到达王后镇。1917年5月7日，第八分遣队离港出海，开始搜寻德国潜艇，保护协约国的贸易。1917年5月到1917年6月，第八分遣队几乎一直在与英国驱逐舰、单桅帆船和其他巡航艇一起执行巡航任务。1917年5月下旬，协约国正式采用了护航体系。但直到1917年8月底，护航体系才发挥作用。其间，协约国成立了许多海军护航舰队和商船护航舰队，其中很多舰队都是在美国驱逐舰的掩护下通过德国潜艇区域的。但在很长时间里，美国舰船都是单独航行，寻找德国潜艇或护送单艘货船。早期的实验证明护航体系是有用的，但一些悲观主义者仍然拒绝接受护航体系，认为护航体系不是解决商船安全问题的最佳方案。此外，重新组织分散在七大洋的所有船舶必然需要一定时间。

但与此同时，美国海军通过严格训练，很快熟悉了作战海域的情况。年轻的美国水手发现自己处在一个奇怪的世界里。然而，在暴风雨肆虐的爱尔兰海域，美国水手们的生活很艰难。小型美国驱逐舰时而在这片海域，时而在那片海域，有时露出龙骨，有时船首朝向天空，有时跃入大海，舰艇的两侧偶尔在泡沫似的海浪中起起伏伏。年轻的美国水手会连着几天遇到大雾天气，但爱尔兰海域的降雨还算正常。关于驱逐舰上的艰苦生活，我之前已经做了描述，但年轻的

浮出海面的德国 U 型潜艇

美国水手可以为我们提供更多细节。然而，恶劣的环境并没有让美国水手感到沮丧，因为欧洲海域的生活尽管单调乏味，但有时也会收获惊喜。大海上的环境表明，年轻的美国水手正在参加一场与之前接受的训练完全不同的战争。在德国的海军报告中，德国海军似乎还没有发现一个事实，即英国的贸易实际上已经被阻断。各种商船、班轮、租赁船、纵帆船和渔船不断涌向爱尔兰海岸和英国海岸。然而，漂浮在海面上的其他船员讲述了另一个故事，如一艘满载幸存者的救援船，一艘装满尸体的救生艇，或一艘被德国人遗弃的废船。美国战舰航行时也遇到了前所未有的危险。松散的水雷在水下晃动，暗示着随时可能出现的危险。舰船上的瞭望者很紧张，因为在漂浮的桅杆或船舶残骸中，很可能出现德国潜艇的潜望镜。有时，人们会怀疑远处的船舶可能是伪装的德国潜艇；有时，水中的粼光痕迹会被误认为鱼雷航迹。如果从几百码的地方看漂浮在水面上的舱口盖子，会很容易将舱口盖子看成德国潜艇的司令塔。偶尔出现的鲸鱼会被视为一艘德国U型潜艇，因为鲸鱼背部与德国U型潜艇很像。一次，英国海岸附近的几艘猎潜舰朝一头鲸鱼发射了深水炸弹，将鲸鱼炸死了。

然而，无形的战争信号给美国海军留下了深刻印象。欧洲海域的空气中弥漫着各种生命气息和战争信号。只要将无线接收器放到耳旁，就会意识到自己正身处真正的战争世界中。空气中充斥着从世界各地发来的各种信息。有时，信息是王后镇的海军上将路易·贝利爵士发来的，命美国海军前往一个指定地点，护送一艘重要货船；有时，一名美军指挥官会收到命令，前往指定位置追捕德国潜艇。协约国的驱逐舰和商船之间需要时刻保持联系。为了确认可疑船的身份，协约国驱逐舰上的指挥官会问："将你的位置报告给我，你的见习外科医生叫什么名字？我们船上有谁认识你的外科医生？"可疑船会回答道："我们在北纬50°西经15°的地方被一艘德国潜艇追击。"海上经常可以听到痛苦的求救声。如果有船遇到危险，一条信息会称一艘船被炮弹击中了，另一条消息称一艘船正在下沉，还有其他消息会给出救生艇的位置。满载幸存者的救生艇要求立即得到援助。协约国的无线电报员不仅会收到自己人发来的消息，还会收到德国人发出的消息。德国潜艇之间的对话经常会被协约国的无线电报员捕捉到。有时，德国潜艇会发出假求救信号欺骗我们，试图找机会用鱼雷攻击回应它的协约国舰船。但德国潜艇的尝试都没有成功，因为协约国的无线电报员很容易识别出德国仪器的"火花"。有时，大海表面上很平静，甚至看不到一艘船，也看不到任何人类存在的迹象，但空气中的战争信息从未间断过。

战争初期，美国驱逐舰的职责是搜寻德国潜艇，护送协约国商船，营救救生艇上的幸存者及受到攻击的船。为了便于巡航，协约国将大海分成面积约三十平方英里的不同区域，为每艘驱逐舰、单桅帆船和其他船分配了一片区域，并且要求所有船停泊在指定区域内，除非追击德国潜艇，否则禁止进入相邻区域。正如我描述的那样，巡航并不是一种有效的作战方式。协约国的船偶尔会看到远处的德国潜艇，但只是看到而已。然而，德国U型潜艇一旦看到协约国的船，就会立即潜入水下。协约国的驱逐舰经常有机会向德国潜艇发射炮弹，但通常会因为射程太远无法击中。一些驱逐舰上会有废弃物，可能与摧毁德国潜艇有关，但很难得到证实。可以肯定的是，无论是美国驱逐舰还是其他协约国的驱逐舰，都很少击沉德国潜艇，但这并不意味着协约国的驱逐舰没有什么收获。人们希望巡航驱逐舰可以迫使德国潜艇一直待在水下,从而保护协约国的海上贸易。德国潜艇一般在海面上航行,寻找猎物。德国潜艇只要超出了协约国商船的视线范围,就会以每小时十四节的速度航行到协约国商船的前面,占据有利位置。在巡航驱逐舰到达可以看见德国潜艇的位置前,德国潜艇会潜入水中,等待发射鱼雷的有利时机。如果附近有一艘巡航驱逐舰,德国潜艇就不会采取任何措施。因此,巡航驱逐舰可以有效保护德国潜艇视野范围内的协约国商船。德国潜艇喜欢用大炮攻击协约国商船,因为鱼雷的造价高昂,而且数量相对较少。通过长距离射击,巡航驱逐舰不断干扰德国潜艇的行动,迫使德国潜艇潜入水下,无法对协约国的商船造成任何伤害。虽然追击德国潜艇、护送协约国商船及救助幸存者等工作十分重要,但早期美国驱逐舰并没有对德国潜艇构成致命威胁,只是为美国海军提供了训练机会,拯救了很多协约国商船和幸存者,击沉了少量德国潜艇。然而,通过这种作战方式,协约国永远不可能赢得战争。

与护航体系相比,巡航驱逐舰和轻型水面舰艇并不能有效保护协约国商船。因此,巡航驱逐舰受到了人们的指责。当然,人们的指责是合理的,但我们必须明白,在没有足够的反潜舰支撑护航体系前,巡航是对抗德国潜艇的唯一方法。我们不能忘记,王后镇的美国第八分遣队不仅拥有系统的管理模式,还拥有令人钦佩的航海技巧和高效的作战能力。当时,海军上将路易·贝利爵士指挥的英国驱逐舰、单桅帆船和其他巡航舰承担了大部分巡航任务,同时得到了英国伪装猎潜舰的大力协助。巡航舰队取得的举世瞩目的成就都被记录了下来。可以说,这些记录不仅从多方面体现了巡航舰队的伟大传统,还体现了巡航舰队的耐力、勇气和航海技巧。在海战历史上,几乎没有哪支舰队可以与协约国的巡航舰队媲美。

第2节 跟踪德国潜艇

协约国护航舰队的指挥部设在英国海军部的一间办公室里。护航舰队指挥部通过一种复杂系统管理着七大洋上的一万艘船舶。每天早晨,负责协约国航道安全的工作人员会检查整片海域的情况。英国皇家海军中将亚历山大·达夫主要负责航道的检查工作,同时得到了许多英国军官的协助。美国海军上校拜伦·A.朗是我的参谋部的一名军官,负责与海军中将亚历山大·达夫的联系。他的主要职责是协调美国护航舰队与协约国护航舰队之间的行动。一旦护航舰队组织完成,我就不用为这个问题感到烦恼了。美国护航舰队从美国出发或到达法兰西与英国时,我要求海军上校拜伦·A.朗不用通知我,因为我们不应该因同一件事失眠。

在护航舰队指挥部中,一面贴着巨大海图的墙格外显眼。如果要使用这张海图,就必须爬上一架梯子。梯子与鞋店里使用的普通梯子一样。海图给出了美洲、大西洋、不列颠群岛及欧洲和非洲大部分区域的详细地理信息,特别强调了布雷顿角、哈利法克斯、纽约、汉普顿锚地、直布罗陀海峡、非洲西海岸的塞拉利昂和塞内加尔首都达喀尔等地的港口。线条分别从七个港口向外延伸到不列颠群岛以外的海域,线条的不同位置分布着小纸船,一艘小纸船代表一支

汉普顿锚地

护航舰队。当特定护航舰队从纽约出发时,一艘纸船就会被放到代表纽约的点上;当护航舰队穿过海洋的时候,小纸船会按照护航舰队的航行向前移动。因此,任何时候,只要看一眼海图,就能知道前往作战区域途中的护航舰队的精确定位。

但与代表护航舰队的小纸船相比,海图还提供了其他更引人注目的信息。表示不列颠群岛周围海域的地方有一些小圆圈,每个小圆圈代表一艘德国潜艇的位置。每天,海图上的小圆圈会根据相应的德国潜艇的航迹移动,航行路线由一条直线表示。协约国护航舰队最引人注目的地方也许是对德国潜艇航行情况的掌握。一个独立的情报部门专门负责搜集德国潜艇的相关信息,喜欢侦探小说的读者们对此很熟悉。小说中的侦探通常会给一个叫"影子"的人分配一项任务,让"影子"密切观察一个指定的人。有经验的"影子"一般非常耐心和谨慎,会二十四小时观察目标,在拥挤的街道上秘密跟踪目标,在高级写字楼悄悄盯着目标,陪目标乘有轨电车去餐馆、剧院和酒店,或在大街小巷乘出租车和汽车追踪目标。"影子"非常关心毫无戒心的目标,"早上将他扶起来,晚上将他放到床上。"协约国的情报部门以同样的方式跟踪德国潜艇,密切关注每艘德国潜艇"早上起床,晚上睡觉"。当德国潜艇驶出潜艇基地的时候,协约国的情报部门就会盯上德国潜艇,密切关注德国潜艇,直到德国潜艇驶回基地。护航舰队指挥部的海图表明,在合理的误差范围内,每艘德国潜艇会在特定的时刻、特定的地点作业。相关工作人员会不断更新海图上的微小记录。

然而,收集信息并没有最初设想的那样困难。我已经说过,在爱尔兰南部和西部海域作业的德国潜艇数量相对较少,可能不超过八艘或九艘。德国潜艇通过多种方式泄露了自己的位置,潜艇指挥官在使用无线通信方面非常粗心。即使在U型潜艇上,德国人也会畅所欲言,尽管这种习惯可能会导致严重后果。单独执行任务的德国潜艇也许感到很孤独,因此,一旦到达英吉利海峡或北海,就会开启几乎不间断的谈话。U型潜艇主要进行的是相互之间的交流和德国海军部之间的交流。此外,在交流过程中,德国指挥官会将自己的位置暴露给协约国的监听者。无线电测向仪是一种可以即时定位无线信息发送位置的仪器，为我们提供了大量信息。当然，德国指挥官知道自己的位置已经暴露，因为他们和我们一样，也有无线电测向仪，但他们依然没有束缚自己爱说话的天性。协约国还有跟踪德国潜艇的其他方法。由于德国潜艇大部分时间都待在海面上，因此，协约国的商船或战舰经常会看到德国潜艇，然后立即报告自己看到的德国潜艇的确切位置。显然，德国潜艇如果没有暴露自己的行踪，就不会向协约国商船发射鱼雷。协约国的无线电报员可以随时获得有关商船具体位置的信息。根据指示，当协约国商船看到德国潜艇或被德国潜艇袭击时，必须立即发出信息。通过上述几种方式，协约国情报部门可以轻而易举地跟踪德国潜艇。譬如，我们可以听到德国U-53潜艇在黑尔戈兰岛附近的谈话，然后立即在海图上标出U-53潜艇的位置。为了节省燃油，U-53潜艇只在水面上航行约十节，其他时间都在海下航行。工作人员会在海图上圈出U-53潜艇的航行范围，准确推测出U-53潜艇在指定时间出现的地方。但几小时或一天后，我们会再次听到关于U-53潜艇的消息，也许是U-53潜艇正在用无线电，或正在攻击一

黑尔戈兰岛

艘协约国商船,抑或协约国的船发现了U-53潜艇。随后,工作人员会根据新消息移动海图上的U-53潜艇的位置。没过多长时间,协约国护航舰队的军官们就掌握了德国潜艇和德国指挥官们的习惯。事实上,一些德国军官的性格非常鲜明,我们很容易在无线电通信中识别出,从而获得德国潜艇的位置。由于德国指挥官们不同的行事风格,每艘德国潜艇的航行方式都不同。有的德国指挥官会快速、鲁莽地发动攻击,有的会非常谨慎地执行任务,有的会表现出人性最丑恶的一面,还有的会表现出一种正直的骑士精神。通过研究每位德国指挥官的个人特征,我们通常可以知道给定时间内的德国指挥官是谁。在战争中,这些信息非常有价值。

护航舰队指挥部的军官们会说:"'老汉斯'又出来了!"

"老汉斯"是U-53潜艇的指挥官海军上校汉斯·罗斯。1916年秋,海军上校汉斯·罗斯指挥的潜艇出现在了罗得岛的纽波特,并且在南塔基特岛附近击沉了五六艘协约国商船。我们从来没有亲眼见过海军上校汉斯·罗斯,也不知道他是胖是瘦,是白是黑,但对他的性格了如指掌。护航舰队指挥部的人都熟悉海军上校汉斯·罗斯,也很了解他的行事风格,甚至对他有一定好感。发现协约国的商船后,德国其他指挥官会以比较温和的方式攻击协约国商船。然而,如果一艘德国潜艇突然出现,"砰!砰!砰!"接连发射出一连串鱼雷,一次击沉四五艘协约国商船,然后像它出现时那样突然消失,那么护航舰队的军官就知道,海军上校汉斯·罗斯再次逃走了。我们有点儿敬佩海军上校汉斯·罗斯,因为他很勇敢,会抓住其他人看不到的机会,最重要的是,他敢于孤注一掷地实施自己的计划。有时,用鱼雷击沉一艘协约国商船后,海军上校汉斯·罗斯会一直等着,直到所有救生艇都载满人。然后,他会扔出一条拖绳,为幸存者提供食物,让所有幸存者待在一起,直到救援驱逐舰出现在海面上。发扬人道主义精神会冒很大风险,因为海军上校汉斯·罗斯知道,周围的任何一艘协约国驱逐舰都会给自己带来致命打击。海军上校汉斯·罗斯用鱼雷击沉了"雅各布·琼斯"号驱逐舰。当时,他从两英里远的地方向"雅各布·琼斯"号驱逐舰发射鱼雷,几分钟后,鱼雷击中并击沉了"雅各布·琼斯"号驱逐舰。由于无线电通讯设备随着驱逐舰沉没了,

"雅各布·琼斯"号驱逐舰

"雅各布·琼斯"号驱逐舰的幸存者没有办法发送求救信息。因此,海军上校汉斯·罗斯按照一贯的行事作风,冒着巨大风险发出了求救信息,给出了幸存者的具体位置和相关信息。令人感到惊讶的是,他是协约国海军军官们愿意与之握手的为数不多的德国指挥官之一。我听说,一些协约国海军军官想在战争结束后与海军上校汉斯·罗斯见面。

我们可以通过辨识德国指挥官获取德国潜艇的位置信息,了解德国潜艇的航行特点,然后通过这些重要信息保护护航舰队。这也是英国政府的主要工作之一。德国无限制潜艇战是一场众所周知的"国际象棋"比赛,要求参赛者必须忠诚、专心,而且所有活动都集中在一间办公室里进行。护航舰队指挥部的军官们都是来自各协约国的代表,负责管理护航舰队的所有事务。他们规定了护航舰队从美国或其他港口出发的日期和到达日期。如果没有他们的运筹协调,那么海上将不可避免地出现拥堵和混乱。可以护送兵舰和其他重要舰队前往欧洲的美国驱逐舰数量有限,因此,美国驱逐舰必须按照规定的时间,定期到达指定地点。此外,护航舰队指挥部的军官们必须合理安排所有护航舰队的路线,以免离港和返航的驱逐舰队之间发生碰撞。护航舰队的枢纽中心没有设在纽约,也没有设在汉普顿锚地，而是设在伦敦。如果护航体系成功，那么协约国必须设立一个重要的中央总部，而中央总部必然会设在伦敦。

在巨大的海图上，每支护航舰队的位置已经被标示了出来，一艘小纸船代表一支护航舰队。海图显示，护航舰队朝指定会合点稳步行进，但有八艘或九艘德国潜艇一直在等待拦截前往会合点的护航舰队。在海图上，海洋上的一场潜在悲剧正在我们眼前展开。举例来说，一支由二十艘舰船组成的纽约护航舰队正向利物浦驶去，但行驶途中，纽约护航舰队径直向德国潜艇所在的位置驶去。护航舰队指挥部很清楚自己应该做什么，于是立即向纽约护航舰队发送了消息，命纽约护航舰队向南行驶五十英里，因为根据海图显示，南部没有隐藏的德国潜艇。几小时后，我们看到代表纽约护航舰队的小纸船正在走向毁灭。突然，纽约护航舰队向南转向，绕过完全没有发觉它的德国潜艇，选择了一条没有危险的航线向目的地驶去。护航舰队指挥部知道所有德国潜艇的准确位置，几乎可以指挥任何一支护航舰队在德国潜艇周围行驶。有时，海图上的小纸船即将和德国潜艇相撞，但忽然敏捷地调头，绕过了德国潜艇。看到这种情况会让人觉得非常有趣。为了解救协约国商船，护航舰队指挥部不断向德国潜艇周围派护航舰队，从而引发了一个有趣的事实，即虽然没有足够的护航驱逐舰，但护航舰队完全有能力保护协约国商船。有时，由于没有可以派出的护航驱逐舰保护特定的护航舰队，护航舰队指挥部会按照路线派出护航舰队，指引护航舰队沿着没有德国潜艇的航线行驶，安全抵达指定港口。

第3节　护航舰队的运作模式

因此，伦敦的海军部就是护航体系的中枢神经系统。护航舰队运作规律，可以到达世界上最遥远的角落。无论在南美或澳大利亚，还是在印度或中国荒无人烟的地方，只要有港口，协约国商船就可以从港口出发，航行到其他任何交战国。英国海军代表和英国政府代表驻扎在各个港口，与协约国商船上的人齐心协力，共同将货物安全送到目的地。海洋上的危险区域只是交战国周围相对

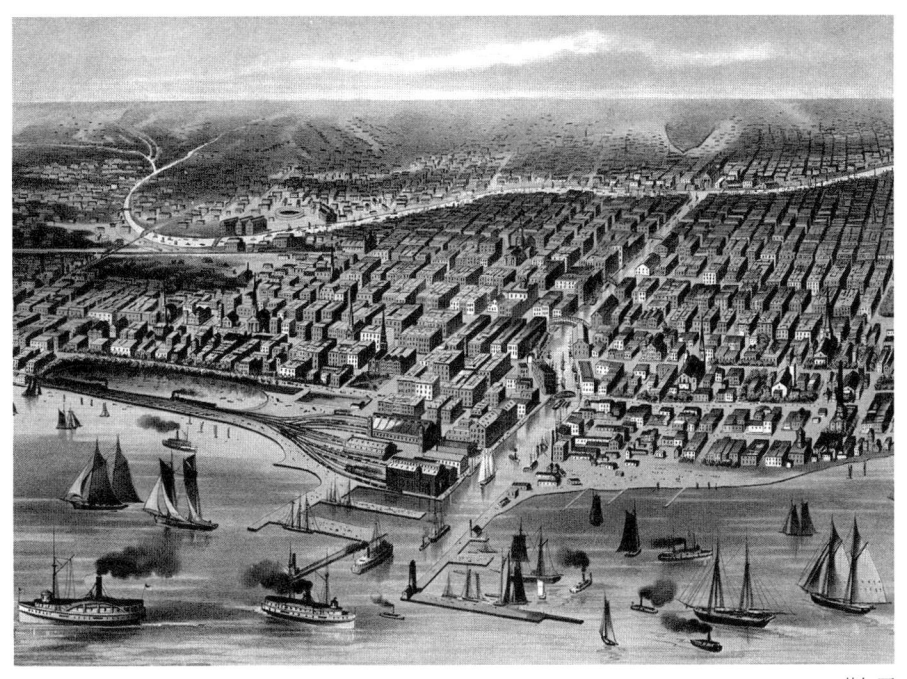

芝加哥

较小的一片区域,但对协约国商船的保护是一套精心设计的体系,这一保护体系始于商船出发的国家。1917年7月前,世界上的大部分船都不受监管。现在,协约国所有船首次被统一安排在特定航线上,按照与铁路一样的调度表航行。事实上,管理护航舰队与管理横贯北美大陆铁路系统中的货运列车相似。美国有几个规模较大的货运总部,有时也称"门户"。也就是说,来自各个地方的货运列车都会集在货运总部,然后按照规定路线前往各自的目的地。主要目的地包括匹兹堡、布法罗、圣路易斯、芝加哥、明尼阿波利斯、丹佛和旧金山等地。1917年和1918年,前往交战国的船会集在海洋上的大型"货运总部",组成护航舰队,经过"直达干线"前往不列颠群岛、法兰西和地中海。少数几艘航速较快的船可以保护自己免受德国潜艇的攻击。因此,这几艘船得到许可,可以忽略海上的航行路线直接穿过德国潜艇区域。但对航速较快的船来说,直接穿过德国潜艇区域依然十分危险。因此,只要有可用的护航驱逐舰,护航舰队指挥部就会派驱逐舰保护所有商船。来自世界各地的其他船也要求航行到大型"货运

里约热内卢

总部"，加入不断壮大的护航舰队中。于是，经由南非好望角前往欧洲的所有船都开始沿着非洲西海岸行进，前往达喀尔或塞拉利昂的港口，然后加入护航舰队。来自里约热内卢、巴伊亚、布宜诺斯艾利斯和乌拉圭首都蒙得维的亚等地的船没有直接驶往欧洲，而是加入了当地的护航舰队。在直布罗陀海峡，经苏伊士运河与地中海港口来到英国和法国的船找到了大型"货运总部"。匹兹堡几乎成了一个交通总部。通往北美和南美西海岸的四个"货运总部"分别是布列塔尼角、哈利法克斯、纽约和汉普顿锚地。来自圣劳伦斯山谷的谷物商船在哈利法克斯会合；来自波特兰、波士顿、费城和大西洋其他地方的船在纽约会合；来自巴尔的摩、诺福克、墨西哥湾和南美洲西海岸的船前往汉普顿锚地的护航中心会合。

在护航舰队指挥部，会合起来的船通常被称为"达喀尔护航舰队""哈利法克斯护航舰队"和"汉普顿锚地护航舰队"。护航体系完全建立起来后，护航舰队就像火车一样，从指定的指挥中心按时出航。每十六天会有两支护航舰队从纽约分别驶往英国西海岸和东海岸，每八天会有两支护航舰队从汉普顿锚地分别驶往英国西海岸和东海岸。从其他"货运总部"出发的护航舰队遵循同样严格的时间表。所有护航舰队的起航日期都是固定的，就像铁路调度表上的火车到达时间和离开时间一样。有时也会出现突发状况，必须推迟护航舰队的出发日期，以免与同时段到达的另一支护航舰队相遇。按照计划，1917年8月14日，第一支前往英国西海岸的护航舰队离开纽约。之后，其他护航舰队约每隔十六天从纽约出发。通过英国领事馆向世界各地船长发出的指示详细说明了管理护航舰队的方法。

譬如，在纽约，一艘船装载好，准备驶向作战区域。船长拜访了英国领事馆负责港口的官员。这名官员指示船长前往格雷夫森德湾，然后向护航舰队军官汇报并等待进一步指示。一般情况下，商船船长到达指定地点后，会发现指定地点还有其他等待起航的商船。所有商船必须按照护航舰队指挥官的指示

苏伊士运河

"埃姆登"号

行动。护航舰队指挥官通常是一名海军准将或海军上校,与英国海军部的护航舰队指挥部保持着密切联系,往往选用其中一艘商船作为旗舰。起航时,一般二十艘到三十艘商船聚集在一起。舰队指挥官将所有商船船长召集起来,每人发一本关于如何管理护航舰队的蓝皮书。舰队指挥官还经常发表演讲。商船起航前,一艘美国巡洋舰或前弩级战舰,或者一艘英国或法国巡洋舰会加入护航舰队,跟随护航舰队穿越大西洋的危险地带。正如大多数人错误地认为的那样,加入护航舰队的舰船的任务并不是保护护航舰队免受德国潜艇的攻击,而是保护护航舰队免受任何可能逃到公海的德国袭击舰的攻击。协约国海军经常回想起德国太平洋分遣队的轻巡洋舰"埃姆登"号。在大海中央,"埃姆登"号会冒着巨大风险将协约国的护航舰队驱散,使德国潜艇有机会发射鱼雷。显然,派二十艘或三十艘没有任何抵抗能力的商船横穿大西洋很有可能招致一场灾难。事实上,1917年2月,一艘德国袭击舰试图霸占北海海域的公海,但被英国巡航中队击沉了。

护航舰队按照规定日期起锚出海。对关注护航舰队行动的普通人来说,护航舰队似乎是一支步履蹒跚的羸弱舰队。整支护航舰队的速度由舰队中航速最慢的船决定。为了与时速八节或十节的船保持一致，航速可以轻易达到十二节或十四节的船必须降低速度，这让船长们十分反感。不过，只要有可能，速度大致相同的船就会一起航行。在新组建的护航舰队中，很少有人提出关于海洋的重要问题。护航舰队的船组成了一支混杂的、不相匹配的舰队，经常生锈的船不愿与崭新的班轮一起航行，排水量在两千吨到三千吨的小船试图和排水量在一万吨到一点二万吨的船一起航行。护航舰队笨拙地在海上航行，船与船之间一般相距九百码或一千码，整支舰队占据了约十平方英里海域。在最初的航行中，聚集在一起的商船效率低下，但成了一个符合德国潜艇期望的目标。穿越海洋的协约国商船都受过专业训练。在护航舰队指挥官的指导下，二十艘或三十艘商船每天都要接受训练。在广阔的大西洋上，通过十五天到二十天时间，协约国商船接受了所有应对德国潜艇的针对性训练，预测了危险区域可能出现的每一种情况。船上的军官和船员们学习了如何应对危险情况的技能，熟练掌握了信号电码，以及应对德国潜艇的方法和曲折航行技术，并且习惯了在没有灯光的夜晚航行。船员们完成了所有必要训练，已经有能力应对诸如鱼雷落到船舱或船被击沉等紧急情况，也知道如何将全体船员安全带到救生艇上。为了避免引起恐慌，护航舰队指挥官将现实因素引入训练中。实际上，在公海上，护航舰队从来没有遇到过德国潜艇，但依然存在遇到的可能性，尤其是德国人派出巨型水下巡洋舰后。

　　护航舰队指挥官带着密令离开了港口。按照指示，在海上航行一百英里后，他才能打开密令。密令命护航舰队指挥官在伦敦指定的集合地点，与美国海军上校拜伦·A.朗会合。护航舰队指挥部的海图显示了护航舰队即将抵达的目的地。在目的地，护航舰队将与护航驱逐舰会合，然后在护航驱逐舰的保护下穿过危险区域。现在，纽约护航舰队指挥官可能已经得到指示，会率舰队穿过黄纬圈52°子午线30°，与护航驱逐舰会合。纽约护航舰队指挥官安排好航线，控制好舰队航速，以便在约定时间到达目的地。但他很清楚，指示只是暂时的，他最终抵达的确切地点取决于德国潜艇的移动位置。如果在暂定的会合区域，德国潜艇异常活跃，那么当护航舰队接近该区域时，来自伦敦的无线信号会指示舰队指挥官驶向另一个地点，也许是原会合地点向北或向南一百英里的地方。

"找到护航舰队"是一项针对护航驱逐舰的搜索测试，尤其是测试护航驱逐舰在恶劣天气中的航行技术。一支驱逐舰航行到有暴风雨的北大西洋海域，穿过某一经纬线的交叉点，然后按照特定时间到达指定地点，并不是一件简单的事情，而是需要高级航海技能。美国海军军官掌握的高级航海技能得到了人们的赞赏，尤其是得到了商船船长们的赞赏，同时令美国步兵感到惊讶。护航驱逐舰与护航舰队会合后，会与护航舰队一起向西航行。战争期间发生了一些不幸事件，譬如从欧洲开往美国的英国"扎丝提卡"号军舰被德国潜艇击沉，给人们造成了一种误解，认为开往国外的护航舰队并没有得到有效保护。当然，出港和到港的商船都需要护航。从人道主义角度看，运送军队和物资的商船必须加强护航。但从战争角度看，德国人没有击沉美国船的原因是美国船运载着士兵和供给，德国人击沉美国船是因为美国船是协约国的船而已。德国并不想摧毁美国海军和军需品，而是想要削弱协约国的力量。德国的目标是减少世界上的船舶供给，迫使协约国放弃抵抗。因此，德国必须击沉协约国即将出港的空船和即将到港的货船。因此，美国必须尽最大努力保护所有商船，同时组建开往国外的护航舰队。虽然大多数人仍然认为"扎丝提卡"号是因为没有得到护航被击沉的，但事实上，"扎丝提卡"号得到了一艘大型驱逐舰的护航。为开往国外的美国船护航大大增加了美国驱逐舰的压力，最大的困难是入港的护航舰队是一个整体，但不能以一个整体统一卸货和返回，因为一些船会耽搁一段时间。在战争中，时间是非常重要的因素，因此，有必要以最快速度完成每次重要运输。后来，返航的舰队一卸货就会以小规模护航舰队的形式匆匆离去。然而，我们能够提供护航的商船数量比实际要求的少很多，有时甚至只能派几艘护航战舰护送商船编队，或在没有护航的情况下让商船编队穿过德国潜艇作战区域。因此，一些返航的运输船会被鱼雷击中，尤其是法国西部港口的运输船。协约国只有组建一支大规模护航舰队，并立即将其派遣出去，才有机会保护穿过德国潜艇作战区域西部边缘的商船，就像驶往欧洲港口的商船编队得到的护航那样。

如果协约国的驱逐舰与返航护航舰队、海上护航舰、巡洋舰或前弩级战舰取得联系，及时组建一支向西航行的护航舰队，那么驱逐舰就会立即返航。通常在一艘或多艘护航驱逐舰的护航下，英国护航舰队会全速前进，驶入英国港口。有时，返航的驱逐舰会引起入港护航舰队船员们的愤怒。进入德国潜艇区域时，入港的护航舰队会被驱逐舰抛弃，但此时正是它需要保护的时刻。护航舰队的船员和其他人都不明白，远洋护航的目的不是保护护航舰队不受德国潜艇的攻击，而是保护护航舰队不受德国突袭舰的攻击。在危险区域内，远洋护航驱逐舰将成为护航舰队的一部分，并需要得到护航舰队的保护，以免受到德国潜艇的攻击。实际上，远洋护航驱逐舰的返航会使商船更加安全。护航舰队接受过横跨海洋的各种训练。因此，接近危险区域时非常谨慎和务实。护航舰船会被编入一支紧凑的编队，舰船之间只保留可以快速航行的必要间距。一般来说，护航舰队的形状是平行四边形，前边比两边长一些。商船编队通常由以四艘商船为一组的多组商船组成，每艘商船之间的间距约为五百码，各组的所有商船并排航行，各组商船之间相隔约半英里。因此，由二十四艘船组成的护航舰队宽约三英里，深约一英里。大多数驱逐舰被安排在护航舰队狭窄的两侧，因为德国潜艇只能在护航舰队旁边发起攻击。虽然几乎所有护航舰队的速度都比德国潜艇的速度快，但护航舰队的后面依然需要一艘驱逐舰，因为德国潜艇一旦浮出水面，就会在晚上跟踪护航舰队，天亮时用鱼雷袭击护航舰队的舰船，并且在没有遭到驱逐舰攻击的情况下迅速逃走。德国潜艇不知道协约国商船受到了多大程度的保护，也无法从护航舰队前面发起攻击，因此，护航舰队经过时，前方的德国潜艇一般不会潜入水下发射鱼雷，因为这样做既不现实也很危险。德国潜艇只能在船头或船尾发射鱼雷，潜艇两侧没有鱼雷发射管。如果德国潜艇的两侧也有鱼雷发射管，那么德国潜艇就可以埋伏在护航舰队的前方，等护航舰队经过时发射鱼雷。在这种情况下，德国潜艇应该与协约国商船保持平行，只露出一小部分撞击协约国商船。德国潜艇如果希望按计划发起攻击，并且在合适的海域调头，占据发射鱼雷的最佳位置，就必须在船首和船尾安装鱼雷发射管，但这是非常危险的，德国潜艇也从来没有尝试过。值得一提的是，一般情况下，护航舰队的两侧是德国潜艇袭击的最佳位置，但同时会使德国潜艇暴露在危险中。因此，在近期的战争中，护航驱逐舰通常集中在护航舰队的两侧。

我将护航体系比作铁路系统。护航舰队进入德国潜艇作战区域后，有关铁路系统的比喻仍然适用于护航舰队。事实上，我使用了铁路工人的术语。起航时，每支护航舰队会选择两条主要航线中的一条航线。护航舰队指挥部将两条航线称为"主干线"。到达英国西海岸的主干线通常经北海海峡到达爱尔兰北部，然后经爱尔兰海到达利物浦。有时，护航舰队会经过爱尔兰南部，再从爱尔兰南部驶往爱尔兰海。前往英国东海岸的护航舰队选择了一条经英吉利海峡的主干线。实际上，从美国到英国和法国的所有船都选择了上述两条主干线中的一条。但就像美国的铁路系统一样，每条主干线都有分支线。因此，驶往法国港口的船选择了南线，这条线一直延伸到英吉利海峡的入口处。在英吉利海峡的入口处，商船会放弃主干线，选择一条通往布雷斯特、波尔多、南特和法国其他港口的分支线。与此同时，英吉利海峡也有几条通往英国各个港口的单向分支线，如普利茅斯、朴茨茅斯、南安普敦等。庞大的护航体系有规律地运作着。我认为其他任何运输系统都不可能如此精确、有规律。

第4节　护航体系的本质

一些护航舰队和护航驱逐舰的经历也许能清楚说明护航体系的本质。为此，我选择了一些可以说明护航驱逐舰日常工作的典型例子以及其他一些令人印象深刻的护航舰队的经历。

1917年10月下旬的一天，驻扎在王后镇的一支美国驱逐舰队收到了海军上将路易·贝利爵士寄来的一份详细指示。海军上将路易·贝利爵士要求该舰队一个小时内离港，护送进港护航舰队OQ17号，同时将HS14号护航舰队带进港口。这一详细指示是基于英国海军部的指示，我的参谋部经常与英国海军部开会协商工作。OQ17号和HS14号护航舰队的名称很好解释，OQ指编号为17的护航舰队，即从王后镇驶出的第十七支护航舰队；HS指从布列塔尼角返航的编号为14的护航舰队。在最初的几个月里，王后镇是大批准备返回美国的商船的集散地之一。后来，米尔福德港、利物浦港和其他港口逐渐成为集散地。现在，来自爱尔兰海和英格兰东海岸港口的船聚集在各个集散地，准备组成OQ17护航舰队，同时准备在一艘护航驱逐舰的护送下穿过德国潜艇区域，然后向西驶往美国港口。

这支护航舰队由八艘美国驱逐舰和一艘英国"特殊用途船"组成。"特殊用途船"就是著名的诱饵船，即伪装猎潜舰。从外表来看，伪装猎潜舰是没有受到保护的商船，但实际上秘密携带了大量武器，足以摧毁任何射程内的德国潜艇。用途特殊的伪装猎潜舰"奥布里提亚"号并不是护航舰船，其使命是在护航舰队前方约三十英里的地方航行。从德国潜艇的潜望镜或司令塔上观察时，"奥布里提亚"号似乎只是一艘独自航行的协约国商船，极具诱惑力。但"奥布里提亚"号的真正目的是引诱德国潜艇发射鱼雷。德国潜艇发射出鱼雷后，通常会在水下停留一段时间，等待遭到鱼雷袭击的船员跳下船，然后浮出水面。德国潜艇兵会登上遭到袭击的协约国船，在协约国船上搜寻贵重物品和食物，尤其是作战信息，譬如联络密码、航海指南等。与此同时，伪装猎潜舰做好准备，只要德国潜艇浮出水面，就放下炮门，对准德国潜艇连续射击。截至1917年10月，伪装猎潜舰已经摧毁了多艘德国潜艇。现在，护航舰队的前面通常会有一艘或多艘伪装猎潜舰，其主要目标是摧毁等待攻击护航舰队的德国潜艇。有时，伪装猎潜舰也会被安排在护航舰队的后面，很容易就被德国潜艇误认为掉队的船，因为每支护航舰队里几乎都有掉队的船。

按照惯例，在王后镇，OQ17号护航舰队及其护航驱逐舰起航前，拖网渔船和扫雷舰会提前几小时进行扫雷。在约定的时间，八艘美国驱逐舰迅速起航，穿过设置在王后镇港口入口处的战用水雷网，首要任务是在半径十二英里的海域附近巡航。得知美国护航舰队即将起航时，德国人已经在离王后镇港口不远的地方安排了一艘潜艇。美国驱逐舰队指挥官发现舰队附近没有潜伏的德国潜艇，于是向商船编队发出了信号。商船编队立即离港，进入公海。突然，暴雨袭

"帕克"号驱逐舰

来,海面上刮起了一阵大风,海浪冲过了美国驱逐舰的甲板。但护航舰队很快分成三列,美国驱逐舰迅速围在护航舰队周围,然后整支队伍开始向A会合点进发,即西经14°与黄纬圈49°交叉的海域——王后镇西南约三百英里的一个会合点。当时,护航舰队以为自己是安全的,不在德国潜艇的作战区域内。与此同时,远处的伪装猎潜舰悄悄消失在地平线下。

在秋季和冬季暴风雨多发的海域,在大西洋东部的大雾中,为护航舰队护航是一件枯燥乏味的事。偶尔会发生一两起特殊事件,使海上航行变得不再单调。一天下午2时左右,海军中校哈尔西·鲍威尔指挥"帕克"号驱逐舰在海面上巡航。突然,"帕克"号上的监视哨看见一艘德国潜艇正在向护航舰队快速逼近。无线电立即将消息传送到了每艘船上。一收到消息,整支护航舰队就按照旗舰发出的信号,向左调转方向。近两个小时,护航驱逐舰一直在搜索德国潜艇的踪迹,但德国潜艇非常狡猾,一直待在安全的水下。于是,护航舰队继续沿着原来的路线行驶。大约航行了两天后,护航舰队到达护航驱逐舰认为安全的地方。随后,护航驱逐舰返航,护航舰队继续朝美国驶去。黑暗降临,在夜色的掩护下,协约国商船离开军舰向西出发。与此同时,护航驱逐舰收到当时正在为HS14号护航舰队护航的英国"坎伯兰"号巡洋舰的消息。"坎伯兰"号巡洋舰报告说,"护航舰队晚了六个小时",就像火车站的广播员告诉焦急候车的乘客,即将到来的火车晚点了一样。根据规定,第二天早上6时,护航舰队应该到达指定会合点,但由于德国潜艇一直拖延到了中午,护航驱逐舰不能提前到达,于是减速,向指定地点驶去。

有时,由于天气恶劣,护航舰队指挥部无法通过天文观测确定护航舰队的位置,同时护航舰队可能没有按时到达指定的会合地点。与此同时,护航驱逐舰可能在约二十英里长的南北线上航行了几个小时。指定的会合时间到来前,一艘护航驱逐舰看到西边的地平线上出现一团模糊的烟雾。不久,排成四列纵队

"坎伯兰"号巡洋舰

航行的三十二艘商船逐渐显现出清晰轮廓。接到护航驱逐舰发出的信号后，其他护航驱逐舰全速前进，排列在护航舰队的两侧。商船船长们非常激动。整支护航舰队占据了海上约十到十二平方英里的海域，一直保持着整齐的队形，看上去令人激动万分。当护航驱逐舰排列在护航舰队两侧后，护航舰队勇敢地驶入德国潜艇最喜欢的"狩猎场"。

一旦护航舰队进入危险区域，护航驱逐舰和商船就开始曲折行进。旗舰上的海军准将升起Z字形信号，所有商船立即向右转弯25°。护航驱逐舰一般比较笨重，但与其他船同时转向时显得十分灵巧，甚至非常优雅，像一个人突然向鱼群投下一块石头一样。在穿越大西洋的途中，护航驱逐舰通过快速转向，不止一次地成功穿越危险地带。因此，对护航驱逐舰来说，转向就像重复一件经常做的日常工作。护航驱逐舰沿着既定航线航行了十到十五分钟，突然向左转弯20°，沿着新方向行进，然后一会儿朝右，一会儿朝左，一会儿朝前，如此反复，平静地行驶在海面上。护航驱逐舰上的船员都很有经验，目不转睛地盯着水面。在没有信号的情况下，护航舰队可以曲折行进几个小时。每条航线及到达每条航线的时间都按照既定计划有序进行，所有舰船的时间表都是一致的。曲折行进是一种有效的保护措施。当护航舰队进入危险区域后，人们认为危险区域的德国潜艇正在寻找机会发射鱼雷。尽管协约国军官们可能知道三百英里内没有德国潜艇，但依然非常警惕。德国潜艇的位置体现了护航舰队的纪律性，德国潜艇必须等待有利时机摧毁协约国舰船。但正如已经说过的那样，如果一艘德国潜艇没有做好充分准备，就不能发动攻击。德国潜艇只有在靠近协约国舰船三四百米的范围内，才能发动攻击，否则鱼雷无法击中目标。德国潜艇指挥官几乎从来不会盲目发射鱼雷，期望一举击中目标，而是根据目标船的航速、潜艇的航速和鱼雷的速度，谨慎选择攻击目标。重要的是，德国潜艇指挥官必须确定目标船的航向。在计算目标船航向的过程中，协约国商船的航向可能是最重要的因素。但如果协约国商船不断改变航线，德国潜艇就不可能进行任何有价值的计算。

一天下午，在护航舰队前方三十英里的地方，"奥布里提亚"号伪装猎潜舰报告说发现了一艘德国潜艇。于是，两三艘护航驱逐舰立即快速驶向指示区域，全面搜索德国潜艇，但并没有发现德国潜艇的踪迹，只能返回护航舰队。第二天早上，从德文波特驶来的六艘英国驱逐舰和一艘巡洋舰加入护航舰队。在此之前，护航舰队一直沿着通向英吉利海峡的主干线航行，但之后抵达了一个分岔路口，护航舰队中的一部分船将驶向英国港口，另一部分船驶向法国港口。英国驱逐舰接管了驶往英国的二十艘商船，美国驱逐舰被派去护送剩下的商船前往布雷斯特。下面是美国旗舰和英国旗舰之间的对话。当时，欧洲海域到处可以听见类似的对话：

"科宁厄姆"号致"阿卡特斯"号：我是"科宁厄姆"号驱逐舰的海军中校阿尔弗雷德·W.约翰逊。我想保留整支护航舰队到今天晚上。我会服从你的命令，直到我带着一部分护航驱逐舰向布雷斯特驶去。

"阿卡特斯"号

"阿卡特斯"号致"科宁厄姆"号：请做好安排，以便今晚可以和法兰西护航舰队一起离开。

"阿卡特斯"号致"科宁厄姆"号：你打算今晚什么时候和法兰西护航舰队一起离开？

"科宁厄姆"号致"阿卡特斯"号：约下午5时，以便今晚到达布雷斯特。

德文波特海军总指挥致"科宁厄姆"号：执行海军部命令，"阿卡斯特"号会帮助你。德国潜艇出现的位置是北纬48°41′西经4°51′。

前文已经提到，"奥布里提亚"号伪装猎潜舰发出了危险警告。以下是"奥布里提亚"号伪装猎潜舰发出的危险警告：

下午1时15分"奥布里提亚"号致"科宁厄姆"号：北纬49°30′西经6°8′发现德国潜艇。德国潜艇在水面上航行，速度不快，向西南偏南方向航行。

下午1时30分"科宁厄姆"号致"奥布里提亚"号："科宁厄姆"号朝所有兵舰和兰兹角驶去。在北纬49°30′西经6°8′处追击德国潜艇，航线西南偏南。等待进入射程范围。航行速度较快。

下午2时整"奥布里提亚"号朝所有兵舰驶去。德国潜艇出现在北纬49°20′西经6°12′处。仍在搜寻。

事实上，我并没有找到有关搜寻德国潜艇的更多消息，这可能会降低上述事件带给读者的兴奋感。但描述护航舰队的行动时，我并不是在讲一个疯狂的冒险故事，而是在陈述一件经常发生的事。令护航驱逐舰感到恼火的是，大多数情况下，选择战斗与否主要取决于德国潜艇是否发起攻击。如果德国潜艇决定接近护航舰队并发起攻击，那么护航舰队被击毁的可能性就很大。然而，按照惯例，德国潜艇选择潜入水下，使护航驱逐舰的搜寻工作暂时告一段落。与此同

兰兹角

时,协约国商船受到了有效保护。当时,德国潜艇被发现时,正径直朝商船编队驶去。如果"奥布里提亚"号没有发现德国潜艇,或美国驱逐舰没有开始追击德国潜艇,那么德国潜艇就会发起攻击,可能会击沉一艘或多艘协约国商船。在战争中,护航驱逐舰的主要任务是在不引起人们注意的情况下,驱逐德国潜艇。对被击沉的德国潜艇来说,还有很多像上述描述那样的经历。

穿过危险区域后的航行平淡无奇。两艘美国驱逐舰护送英国远洋护航舰"坎伯兰"号前往德文波特,美国其余护航驱逐舰护送协约国商船前往布雷斯特,然后返回王后镇。在王后镇休息了三四天后,美国护航驱逐舰和另一支护航舰队一起出港。类似的例行航行不断重复,直到战争结束。

OQ17号护航舰队和HS14号护航舰队是护航舰队成功航行的例证。然而,护航驱逐舰的经历与护航舰队不同,下文描述的是护航体系实行后期发生的事。

1917年10月19日上午,海军中校阿尔弗雷德·W.约翰逊所在的护航舰队正护送一支规模庞大的英国商船编队前往英国东海岸。突然,空中传来一种只有在德国潜艇区域出现的响声。在护航舰队前方九十英里处航行的"勒肯贝克"号发出信号,给出了自己的位置,并称遭到一艘德国潜艇的炮轰。几分钟后,护航驱逐舰"尼科尔森"号前去营救"勒肯贝克"号。接下来的几个小时里,美国护航驱逐舰从空气中捕捉到了关于此次冒险进展的信息。这些信息生动地讲述了"勒肯贝克"号的遭遇,成为护航驱逐舰经历的典型事件之一。我一字不差地将相关信息摘录了下来:

上午8时50分呼救信号,"勒肯贝克"号遭到德国潜艇攻击。位置:北纬48°08′西经9°31′。

上午9时25分"科宁厄姆"号致"尼科尔森"号:前去援助发出呼救信号的船。

上午9时30分勒肯贝克"号致"尼科尔森"号:我在附近行动。

上午9时35分"勒肯贝克"号致"尼科尔森"号:你离我多远?

上午9时40分"勒肯贝克"号致"尼科尔森"号:将代码本扔下来。你多久可以到?

"尼科尔森"号致"勒肯贝克"号:两小时。

上午9时41分"勒肯贝克"号致"尼科尔森"号:搜寻德国潜艇,德国潜艇正在炮轰我们。

"尼科尔森"号致"勒肯贝克"号:不可投降!

"勒肯贝克"号致"尼科尔森"号:决不投降!

上午11时01分"尼科尔森"号致"勒肯贝克"号:航线向南。

中午12时36分"尼科尔森"号致"科宁厄姆"号:德国潜艇于11时20分潜入北纬47°47′西经10°处。

下午1时23分"科宁厄姆"号致"尼科尔森"号:舰船怎么样?

下午3时41分"尼科尔森"号致王后镇海军上将和"科宁厄姆"号:"勒肯贝克"号已经加入护航舰队,可以不需帮助驶入港口。

我已经说过，护航驱逐舰的主要任务是营救遭到德国潜艇攻击的商船。"勒肯贝克"号事件生动说明了这一点。德国潜艇如果用鱼雷袭击"勒肯贝克"号，那么很可能会很快摧毁"勒肯贝克"号。但由于鱼雷造价昂贵，德国潜艇必须节约使用鱼雷，一般情况下都用大炮攻击协约国商船。这正是德国潜艇的聪明所在。"勒肯贝克"号配备了武器，但德国潜艇的大炮射程相对较远，"勒肯贝克"号的武器没有发挥任何作用。因此，在这种情况下，德国潜艇要做的就是保持安全距离并轰炸协约国商船。当护航驱逐舰到达作战现场时，德国潜艇已经轰炸了三个多小时。显然，德国潜艇的射击准度很差，因为三个多小时里只击中了"勒肯贝克"号约十二次。一枚炮弹点燃了"勒肯贝克"号上的棉花，"勒肯贝克"号的一部分已经损坏，但整体看上去依然是完整的。对没有防御能力的商船进行炮击时，德国潜艇总是显得很英勇，但只要护航驱逐舰出现在德国潜艇附近时，德国潜艇就会立即潜入水下。"尼科尔森"号立即瞄准德国潜艇，发射了两枚炮弹后，德国潜艇消失在了水下。护航驱逐舰派船员扑灭了"勒肯贝克"号上的大火，对其进行了必要的维修。几小时后，"勒肯贝克"号重新加入护航舰队。

"勒肯贝克"号加入护航舰队后，"尼科尔森"号来到"勒肯贝克"号旁边。与此同时，发生了一件更令人兴奋的事。1917年10月19日下午晚些时候，海面上平静下来，没有任何迹象表明护航舰队附近有德国潜艇出没。出港以来，英国远洋护航舰"奥拉马"号一直陪伴着护航舰队，现在是第二纵队的前导舰。没有丝毫预兆，"奥拉马"号的右舷船头发生了巨大爆炸。这起爆炸并没有神秘之处。事实上，爆炸发生后，德国鱼雷的航迹立即出现在了海面上。护航舰队还没有发现德国潜艇潜望镜，但从鱼雷航迹的位置来看，德国潜艇显然在护航舰队的一侧，并近距离发射了鱼雷。护航舰队或护航驱逐舰没有慌乱，立刻采取了措施。爆炸发生后不久，德国潜艇的潜望镜出现在离水面几英寸的地方，停留了一两秒钟后消失了。虽然潜望镜的暴露时间很短，但依然被监视哨敏锐的眼睛和近处的"科宁厄姆"号驱逐舰上的几名水手发现了。这一发现披露了一个事实，即德国潜艇就在护航舰队中间，正在寻找其他攻击目标。"科宁厄姆"号驱逐舰拉响警报,全速前进,向德国潜艇所在的位置逼近。海水很清澈,舰上的军官和士兵们不仅看到了潜望镜,还看到了德国潜艇的轮廓。当"科宁厄姆"号驱逐舰在"奥拉马"号周围盘旋时,在离"科宁厄姆"号驱逐舰右舷不远的地方,舰上的军官和士兵们看到了一件闪闪发光、雪茄形状的绿色物体。当"科宁厄姆"号驱逐舰飞驰而过的时候,将一枚深水炸弹放在了绿色物体的顶部。随后,海面上平静下来,到处可见漂浮的潜艇残骸,如木板、桅杆和其他杂物。显然,漂浮在海面上的是一艘德国潜艇受损的甲板残骸。所有试图营救"奥拉马"号的努力都是徒劳的。"科宁厄姆"号驱逐舰在"奥拉马"号旁边待了五个小时,营救幸存者,竭尽全力抢救"奥拉马"号。但1917年10月19日晚上10时左右,"奥拉马"号消失在了水面。在营救幸存者的过程中,"科宁厄姆"号驱逐舰展示出的航海技术值得称赞。"科宁厄姆"号驱逐舰巧妙地将救生艇放在"奥拉马"号旁边,营救了约三百名幸存者,没有造成人员伤亡。

  护航驱逐舰的工作其实是一项费力不讨好的工作,因为只有在极少数情况下,根据实际捕获的德国潜艇及其潜艇兵,才有可能证明护航驱逐舰成功摧毁了德国潜艇。深水炸弹袭击德国潜艇后,海面上出现的浮油并不能使人信服,因为德国潜艇遭到深水炸弹袭击后,学会了在海面上抽油的技巧。德国潜艇希望通过海面上的浮油告诉追捕者,自己已经被击沉了,从而诱使追捕者放弃追捕。此外,漂浮在海面上的潜艇残骸,如"科宁厄姆"号驱逐舰袭击德国潜艇后出现在海面上的残骸,并不能完全证明德国潜艇已经被摧毁。然而,由于没有继续听到有关德国潜艇的任何消息,海军中校阿尔弗雷德·W.约翰逊坚信深水炸弹完成了任务。最终,英国政府高度评价了海军中校阿尔弗雷德·W.约翰逊的成就,授予他圣迈克尔勋章及圣乔治勋章。英国海军部对海军中校阿尔弗雷德·W.约翰逊的表彰如下:

  1917年10月19日下午5时50分,英国远洋护航舰"奥拉马"号被德国鱼雷击中。"科宁厄姆"号驱逐舰全速前进,在"奥拉马"号的船首周围盘旋,看到了护航舰队中间的德国潜艇。随后,"科宁厄姆"号驱逐舰从德国潜艇上方经过，扔下了一枚深水炸弹。由于海军中校阿尔弗雷德·W.约翰逊及时、正确的指挥，协约国的很多船幸免于难。与此同时，德国潜艇很可能被摧毁了。

正式实行护航体系后的最初几个月里，护航舰队指挥官遇到的最大困难是与"懒散"的商船打交道。由于各种原因，协约国商船落在了护航舰队后面，成为引诱德国潜艇的一个诱饵。与此同时，一些商船船长非常固执，对德国潜艇不屑一顾，坚持认为可以冒险与德国潜艇作战，而不是严格遵守护航安排。在这种情况下，巡航驱逐舰常常被迫离开巡航舰队，回去敦促落后的商船赶上护航舰队，就像一只牧羊犬敦促落后的羊与羊群保持一致一样。因此，当一些固执的商船船长不听劝诫时，巡航驱逐舰会在商船附近秘密扔下一枚深水炸弹，使落后的商船在不受任何伤害的情况下剧烈摇晃。这种做法通常会使落后的商船全速前进，重新加入护航舰队，同时使商船船长们坚信，一艘德国潜艇正在追击他们。有时，落在护航舰队后面的商船可能是因为机器出现了故障，或者遇到了其他事故。连续几天，德国潜艇一直沿着护航舰队的踪迹航行，趁机寻找落后的协约国商船，就像鲨鱼跟踪一艘船一样，因为鲨鱼希望船上扔下能吃的东西。因此，护航驱逐舰经常与护航舰队分开，充当后方守卫的角色。我们必须牢记，在停战协议签署前，任何时候都必须保持一支足够强大的护卫力量，以确保整体的安全。协约国如果有足够多的驱逐舰，就可以在每支护航舰队周围设置驱逐舰屏障，甚至设置双层驱逐舰屏障。这样一来，德国潜艇带来的危险就微不足道了。由于没有将每支护航舰队都安排在合适的地方，护航驱逐舰指挥官们承担了十分重大的责任。与驱逐舰队分开前，他们必须三思而行，保护掉队的商船。

一个夏末的下午，改装的美国快艇"克里斯塔贝尔"号正在为英国商船"达娜厄"号护航。"达娜厄"号与从法兰西的拉帕利斯驶向布雷斯特的护航舰队之间相距八英里。一个美丽的夜晚，天气晴朗，海面上一丝风都没有。在这种情况下，德国潜艇要想隐藏自己非常困难。下午5时30分左右，"克里斯塔贝尔"号上的监视哨在左线船尾方向约六百码的地方发现了一处德国潜艇航迹,于是全速前进。突然,德国潜艇航迹消失了,但依然有几处油迹。随后,"克里斯塔贝尔"号朝油迹方向行驶,在可能有德国潜艇的地方投了一枚深水炸弹,但并没有产生任何结果。"克里斯塔贝尔"号重新回到"达娜厄"号旁边,两艘船平静地行进了近四个小时。突然,在"克里斯塔贝尔"号右舷方向约两百码的地方出现了德国潜艇的潜望镜。显然,执着的德国人一直在跟踪"克里斯塔贝尔"号和"达娜厄"号,试图寻找机会发射鱼雷。现在,时机已经成熟,德国潜艇处在一个可以摧毁协约国商船的危险位置。潜望镜的出现意味着德国潜艇正在寻找可以发射鱼雷的最佳时机。"克里斯塔贝尔"号开始全速追击德国潜艇。德国潜艇像逃犯一样迅速消失在了水下。水面上的动静表明,德国潜艇正在竭尽全力潜入水中。巡航驱逐舰投放了一枚深水炸弹,准备在水下七十英尺的地方爆炸。与此同时,无线电会发出求救信号。深水炸弹爆炸后,海面上立刻出现了水蘑菇,随后传来了第二声爆炸。第二声爆炸来自可怕的海底深处,非常低沉,比深水炸弹爆炸发出的声音更大、更恐怖。"克里斯塔贝尔"号和投放深水炸弹的位置之间升起了一座巨大的水火山及各种碎片。受第二声爆炸的影响,"克里斯塔贝尔"号剧烈摇晃,舰上的军官们以为"克里斯塔贝尔"号也受到了重创,甚至有几个人摔倒在甲板上撞伤。海浪消退后,大量黑油浮出水面,断裂的木头和其他潜艇残骸逐渐出现。几分钟后,这片直径几百码的海域到处漂浮着死鱼。据"克里斯塔贝尔"号上的军官们说,死鱼数量约是一般情况下深水炸弹炸死的死鱼数量的十倍多。"克里斯塔贝尔"号和"达娜厄"号重新回到护航舰队,对这次攻击感到满意。事实上,"克里斯塔贝尔"号和"达娜厄"号完全有理由感到满意。一两天后,一艘被炸坏的德国潜艇,即UC-56潜艇,费力地驶入西班牙北部的桑坦德港口。UC-56潜艇与"克里斯塔贝尔"号进行了一场激动人心的比赛。最后,UC-56潜艇受损严重,几乎不可能修理好。此外,战争期间,西班牙政府扣留了UC-56潜艇。因此,从所有实际目的出发,"克里斯塔贝尔"号应该击沉了UC-56潜艇。

第5节 一艘德国潜艇投降

虽然追踪隐形潜艇的任务令人沮丧，但偶尔也会发生一些具有戏剧性的事件。大多数时候，护航驱逐舰都在忙着寻找浮油、鱼雷航迹、潮涌、水浪和其他可疑的干扰，有时会与德国潜艇亲密接触。在战争中，大多数船员经常在海上度过数星期时间，没有比偶尔浮在水面上的泡沫状赘生物更令人兴奋的了。因此，当一些激动人心的时刻到来的时候，海上单调乏味的生活终于有了变化。

1917年11月的一个下午，海军中校弗兰克·贝里恩指挥一支美国驱逐舰队，从王后镇出发去执行一项常规任务。这支美国驱逐舰队的旗舰是"尼科尔森"号，主要任务是将向西航行的OQ20护航舰队护送到指定地点，并将一支驶往英国港口的护航舰队护送回来。OQ20护航舰队由八艘装备精良的舰船组成，通过初步检查后，舰船排成一列纵队驶过了战用水雷网，在海上航行了约十英里。随后，八艘舰船排成规定队形，每两艘船一组排成四列纵队。护航驱逐舰四处巡航，有时混在护航舰队中传递信息并发号施令。下午4时15分，除了"勒内"号，OQ20护航舰队到达指定地点。"勒内"号在第一列纵队后面，现在正靠近指定地点。与此同时，美国"范宁"号驱逐舰正迅速向OQ20护航舰队后侧方的标杆

"范宁"号驱逐舰

"范宁"号驱逐舰上的水兵

驶去。突然,"范宁"号驱逐舰上传来一声喊叫,正在放哨的舵手戴维·D.卢米斯喊道:"潜望镜!"

在"范宁"号驱逐舰的右舷,一艘德国潜艇的潜望镜正在海面上闪耀着光芒。潜望镜非常小,在水面上迅速移动,只有最敏锐的眼睛才能发现它。几秒钟后,潜望镜突然消失了。"范宁"号驱逐舰的正前方是豪华的英国商船"威尔士"号。德国潜艇的潜望镜与"威尔士"号非常接近,德国潜艇如果发射鱼雷,一定会击中"威尔士"号的船舱。然而,德国潜艇兵匆匆环顾四周,立即撤回了潜望镜。显然,德国潜艇不仅发现了作为诱饵的"威尔士"号,还发现了向其靠近并施压的"范宁"号驱逐舰。在这种情况下,德国潜艇没有发射鱼雷就不足为奇了。毫无疑问,德国潜艇的目的是打败"威尔士"号并迫使其快速撤退,而不是击沉"威尔士"号。海军上尉沃尔特·S.亨利是"范宁"号驱逐舰上的军官,他的行动值得赞扬。即使知道德国潜艇的位置,想要快速到达指定位置也不是一件简单的事。

"范宁"号驱逐舰必须快速转弯,但会很危险,可能会错过德国潜艇的位置。随后发生的事情表明,"范宁"号驱逐舰顺利完成了转弯。当"范宁"号驱逐舰向发现德国潜艇潜望镜的地方急速行进时,一枚深水炸弹在其船尾上空爆炸。爆炸导致"范宁"号驱逐舰的主要发电机暂时失灵。与此同时,"尼科尔森"号驱逐舰超过OQ20护航舰队,迅速绕道向左行驶,在"范宁"号驱逐舰前面不远处投下了一枚深水炸弹。

深水炸弹造成的干扰逐渐减弱。从表面上看,德国潜艇没有受到任何伤害。"范宁"号驱逐舰和"尼科尔森"号驱逐舰完成任务,返回深水炸弹爆炸的地方。舰上的军官和船员们急切扫视水面,寻找油渍和气泡,希望看到几片潜艇残骸。德国潜艇的甲板碎片表明德国潜艇受到了重创。但证明德国潜艇被彻底击毁的证据一直没有浮出水面。十到十五分钟后,海面恢复了平静。随后,一件几乎不可能发生的事再次发生了。德国潜艇的艇尾出现在水面上,倾斜约30°,露出了令人恐惧的鱼雷发射管,然后露出了司令塔,最后是整艘潜艇。跟平常一样,水面上的德国潜艇显得极不协调。德国潜艇的附近没有巡航驱逐舰,而且状态良好,船体看起来完好无损,丝毫没有受到损伤。现在,巡航驱逐舰上的军官和士兵们明白为什么没有油渍或潜艇残骸浮出水面了,因为德国潜艇没有受到深水炸弹的影响,潜艇甲板上也没有任何接触过深水炸弹的迹象。"范宁"号驱逐舰和"尼科尔森"号驱逐舰开始向德国潜艇发射炮弹,"尼科尔森"号驱逐舰立即投放了一枚深水炸弹"迎接"德国潜艇。

突然,德国潜艇的司令塔打开了,从里面走出来的是德国海军上尉古斯塔夫·安贝格尔。海军上尉古斯塔夫·安贝格尔的脸很圆,身材很好,他将双手挥向天空。"范宁"号驱逐舰和"尼科尔森"号驱逐舰上的美国船员听到一些喉音:"朋友!朋友!"

德国潜艇的舱口打开了,一排德国潜艇兵陆续出现在阳光下,像蚂蚁从洞里爬出来似的。德国潜艇兵走到甲板上时,挺直身子,举起双臂,喊道:"朋友!朋友!"

共有四名德国军官和三十五名德国潜艇兵走出了潜艇。他们的举动是在表示投降,还是在掩盖自己的真实目的?"范宁"号驱逐舰和"尼科尔森"号驱逐舰停止了射击。"范宁"号驱逐舰小心翼翼地靠近德国潜艇,"尼科尔森"号驱逐舰停在一旁,将四英寸口径的大炮对准德国潜艇,机枪指向德国潜艇兵。只要有任何迹象表明德国潜艇兵的投降是假的,"尼科尔森"号驱逐舰上的机枪就会射击德国潜艇兵。

准备投降的时候,一些德国潜艇兵进入潜艇内部,停留了一两分钟,然后回到了甲板上。显然,他们履行了最后一项职责。德国潜艇兵再次出现在甲板上几分钟后,德国潜艇开始下水,不久后沉入了水中。投降的德国军官和潜艇兵服从命令,打开旋塞凿沉了潜艇。德国潜艇沉没后,德国军官和潜艇兵们潜入水中,开始朝"范宁"号驱逐舰游去,其中四人被无线电天线缠住,拖入了海浪下面。然而,几分钟后,有人成功解开了缠在身上的天线,加入到游泳者的队列中。当三十九名德国人靠近"范宁"号驱逐舰时,显然,他们中的大多数人已经筋疲力尽。"范宁"号驱逐舰上的船员放下了救生索。一些还有力气的德国潜艇兵爬上了"范宁"号驱逐舰的甲板,一些德国潜艇兵有气无力,浑身都湿透了,只能依靠救生索爬上甲板。美国船员将德国潜艇兵拉到自己的驱逐舰上,像渔夫将一条懒惰的大鱼拉上来一样。随后发生的一件事表明美国海军与德国海军有着截然不同的人道主义理想。一名筋疲力尽的德国潜艇兵无法调整自己肩膀上的救生索,几乎要溺水而亡了。与此同时,"范宁"号驱逐舰上的医生助理埃尔克斯·哈韦尔和舵手弗朗西斯·G.康纳闪电般地跳下船,朝拼命挣扎的德国潜艇兵游去,迅速调整了德国潜艇兵肩上的救生索,就好像德国潜艇兵是自己的战友一样。这名可怜的德国潜艇兵叫弗朗茨·格林德。他虽然被拉上了"范宁"号驱逐舰,但没有活下来,所有试图救活他的尝试都失败了。弗朗茨·格林德死在了"范宁"号驱逐舰的甲板上。

海军上尉古斯塔夫·安贝格尔浑身湿淋淋的,一直在滴水。他立即走到"范宁"号驱逐舰指挥官海军少校亚瑟·S.卡彭特的身边,双脚并拢,用最庄重的德国礼仪敬礼,表示自己投降了。德国军官和潜艇兵们都投降了。海军上尉古斯塔夫·安贝格尔为自己的部下假释。德国军官被安排在单独的特等舱里,派专人看守。德国潜艇兵受到了美国海军的保护。美国海军也许非常喜欢这项新任务。所

亚瑟·S.卡彭特

有"幸存者"都穿着干净暖和的衣服，得到了食物和饮料，甚至得到了香烟和世界上最珍贵的东西——肥皂。德国潜艇兵说，几个月来，他们第一次得到了肥皂，因为肥皂在德国比铜和橡胶更稀缺。德国伤员得到了美国医生的救治，同时得到了其他美国船员的照顾。美国海军满足了德国潜艇兵的所有小需求。显然，被俘虏的事实并没有使德国潜艇兵的精神受到创伤，因为吃饱喝足后，他们突然聚集在一起唱起歌来。

如何解释德国人的奇怪行为呢？起初，德国军官们非常拘谨，闷闷不乐，根本没有屈服的意向，也不愿意讲述自己的遭遇。在王后镇入口处，他们的潜艇停泊了近两天，一直在等待护航舰队的出现。德国军官们承认，他们正准备用鱼雷袭击"威尔士"号，但突然发现"范宁"号驱逐舰就在附近，于是被迫改变了计划。深水炸弹很少能毫无偏差地击中目标。"范宁"号驱逐舰扔了一枚深水炸弹，虽然没有摧毁德国潜艇，但破坏了德国潜艇的发动机，使德国潜艇无法航行，同时堵塞了德国潜艇的潜水舵，使德国潜艇失去了控制，还打破了德国潜艇的引油管线，几乎切断了德国潜艇的燃料供应。事实上，我们无法想象这艘德国潜艇的无助。德国潜艇指挥官只有两种选择，要么让海水将潜艇压碎，就像碎纸一样；要么打爆潜艇沉浮箱，让潜艇浮到水面，然后投降。德国潜艇指挥官的内心十分纠结，眼睁睁看着潜艇迅速下沉。当德国潜艇沉到两百英尺的深度时，潜艇指挥官决定冒险一试。德国潜艇浮到水面上后会面临巨大危险，但对陷入绝境的德国人来说，大炮似乎并不可怕，因为更可怕的是在海底等待死神的降临。

当"范宁"号驱逐舰带着意想不到的"货物"驶入王后镇时，海军上将路易·贝利爵士前来迎接"范宁"号驱逐舰，并登上了驱逐舰，向舰上的军官和船员们表示祝贺，祝贺他们取得的成就。他向聚集在一起的官兵们公布了一封来自英国海军部的电报："向美国'范宁'号驱逐舰的指挥官和士兵们表达我们最诚挚的祝贺。"

与此同时，我公布了一封我收到的电报，最后说了一句似乎让美国军官和士兵们都感到很开心的话："出海再打一次胜仗。"

在此次行动中，"范宁"号驱逐舰的指挥官海军少校亚瑟·S.卡彭特被英国海军部推荐为战时杰出服务勋章的候选人。随后，在白金汉宫，英王乔治五世为海军少校亚瑟·S.卡彭特授予了战时杰出服务勋章。

在试图游到"范宁"号驱逐舰的途中，德国潜艇兵弗朗茨·格林德不幸溺亡。海军少校亚瑟·S.卡彭特在弗朗茨·格林德的葬礼上致了悼词，然后带着弗朗茨·格林德的遗体出海了。他将自己的所有荣誉与弗朗茨·格林德的遗体一起埋葬了。后来，德国海军上尉古斯塔夫·安贝格尔给德国的一位朋友写了一封信，谈到了他对此事的看法："美国人比我们预期的好得多，也更亲切。"

第6节　美国小型驱逐舰

就为协约国商船护航一事来说，王后镇是美国最大的军事基地。当护航任

亨利·B. 威尔逊

务给美国驱逐舰带来沉重负担时,法国的布雷斯特成为一个与王后镇同样重要的美国军事基地。

1917年7月,英国政府要求美国海军与英国海军在直布罗陀海峡进行合作。1917年8月6日,美国舰船"萨克拉曼多"号到达直布罗陀港口。1917年8月13日,飘扬着海军少将亨利·B.威尔逊旗帜的"伯明翰"号抵达直布罗陀港。海军少将亨利·B.威尔逊一直担任"伯明翰"号的指挥官,直到1917年11月离

艾伯特·P. 尼布拉克

开。随后,他负责处理布雷斯特的事务。1917年11月25日,海军少将艾伯特·P. 尼布拉克接替海军少将亨利·B.威尔逊,成为"伯明翰"号的指挥官,一直到战争结束。

直布罗陀海峡是世界上最繁忙的交通要道。据统计,到达协约国的所有护航舰队中,超过四分之一的护航舰队曾在直布罗陀海峡会合,或者经过了直布罗陀海峡。直布罗陀海峡是经苏伊士运河通向东方的重要通道。协约国的航道从直布罗陀海峡延伸到法国南部、意大利、希腊中北部的萨洛尼卡、埃及、巴勒斯坦和美索不达米亚地区。直布罗陀海峡还有可以到达突尼斯的比塞大、阿尔及尔和米洛岛的航道。这些航道每月为大西洋北部的亚速尔群岛提供服务。

前来保护直布罗陀海峡航运的协约国海军主要是英国海军和美国海军。英国海军和美国海军得到了法国、日本和意大利的物质援助。直布罗陀海峡的协约国舰队拥有当时处在困境中的海军能够得到的所有东西,譬如陈旧的驱逐舰、快艇、单桅帆船、拖网渔船、漂网渔船等。直布罗陀海峡距德国潜艇基地很远。当时,能派往直布罗陀海峡的德国潜艇相对较少。因为英吉利海峡和爱尔兰海域是最重要的作战区域,协约国的大部分驱逐舰队主要驻扎在英吉利海峡和爱尔兰海域。因此,协约国很难派足够的驱逐舰保护直布罗陀海峡。最终,聚集在直布罗陀海峡的是一支混合部队。美国派出了四十一艘舰船和一支包括三百一十四名军官和四千六百六十名士兵的部队,其中包含各种侦察巡洋舰、炮艇、海岸警卫队独桅纵帆船、快艇和五艘陈旧的驱逐舰。美国派往直布罗陀海峡驻地的船使美国海军陷入了困境。与此同时,英国海军遭受了同样沉重的压力。直布罗陀海峡的美国驱逐舰很好地证明了这一点。五艘美国驱逐舰是"迪凯特"号驱逐舰和四艘类似的驱逐舰,每艘驱逐舰的排水量都是四百二十吨。

"迪凯特"号驱逐舰

哈罗德·雷恩斯福德·斯塔克

现代驱逐舰的吨位在一千吨到一千二百吨之间。战争爆发时，这五艘美国驱逐舰驻扎在菲律宾首都马尼拉，其成就体现了美国年轻军官的爱国精神。后来，五艘美国驱逐舰从马尼拉出发，航行一万两千英里，到达直布罗陀海峡。由于舰队指挥官海军少校哈罗德·雷恩斯福德·斯塔克卓越的领导才能和航海技术，五艘美国驱逐舰很快抵达直布罗陀海峡，开始执行任务。随后，这支驱逐舰队完成了四万八千英里的护航任务，加上和平时期的航行，最终共行驶了六万英里。不幸的是，在执行护航任务时，其中一艘驱逐舰被一艘德国商船拦截并被击沉。

一年内，在海军少将艾伯特·P.尼布拉克指挥下的直布罗陀驱逐舰队成功完成了多项任务，舰队指挥官、军官和船员们受到人们的高度赞扬。其间，美国海军与英国海军合作，护送了由一万零四百七十八艘船组成的五百六十二支护航舰队。直布罗陀驱逐舰队不仅保护了协约国的商船，还追击德国潜艇或迫使德国潜艇待在水下，甚至与德国潜艇交战并取得了成功。1918年5月15日，在护送一支地中海护航舰队的途中，"惠灵"号炮舰、"苏维尔"号快艇和"威尼西亚"号快艇用深水炸弹攻击了一艘德国潜艇，这艘德国潜艇刚刚用鱼雷击沉了一艘护航舰船。这些美国小型驱逐舰值得赞扬，因为它们击沉了德国潜艇。美国海军中校路易·B.波特菲尔德指挥的"威尼西亚"号快艇的经历与"克里斯塔贝尔"号相似。"威尼西亚"号快艇是直布罗陀-比塞大护航舰队的护航舰。一天傍晚6时左右，直布罗陀-比塞大护航舰队的英国快艇"苏维尔"号被鱼雷击中。当时，并没有任何迹象表明护航舰队附近有德国潜艇，但"威尼西亚"号快艇服

"惠灵"号炮舰

"利多尼亚"号

从命令留了下来,试图找到德国潜艇,至少使德国潜艇一直待在水下。"威尼西亚"号快艇很快发现了德国潜艇的航迹,并投放了一枚深水炸弹。三天后,一艘受创严重的德国潜艇驶进西班牙的卡塔赫纳港,随后被扣留在了该港口,直到战争结束。"利多尼亚"号是一艘排水量为五百吨的快艇,与英国舰船"巴西利斯克"号一起在地中海西部击沉了一艘德国潜艇。"利多尼亚"号的经历解开了一个谜团。"利多尼亚"号与"巴西利斯克"号击沉德国潜艇三个月后,英国海军部发现,被击沉的德国潜艇早已被摧毁了。于是,美国海军中校理查德·P.麦卡洛受到了表彰。

因此,美国小型驱逐舰到达直布罗陀海峡后,在击败德国潜艇的战役中取得了多次胜利。截至1917年8月1日,已经有超过一万艘协约国商船得到美国小型驱逐舰的护航,整体损失仅为0.5%。此外,在美国小型驱逐舰的护航下,离开北美港口的船没有一艘失踪。截至1917年8月11日,协约国的二百六十一艘船加入了护航舰队,从北美港口驶出,其中只有一艘船遭到了德国潜艇的攻击。护航舰队没有给德国潜艇袭击协约国商船的机会。我已经说过,护航体系的最大作用是：每当德国潜艇试图击沉护航舰队保护下的协约国商船时，护航体系会迫使德国潜艇对抗最致命的护航驱逐舰。然而，德国潜艇并没有尝试对抗护航驱逐舰。一些护航驱逐舰指挥官在公海上待了几个月，为公海上的大量协约国货船护航，其间没有看到任何德国潜艇。在很大程度上，护航体系的运作模式与协约国舰队执行任务的方式相同，即日复一日、月复一月地默默重复单调乏味的工作，从不作出任何引人注目的利益许诺。一直以来，全世界都在注视着西线上发生的激动人心的事件，几乎没有注意到陆地上的军队。然而，一些统计数据表明，在战争中，护航体系发挥了重要作用。在随后的战役中，协约国91%至92%的商船得到了护航舰队的保护。与此同时，护航舰队的损失不到1%。其中包括护航舰队分散后失踪的商船数量。在护航驱逐舰的护航下，协约国的商船损失量不到0.5%。军事专家将护航体系称为"防御进攻体系"。换句话说，护航体系虽然采取了防御措施，但其目的是迫使德国舰队露面，为自己创造进攻机会。俗话说，最好的防御措施是最有力的进攻方式。不幸的是，由于协约国没有做好应对潜艇战的充分准备，协约国舰队不能主动发动进攻。也就是说，协约国不能只通过反潜舰队摧毁德国潜艇。虽然世界上最优秀的科学家对协约国海军提供了有效援助，但直到战争结束，协约国海军依然没有找到可以追踪德国潜艇的任何方法。因此，我必须强调和重申，护航体系是协约国海军对抗德国潜艇的唯一方式。许多批评人士一直坚持认为，战争期间，护航体系只是一种防御措施或被动的反潜作战模式，因此，护航体系是一种不合理的战术。不可否认的是，为了赢得战争，协约国必须保护商船。但如果有人认为，协约国为了保护商船采取的措施纯粹是防御性的被动措施，那么他就错了。

  我的主要目的是描述美国海军的工作，因此，我很少提到英国海军在护航方面作出的贡献。我们不应该以错误的观点看待英国海军。战争结束时，在欧洲海域，美国拥有七十九艘驱逐舰，英国拥有约四百艘驱逐舰，其中包括被分配到主力舰队的驱逐舰、分配到哈里奇分遣队的驱逐舰、分配到多佛巡航舰队的驱逐舰、分配到直布罗陀海峡和地中海地区的驱逐舰，以及分配到其他地方的驱逐舰。许多驱逐舰都是偶然对德国潜艇发起了进攻。小型拖网渔船、单桅帆船、伪装猎潜舰、快艇、漂网渔船、拖船和其他参加了护航工作的美国船与英国舰队之间存在很大差异。从统计数据来看，与英国海军付出的努力相比，美国海军付出的努力似乎微不足道。从得到护航的商船吨位来看，英国海军做的工作比美国海军做的工作多很多。然而，对赢得战争来说，美国为协约国提供的帮助必不可少。从美国参战之前的形势判断，美国参战后，协约国的反潜力量依然不够强大。现在看来，如果没有美国海军的帮助，英国军队的重要航道就不可能一直保持畅通，英国民众也不可能得到食物供给，来自美国的援军和战争物资更不可能顺利到达西线战场。换句话说，我认为我们完全有理由相信，如果没有美国海军的帮助，协约国就不可能赢得战争。实际上，离开北美港口的所有商船中，驻扎在王后镇的美国海军护送其中约40%的商船通过了危险区域。当我描述美国海军的经历时，驻扎在王后镇和布雷斯特的美国驱逐舰队承担了很大一部分护航工作。最新报告显示，在战争中，约有二百零五艘德国潜艇被摧毁，其中十三艘很可能是被美国驱逐舰摧毁的，其余的是被英国、法国和意大利的海军摧毁的，但绝大多数德国潜艇是被英国海军摧毁的。此外，考虑到大洋彼岸的美国舰船数量，与协约国相比，美国的参战时间相对较短，但得到了人们的高度赞扬。

遗憾的是，我无法详细描述美国舰队所有军官和士兵的工作，因为如果要做到这一点，一册书是远远不够的。在驱逐舰上工作有一个令人失望的地方，即许多最出色的工作往往是最不引人注目的工作。由于驱逐舰发起的大多数攻击并没有成功击沉德国潜艇，因此，这一事实几乎掩盖了驱逐舰的重要性。美国驱逐舰队虽然没有击毁很多德国潜艇，但由于在战争中展现出的勇气和航海技巧，依然在美国海军编年史上占据了一席之地。美国驱逐舰队取得的成就主要归功于海军少校威廉·法夸尔指挥的"斯特雷特"号驱逐舰、海军少校D.里昂指挥的"贝纳姆"号驱逐舰、海军少校查尔斯·亚当斯·布莱克利指挥的"奥布莱恩"号驱逐舰、海军中校哈尔西·鲍威尔指挥的"帕克"号驱逐舰、海军少校戴维·W.巴格利指挥的"雅各布·琼斯"号驱逐舰、先后由海军中校约瑟夫·陶西格和艾萨克·富特·多奇指挥的"沃兹沃思"号驱逐舰、海军少校D.L.霍华德指

"德雷顿"号驱逐舰

挥的"德雷顿"号驱逐舰、海军少校亚瑟·P.费尔菲尔德指挥的"麦克杜格尔"号驱逐舰和海军中校弗兰克·贝里恩指挥的"尼科尔森"号驱逐舰。驻扎在王后镇的高级驱逐舰指挥官是指挥"库欣"号驱逐舰的海军中校戴维·C.汉拉恩。他是一名优秀的指挥官,也是同级别的海军军官中最有经验的军官之一。他在舰队中充当了"力量塔"的角色,我会在后文提到他。驻王后镇美国海军的参谋长是海军上校乔尔·R.P.普林格尔。海军上校乔尔·R.P.普林格尔的"机智、活力和才能"受到了海军上将路易·贝利爵士的称赞。我负责指挥驻扎在王后镇的美国海军。然而,我必须将大部分时间花在伦敦的海军总部,或者巴黎的海军委员会。因此,我必须找一个能力出众的人代我指挥王后镇的美国海军。海军上校乔尔·R.P.普林格尔可以应对各种紧急情况,我命他负责管理王后镇美国海军的物资供应和日常训练。王后镇美国海军的作战准备和作战效率充分体现了海军上校乔尔·R.P.普林格尔的能力。美国海军与英国海军能够积极合作也是海军上校乔尔·R.P.普林格尔的功劳。

如果需要举例说明美国海军令人印象深刻的护航工作，那么最好的例子是1918年5月4日，海军上将路易·贝利爵士写给王后镇驻军的感谢信，节选如下：

在第一艘美国兵舰到达王后镇的周年纪念日上，我想表达我对美国海军的感谢，感谢他们表现出的勇敢、乐观和与生俱来的良好品质，感谢他们在战争中给予协约国的物质帮助，使协约国的商船可以顺利穿过太平洋。

指挥你们是一种荣誉，与你们共事是一种乐趣，了解了你们就了解了盎格鲁-撒克逊民族最优秀的品质。

第5章

伪装猎潜舰

第1节 作战模式

我写这本书的主要目的是描述美国海军在欧洲作战期间的活动。然而，我的意图是要弄清楚协约国获胜的几种作战方式。为了达到目的，我偶尔会偏离本书主题，插叙协约国海军的一些作战行动。护航体系是打败德国潜艇的关键。然而，1917年和1918年的调查数据显示，护航体系并不能彻底减少协约国商船的损失。1917年4月到1918年11月，协约国商船每月的损失量从八十七点五万吨降到了十万吨左右。商船损失的减少确保了协约国之间的航道，使协约国赢得了战争。然而，显而易见，商船遭受的损失虽然没有对协约国造成致命打击，但成了协约国赢得战争的巨大障碍。因此，我认为有必要对护航体系进行补充。无论通过何种方式摧毁德国潜艇，都是为了维护协约国的利益。每击沉一艘德国潜艇，协约国就可以避免损失数千吨商船。在没有护航舰队的情况下，协约国商船如果独自出海，就会被德国潜艇击沉。因此，除了护送商船，协约国海军还想出了几种猎杀单艘德国潜艇的方法。通过这些方法，协约国海军不仅击沉了多艘德国潜艇，还有力打击了德国海军的信心。在战争中，协约国海军的应急手段保密度极高，事实上，直到1918年，公众才听说了伪装猎潜舰或Q舰艇[①]等特殊用途的舰

---

① Q舰艇，即诱饵船，是全副武装的配有隐藏武器的商船，旨在引诱德国潜艇发起水面攻击，从而创造机会击沉德国潜艇。

维多利亚十字勋章

船。但早在1915年,这类舰船已经投入使用。的确,公众知道接下来会发生什么事,因为有公告称,一些海军军官已经获得维多利亚十字勋章,但没有解释授予原因,所以维多利亚十字勋章被称为"神秘的维多利亚十字勋章"。

在对王后镇的一次访问中,海军上将路易·贝利爵士递给我一张纸条,纸条上是无线电接收到的一条信息。这条信息是一艘伪装猎潜舰的指挥官发出的。当时,这艘伪装猎潜舰是所有伪装猎潜舰中成就最高的猎潜舰。信息很简短,但很有说服力。上面写着:"舰船正在慢慢下沉。再见了,我已经尽了最大努力。"

海军上将路易·贝利爵士告诉我,显而易见,发出信息的指挥官当时正面临死亡,但他经受住了考验。事实上,在我访问王后镇的当晚,这位指挥官应该在英国海军部大楼用餐。关于他的另一件事使他超越了平凡。他是第一位获得维多利亚十字勋章的伪装猎潜舰指挥官,也是极少数同时获得维多利亚十字勋章和杰出服务勋章的指挥官之一，还获得了法兰西英勇十字勋章和荣誉军团勋章。海军上校戈登·坎贝尔到达王后镇后，我发现他是一个广受欢迎的英国人。海军上校戈登·坎贝尔的外表没有什么特别之处，他身材矮胖，态度冷漠，言谈举止含混不清。与不熟悉的人谈话时，他的话一般非常简短。但与熟悉的朋友谈话时，尤其是谈论自己成就的时候，他的冷漠和沉默也没有完全消失。然而，海军上校戈登·坎贝尔的一些性格特征表明，他可以击沉三艘德国潜艇与他沉默寡言的性格分不开。后来，有关他成就的记录中又多了其他战绩。即使不了解海军上校戈登·坎贝尔的为人，我也知道他和其他英国海军军官一样，非常沉着、坚定。海军上校戈登·坎贝尔的同事宣称他看起来很瘦弱，不像一个勇猛的人。当追击一艘德国潜艇的时候，海军上校戈登·坎贝尔的耐心和毅力似乎是无限的。此外，当他全身心投入任务中时，几乎和天才没有什么不同。战争开始时，年仅三十岁的海军上校戈登·坎贝尔只是英国几千名初级海军军官中的一员。当时，

法兰西英勇十字勋章

他没有任何出众的表现,他的上级也许从来没有将他视为一个不寻常的人。如果德国无限制潜艇战是按照大多数海战的模式进行的,那么海军上校戈登·坎贝尔可能会表现得更好。然而,这场战争是一场新型战争,需要的战士也是新型海军战士。搜寻德国潜艇不仅需要勇气,还需要智慧、耐心和捕捉细节的天赋。海军上校戈登·坎贝尔似乎是为反潜战而生的。我在王后镇的那天晚上,由于众人的极力要求,海军上校戈登·坎贝尔终于妥协了,为我们讲述了他的冒险故事,以及他与德国潜艇战斗的故事。讲故事时,他显得非常平静、轻松,甚至客观。因此,我们一开始都觉得他的故事没有任何与众不同的地方。然而,听完故事后,我们意识到,伪装猎潜舰的表现代表了整个海战史上最令人钦佩的成就。我们非常重视欧洲战争残酷的一面,但不应该忘记的是,战争也有崇高的一面。有时,人的本性会表现出最懦弱的一面,但有时也会表现出前所未有的勇气。毁灭性战争保留下来的勇气告诉我们,现代士兵非常勇敢。当历史被记录下来后,海军上校戈登·坎贝尔及其伪装猎潜舰的表现是证明人类勇气的最佳例证。

伪装猎潜舰是英国海军中的一种常规舰船。表面上看,伪装猎潜舰根本不像战舰,只是几千艘商船或班轮中的一艘普通船,通常负责运输货物。伪装猎潜舰从一个港口缓慢航行到另一个港口,看起来就像一艘肮脏、不受欢迎的货船。与战争中的许多其他发明一样,没人知道发明伪装猎潜舰的人是谁。然而,通过仔细研究德国海军的战术,伪装猎潜舰应运而生。显然,第一个想要发明伪装猎潜舰的人一定非常了解德国潜艇指挥官的心理状态。德国无限制潜艇战早期,德国海军度过了一段非常轻松的时光,用大炮击沉了很多协约国商船。当时,德国潜艇常常浮出水面,炮击没有防御能力的协约国商船。如果协约国商船的航速比德国潜艇快,协约国商船就可以逃走;如果协约国商船航速较慢,船上的乘客和船员就会弃船而逃。在这种情况下,德国潜艇有固定的战术,即停止炮击,接近满载幸存者的救生艇,命令救生艇将德国水手带到商船上。然后,德国水手会将商船上的贵重物品洗劫一空,将定时炸弹放在商船船舱里,最后乘救生艇回到潜艇上。德国海军非常喜欢这种战术,因为可以用最小的代价摧毁协约国商船,不需要使用鱼雷或大量炮弹。只要放置得当,一枚廉价的炸弹就可以

德国潜艇浮出水面

摧毁一艘协约国商船。即使协约国商船进行武力抵抗，并迫使德国海军使用远程炮火或鱼雷，德国潜艇指挥官也会让潜艇浮出水面。鱼雷非常昂贵，因此，德国海军部坚持要让每一枚鱼雷发挥应有的效果。德国潜艇指挥官如果称自己摧毁了一艘协约国商船，那么他的话一般不会得到认可。为了使自己的功绩得到官方认可，也为了获得奖励，德国潜艇指挥官有必要通过一两个俘虏证明协约国商船已经沉入海底。此外，在没有缴获战利品的情况下，协约国商船上的文件也可以作为证据。为了获得证据，德国潜艇必须浮出水面，接近目标。德国潜艇浮出水面的主要动机是寻找食物和烈酒。有时，为了满足好奇心，观察协约国商船被摧毁的过程，德国潜艇指挥官也会命潜艇浮出水面。

因此，即使面临巨大危险，德国潜艇也会坚持浮到水面，接近被鱼雷击沉的协约国商船。协约国商船会迅速抓住机会，炮击德国潜艇。在战争中，几乎没有什么比击沉一艘水面上的德国潜艇更容易的了，尤其这艘潜艇在一门四英寸口

协约国商船发现德国潜艇

径大炮的射程范围内。有时,只需要一枚炮弹,就可以将德国潜艇送到海底。事实上,陷入困境的德国潜艇还有一次逃生的机会,由它潜入水下所需要的秒数决定。在此之前,协约国商船可以向德国潜艇射击十几次。因此,有了训练有素的现代化炮手,一艘暴露在水面上的德国潜艇几乎没有机会逃脱。显然,协约国要做的就是派伪装猎潜舰沿贸易航线行进。伪装猎潜舰上的船员都是伪装成商人和水手的海军军官与士兵,往往模仿商人和水手的行为举止在海上航行。当伪装猎潜舰被德国潜艇击中或被鱼雷击沉时,他们表面上像普通乘客和水手一样,一部分船员假装将船留给德国潜艇,其余船员隐藏起来,等待德国潜艇浮出水面并接近伪装猎潜舰。当德国潜艇出现在距伪装猎潜舰两三百码范围内的时候,伪装猎潜舰会露出武器,升起白色的战旗,炮击无助的德国潜艇。

第2节 伪装术

最初发明伪装猎潜舰的想法很简单。战争早期,伪装猎潜舰是按照上述作战方式作战的。一位容易受骗的德国潜艇指挥官接近一艘伪装猎潜舰后,会立刻发现自己的葬身之所。我经常想,当德国潜艇上的潜艇兵站在甲板上,非常自信地朝目标前进,但突然看到目标船的船舷墙迅速下降,猛烈的炮火向自己袭来时,他们会想到什么。一艘德国潜艇笔直地立在水面上,像一个醉汉一样摇摇晃晃,伪装猎潜舰朝这艘德国潜艇不停地射击,这样一幅画面经常出现在英国海军的脑海中。然而,显而易见,协约国不能一直玩类似的游戏,但只要德国潜艇坚持将自己送到伪装猎潜舰手中,协约国就可以这么做。伪装猎潜舰的成功取决于一个事实,即德国海军不知道伪装猎潜舰的存在。战争初期,德国人知道一些德国潜艇从德国起航,但一直没有返回。不可避免的是,当伪装猎潜舰攻击失败时,德国潜艇就会返回,向德国海军部报告伪装猎潜舰的作战方式和规模。受到伪装猎潜舰袭击的德国潜艇几乎无一幸免,但一艘受到重创的德国潜艇奇迹般地回到了德国潜艇基地,报告了自己受到伪装猎潜舰袭击的过程。显然,未来的伪装猎潜舰不会像过去那样一往无前。战争如果继续下去,就会变成一场智慧之战。此后,在德国人眼中,协约国的每一艘班船和商船都是伪装猎潜舰。因此,我们可以预料到,德国潜艇的指挥官会采取各种手段保护自己的潜艇免受伪装猎潜舰的攻击。德国人的一本海军出版物完整描述了伪装猎潜舰,并向德国潜艇指挥官们提出了如何应对伪装猎潜舰的建议。我们一看到这本出版物,就知道德国人已经十分熟悉伪装猎潜舰。德国的报纸和插图杂志开始频繁报道关于伪装猎潜舰的战役,用日耳曼式的方式谴责伪装猎潜舰参与的反潜战是"野蛮的",违反了文明战争的规则。显而易见,德国人的这一认知意义重大。事实上,协约国的许多Q舰艇已经出海。即使Q舰艇没有击沉很多德国潜艇,德国人也不得不改变战术。由于德国潜艇不能携带大量武器,也不能直接掠夺协约国商船或在不使用炮弹的情况下击沉协约国商船,因此,德国人必须使用昂贵的鱼雷,并且经常在没有任何准备的情况下使用鱼雷。除了投降,使用鱼雷是德国人唯一的选择。

  因此,柏林方面下达了指示,命德国潜艇指挥官不要在水面上近距离接近协约国商船或客轮,以免闯入伪装猎潜舰的射程范围内,但要在一定距离内炮击协约国的船。如果德国潜艇指挥官严格遵守指示,那么伪装猎潜舰就很难击沉德国潜艇,即使伪装猎潜舰的存在将继续影响德国潜艇的战术。现在,协约

德国潜艇击沉协约国商船

国海军做了精心准备,试图诱使德国人采取行动,主动应对面前的巨大危险。德国潜艇用鱼雷击沉协约国商船后,其指挥官很清楚,被击沉的商船很可能是诱饵,目的是诱骗自己浮出水面。试图接近目标船的行为可能会使德国潜艇走向毁灭。在这种情况下,研究德国人心理的专家会解释为什么德国潜艇指挥官应该坚持走到死亡的边缘。在某种程度上,伪装猎潜舰的伪装技巧也许解释了这一问题。在公海上,任何可能遇到海军上校戈登·坎贝尔及其伪装猎潜舰的人都不会相信,伪装猎潜舰是英国皇家海军的重要组成部分。有时,美国驱逐舰也会被伪装猎潜舰欺骗。一天,"库欣"号驱逐舰向"帕格斯特"号上的海军上校戈登·坎贝尔打招呼,因为"库欣"号驱逐舰将"帕格斯特"号误认为一艘毫无防御能力的商船。两艘船之间的对话简短但切中要害。

"库欣"号驱逐舰问:"你是什么船?"

"帕格斯特"号回答道:"海军上校戈登·坎贝尔的船。请不要靠近。"

第二天早上,一艘德国潜艇将自己的命运交给了海军上校戈登·坎贝尔。

"库欣"号驱逐舰虽然一直保持足够远的距离，不干扰"帕格斯特"号的行动，但最后很荣幸地护送"帕格斯特"号上受伤的船员到达了港口。海军上校戈登·坎贝尔带领"帕格斯特"号上的船员们发出三声欢呼，作为对"库欣"号驱逐舰的感谢。伪装猎潜舰上的船员们看起来没有驱逐舰上的船员们面善，并且他们从来没有在海上航行过。船上所有船员都是海军军官或应招入伍的新兵，其中包括海军上将、海军上校、舰船指挥官和见习军官，但都没有穿制服，而是穿着普通船员的衣服。经过严格训练的海军军官穿着破旧衣服，如果不看他们的胡子，他们的外貌与商船上的普通船员几乎没有什么区别。伪装猎潜舰上的海军要伪装成功，他们就必须改变自己的习惯和衣着。然而，协约国海军最明显的特征是整洁有序。因此，伪装猎潜舰上的士兵不得不训练自己，让自己看起来与商船上的船员一样。他们时常提醒自己：德国潜艇的潜望镜随时可能出现，仔细观察他们的船是否有任何可疑之处。因此，他们不仅要扮成商人，还要学习表演，即使是一些小细节也要谨慎对待。海军上校戈登·坎贝尔的睿智之处在于他对协约国商船、军官和船员进行了仔细研究，能够让伪装猎潜舰很好地伪装，甚至连专家都看不出来。伪装猎潜舰运载的船员比普通商船运载的船员多，但伪装猎潜舰几乎将所有东西都巧妙地隐藏了起来，甲板上出现的人数和商船甲板上的人数相同。伪装猎潜舰上的船员看上去十分懒散，有的人靠在横杆上，有的人说话时用的是商业术语。军官们一般是"老板""伙计""管事"之类的人，他们的主要聚集点不是衣橱，而是一间沙龙。在沙龙里，他们暂时抛弃了对上级的尊重和下级军官的谨慎，与上级讲话前不再敬礼，经常没精打采地坐在上级对面，手插在口袋里，嘴里叼着烟斗。有时，这种试图欺骗德国潜艇的行为会显得有些滑稽可笑。当一艘伪装猎潜舰上的船员将垃圾扔到海里时，会非常小心，以防弄脏船的两边。但商船船员不会那么谨慎，通常会将所有垃圾抛到海里，根本不在意是否会弄脏船的两侧。伪装猎潜舰上的船员一旦暴露，游戏就会马上结束。因此，执行任务时，伪装猎潜舰上的船员通常都带着商船船员的冷漠，将自己打扮得懒散随意，以防暴露真实身份。伪装猎潜舰上的厨师通常穿着一件白色外套，站在甲板上四处张望，就像普通商船上的厨师那样。即使在港口，伪装猎潜舰上的船员也不会脱下伪装，从不去酒馆、俱乐部或私人住宅，几乎一直待在船上。如果偶尔上岸，他们会用一些装备将自己伪装起来。走在街上时，甚至他们最好的朋友也不会认出他们。

伪装猎潜舰的好战特性被巧妙地隐藏了起来。战争初期，伪装猎潜舰上的大炮一般放在舷墙后面。拉动杠杆，舷墙掉下来，大炮以最快速度瞄准德国潜艇。为了使船的两侧可以折叠起来，伪装猎潜舰的可拆卸部分与主结构之间有一道缝隙。浮出水面前，德国潜艇会在目标船周围航行，寻找目标船上有没有裂缝。就像科学家用显微镜检查标本一样，德国潜艇会通过潜望镜仔细检查目标船的两侧。因此，伪装猎潜舰必须更加谨慎地隐藏大炮。最适合隐藏大炮的位置是舱口。舱口从甲板延伸到船底，一般用来装卸货物。舱口处架起的平台用来放置大炮，大炮用一层油布遮住。拉动杠杆时，舱口两侧的舷墙瞬间掉落下来。其他枪炮放置在救生艇下面，救生艇通过类似的杠杆装置分开放置，必要时会升到空中露出枪炮。伪装猎潜舰最具欺骗性的手段是将大炮放在船尾，让大炮与船员们一起暴露在德国潜艇的视线中。由于大多数商船都携有大炮，如果伪装猎潜舰上没有大炮，可能会引起德国潜艇的怀疑。因此，船尾的大炮不仅有助于伪装猎潜舰伪装，还可以诱骗德国潜艇。伪装猎潜舰上的炮手只要看到几英里外的水面上有德国潜艇，就会开始射击。为了避免功亏一篑，伪装猎潜舰会非常谨慎，诱使德国潜艇相信自己占有射程优势，然后不断靠近伪装猎潜舰。

海军上校戈登·坎贝尔和同僚们对伪装猎潜舰细节的关注和对自己个人形象的关注一样多。在伪装猎潜舰上洗衣服时，船员们洗的都是商船船员的粗布工作服，并没有暴露海军士兵的法兰绒衣服。有时，船员们会挂出一块牛肉，不仅让人觉得这是一艘普通商船，而且可以诱骗德国潜艇；有时，船员们也会在甲板上放一些诱人的货物。一艘伪装猎潜舰载着几辆带有传奇色彩的欧洲小型货车和弹药，驶往美索不达米亚地区。很容易想象，德国人一定非常渴望击沉这艘"货船"。

伪装猎潜舰隐藏得很好，即使是最有经验的人也很难识破。伪装猎潜舰可以在码头上停泊几个星期，码头工人们从来没有怀疑过这些全副武装的"商船"。此外，乘飞机抵达港口的飞行员也从来没有发现港口的商船并不是真正的商船。美国海军中校戴维·C.汉拉恩曾指挥驻扎在王后镇的美国伪装猎潜舰"桑蒂"号，并在"桑蒂"号上款待过一个来自科克市的爱尔兰人。当时，海军中校戴维·C.汉拉恩与经验丰富的商船船长没有任何区别，他与爱尔兰人之间的对话表明，爱尔兰人对"桑蒂"号的真实身份一无所知。

海军中校戴维·C.汉拉恩刻意问道："你觉得美国人怎么样？"

愤怒的爱尔兰人说："美国人将我们从家里赶出来了！"

爱尔兰人说的并不是实情，因为王后镇驻军的所有食物都是从美国运来的。但这句话让人安心，因为它证明"桑蒂"号还没有暴露。在像王后镇这样重要的港口，伪装猎潜舰有必要采取防范措施，因为港口周围遍布的间谍会随时向德国人传递消息。

我可以亲自证明，想要识破一艘伪装猎潜舰真的很难。有一天，海军上将路易·贝利爵士建议我们到港口参观一艘正准备出海的巡航船。几艘商船也停靠在港口。我们乘海军上将路易·贝利爵士的驳船绕港口的一艘商船航行了一圈，通过近距离观察发现眼前的船不是我们要找的商船，于是前去观察另一艘商船。没有任何迹象表明哪一艘商船是伪装猎潜舰，我们只好去问商船船长。商船船长告诉我们，我们第一次观察的那艘船就是伪装猎潜舰。我们返回去登上伪装猎潜舰，开始检查伪装猎潜舰上的装备。伪装猎潜舰上的船员们穿着普通的水手衣服，军官们穿着平常的商船制服，一切看起来都与普通商船一样。伪装猎潜舰上有一间由轻型钢建造的长方形舱面船室。船长告诉我们，船室里面隐藏了两门大炮，建议我们绕船室走一圈，看看我们能否找出隐藏的大炮。我们仔细搜寻，但丝毫没有发现大炮的位置。随后，船长让我们站在一旁，派船员为我们演示。我们看到甲板室垂直一侧的一个板块像闪电一样迅速滑了出来，船舷侧的栏杆和一个吊艇架掉了下来。与此同时，炮手们将大炮拿出来，朝目标物开火，演示他们能以多快的速度发射炮弹。船长还向我们展示了倒置在甲板上的一艘船。要知道，商船甲板上也倒置着一艘船。船长正说着，一个杠杆被拉了下来，倒置在甲板上的船升到空中，露出藏在下面的大炮和船员。船尾有一个很大的板条箱，体积约二百八十八立方英尺或三百六十立方英尺。刚碰到杠杆，板条箱的两边就掉了下来，露出一门大炮。

第3节　等待时机

1917年，约有二十艘到三十艘伪装猎潜舰航行在大西洋上，并且总是选择在德国潜艇经常出没的海域航行。伪装猎潜舰的类型多种多样，有班轮、沿海商船、拖网渔船和纵帆船等。最令人沮丧的也许是伪装猎潜舰上单调乏味的生活。日复一日，有时甚至连续几个月遇不到一艘德国潜艇。一次，海军上校戈登·坎贝尔在伪装猎潜舰上待了九个月，其间没有遇到一艘德国潜艇。他的许多继任者也是如此。伪装猎潜舰就像一位渔夫，耐心等待着鱼儿上钩，并且经常长时间不吃东西。伪装猎潜舰上的生活不仅令人失望，还使人神经紧张。等待德国潜艇出现的日子里，船上的军官和士兵们必须时刻保持警惕，一刻也不能暴露自己，因为片刻的疏忽或放松可能导致秘密泄露，任务失败。伪装猎潜舰上紧张乏味的生活耗尽了军官和士兵们的精力，几乎所有船员都倒下了。他们没有被危险的工作环境吓倒，却在长达几个星期甚至几个月的紧张航行中倒下了。在长时间的航行中，很难遇到和德国潜艇近距离接触的机会。

后来，伪装猎潜舰时常发现鱼雷航迹。让伪装猎潜舰感到失望的是，鱼雷经常向后或向前航行，很难捕捉到。紧急情况下，真正的商船会竭尽全力避开鱼雷，但伪装猎潜舰会采取一切可能的措施，确保被鱼雷击中。伪装猎潜舰上的舵手必须十分谨慎，让舰船与几百磅的火药棉相撞，但很可能暴露自己的意图。当鱼雷击中伪装猎潜舰时，伪装猎潜舰上的几名船员可能会丧生。然而，比船员生命更重要的是伪装猎潜舰的命运。如果伪装猎潜舰能坚持足够长时间，确保炮手找到攻击德国潜艇的最佳时机，那么舰船上的船员们会非常高兴。一般情况下，被鱼雷击中的伪装猎潜舰不会很快沉没，因为伪装猎潜舰的货舱里装满了木材，所以舰船有足够的浮力坚持很长时间，有时甚至可以承受多枚鱼雷的袭击。

伪装猎潜舰放下救生艇

当然，德国潜艇指挥官并不知道伪装猎潜舰的这些秘密。鱼雷击中目标后，德国潜艇指挥官完全有理由相信，被鱼雷击中的船会很快消失在海浪下。伪装猎潜舰的目的是以各种可能的方式诱骗德国潜艇指挥官。从被鱼雷击中的那一刻起，伪装猎潜舰像其他陷入类似困境的商船一样，显得手足无措。伪装猎潜舰上的船员都是经过严格训练的士兵，扮演着被鱼雷击中的商船上的普通船员的角色。显然，他们处在一种高度惊愕的状态下，在甲板上来回乱窜，一会儿消失不见，一会儿又带着财物出现在甲板上。然而，他们手中的财物也许是一套旧衣服，或者是一只猫或鹦鹉，抑或是一个塞满各种零碎东西的手提包。他们在导航员的引导下走向一艘救生艇。有时，他们会放下救生艇，但由于表演得有些过了，导致救生艇摇摇晃晃。一些船员不小心掉到水里，场面一片混乱。伪装猎潜舰上的导航员将自己扮成船长，尽其所能监督船员们的逃生行动。最后，所有人都离开后，导航员走到救生艇的一边，最后看一眼正在下沉的船，将一卷文件扔到救生艇里。表面上看，导航员手中的文件正是德国潜艇指挥官梦寐以求的珍贵证据。导航员和一两个同伴一起向另一艘救生艇划去。"弃船"之后，接下来要做的是安置好救生艇。德国潜艇如果浮出水面，一定会先去寻找救生艇上的船员或文件。因此，伪装猎潜舰上的船员们接到指示，要在一艘救生艇上占据有利位置，以便伪装猎潜舰上的大炮可以通过该位置搜索德国潜艇。对救生艇上的船员来说，协助伪装猎潜舰搜索德国潜艇的任务十分危险，但他们从未考虑过这些危险。

　　因此，从表面上看，德国潜艇袭击了一艘毫无防御能力的商船。然而，一些德国潜艇指挥官十分谨慎，不会盲目靠近救生艇或被鱼雷击中的商船，直到确保目标船不是一艘诱饵船。德国潜艇指挥官只能通过一种方式确保自己的安全，那就是将目标船炮轰得体无完肤，杀死目标船上的所有船员或迫使他们投降。谨慎的德国潜艇一般会航行到距目标船两三英里的地方。伪装猎潜舰如果打算射击，可能会击中德国潜艇，也可能暴露一个事实，即被鱼雷击中的船是一艘伪装猎潜舰，而且船上埋藏着一队炮手。德国潜艇一旦发现伪装猎潜舰，就会立即潜入水中，近距离发射一两枚鱼雷。因此，不管德国潜艇做什么，伪装猎潜舰上的船员们必须装傻，"绝对不能让德国潜艇知道伪装猎潜舰上的秘密"。伪装猎潜舰的特殊使命要求舰船上的船员们必须勇敢。炮手们守在大炮旁，等待着射击命令；船长隐藏在船桥上，透过一个窥视孔观察局势，身边有一个可以随时与船员们谈话的传声筒。等待德国潜艇靠近的过程中，伪装猎潜舰的船长和炮手们一连几个小时保持同一个姿势，甚至不会动一下手指。与此同时，德国潜艇会在安全距离外向伪装猎潜舰发射数百枚炮弹。可怕的炮弹在伪装猎潜舰的船长和船员头上发出巨响，然后落在甲板上，有时甚至会炸死船上的所有炮手。然而，尽管伪装猎潜舰上的船员可能会变成一堆血或一具尸体，但活着的船员会继续耐心等待，等待时机的到来。伪装猎潜舰只有伪装成一艘真正的商船，让德国人相信目标船上没有活着的人，德国潜艇才会靠近伪装猎潜舰。大约一个小时，德国人非常谨慎，潜入距目标船几百码的水下，然后接近目标船。然而，伪装猎潜舰上的船员们通过窥视孔可以观察到德国潜艇的潜望镜，看到德国潜艇在伪装猎潜舰的周围航行，有时在距伪装猎潜舰五十英尺或一百英尺的范围内航行。显然，德国人十分小心，正在一步步检查目标船，寻找可以表明目标船是一艘伪装猎潜舰的证据。伪装猎潜舰上的船长和船员静静躺着，非常紧张，屏住呼吸，手指一动不动，眼睛也不眨一下，船长嘴里叼着声音管，随时准备下达命令。只要德国潜艇一出现，炮手们就会放下脚手架，随时准备发射炮弹。谨慎的德国人完成检查工作后，前去检查救生艇。德国潜艇的潜望镜几乎贴在了焦虑的船员脸上，仔细检查救生艇上的船员的衣服、表情和举动，看看能否发现海军军官或士兵。

与此同时，伪装猎潜舰上的船员们迫切地想知道，德国潜艇是否会浮出水面。德国潜艇浮出水面之前，伪装猎潜舰上的船员们感到非常无助。射击水下的德国潜艇没有任何用处，因为炮弹不会穿过水面，而是在水面上反弹回来，就像碰到坚硬的冰块一样。所有人都知道这一点，水下的德国潜艇兵也在讨论同样的问题。德国潜艇兵知道，浮出水面靠近一艘伪装猎潜舰意味着自取灭亡，但在水下航行意味着如果被鱼雷击中的船是商船，那么他们将永远无法证明自己击沉了一艘协约国商船。如果德国人没有彻底摧毁水面上的商船，那么水面上可能会留下一些痕迹证明这艘商船是伪装猎潜舰。此外，德国人如果没有仔细检查水面上的商船，就不会发现任何不妥之处。必须记住的是，1917年，一艘德国潜艇的经历和一艘被鱼雷击中但没有立即沉没的商船的经历相同。德国潜艇发现，大多数时候，自己一直在与一艘真正的商船打交道。德国潜艇已经浪费了大量时间，并且在真正的商船身上浪费了大量弹药。由于真正的协约国商船和一些错误警报使德国潜艇失去了耐心，德国潜艇越来越谨慎。因此，在大多数情况下，伪装猎潜舰上的船员们只要耐心等待，就会看见德国潜艇浮出水面。

"准备！"

伪装猎潜舰船长的命令通过传音筒轻轻传到持枪待命的船员耳中。船长已经注意到德国潜艇浮出水面前的骚动。几秒钟后，整艘德国潜艇浮出水面。潜艇上的军官和潜艇兵们爬到甲板上，贪婪地看着眼前的战利品。然而，他们不知道的是，附近几百码范围内，四五门大炮正在等待他们。

"发射！"

伪装猎潜舰船长用最大的声音发出了命令。现在，他已经不需要隐藏了。刹那间，战旗飘扬，船舷墙掉了下来，伪装猎潜舰甲板上的救生艇升到空中，露出了大炮，舱面船室里的甲板掉了下来，鸡舍和其他一些看起来毫不起眼的建筑物的甲板也掉了下来。显然，正在沉没的商船变成了一艘满载炮弹的伪装猎潜舰。大量炮弹落在德国潜艇上，将德国潜艇的船体打了几个洞，德国潜艇兵也被抛到空中，瞬间死伤惨重。这一可怕的场景只持续了几秒钟。随后，无助的德国潜艇沉到水底，只留下两三名幸存者、大量木材和浮油，以及可怕的潜艇残骸。眼前的一切表明，一艘德国潜艇为自己的鲁莽付出了惨重代价。

第4节 "邓雷文"号

从某种意义上来说，任何伪装猎潜舰取得的成就都是失败的，即伪装猎潜舰没有彻底摧毁攻击它的德国潜艇。这可能是战争的特点之一。

1917年8月的一天，英国商船"邓雷文"号曲折航行在比斯开湾。即使在经验丰富的水手眼中，"邓雷文"号也是一艘满载货物的商船。"邓雷文"号向直布罗陀海峡和地中海地区驶去，很可能是为意大利和东方战事吃紧的协约国运送供给。"邓雷文"号船尾那门清晰可见的二点五磅炮表明，这是一艘普通的商船。然而，表面看起来没有任何杀伤力的"邓雷文"号对德国潜艇构成了极大威胁。事实上，"邓雷文"号的指挥官并不是一位经验丰富的船长，但对任何一艘德国潜艇来说，海军上校戈登·坎贝尔本身已经非常可怕。当时，很多德国人都知道海军上校戈登·坎贝尔的名字。遇到"邓雷文"号的德国潜艇兵对海军上校戈登·坎贝尔进行了仔细观察，发现海军上校戈登·坎贝尔与英国海军军官之间有很多相似之处，或认为"邓雷文"号上懒散的船员很像服役的英国水手。"邓雷文"号是一艘完美的伪装猎潜舰,船上隐藏的武器令人感到震惊。表面上看,"邓雷文"号是一艘无害的商船,但实际上携带了许多大炮,以及两座鱼雷发射管和几枚深水炸弹。然而,即使从甲板上看,也只能看见船尾的普通大炮,其他什么也看不见。"邓雷文"号的船尾是一个"兵工厂",除了大炮和深水炸弹,还藏有弹药库。船侧的鱼雷发射管时刻准备着发射鱼雷,攻击德国潜艇。船首的甲板上藏有其他装备。"邓雷文"号安静地行驶在海面上,即使遇到一艘浮在水面上的德国潜艇,似乎也不会改变航行方式。

一旦发现德国潜艇,"邓雷文"号就会表现出自己的个性。当一艘伪装猎潜舰进入德国潜艇的攻击范围时,就会频繁发起攻击,期望击中德国潜艇。因此,"邓雷文"号要做的就是找到德国潜艇,参与一场虚假的伪装游戏。"邓雷文"号竭尽全力,让炮弹尽量偏离德国潜艇,使德国潜艇相信自己不在"邓雷文"号的射程范围内,然后安心追击"邓雷文"号。当德国潜艇全速追击"邓雷文"号时,"邓雷文"号显得非常兴奋。然而,"邓雷文"号不能行驶得太快,因为它真正的使命是让德国潜艇抓住它。此外,德国潜艇如果觉察到"邓雷文"号的速度慢了下来,就会产生怀疑。因此,"邓雷文"号必须逐渐降低速度,使德国潜艇以为自己通过努力追上了"邓雷文"号。在这场追逐游戏中,德国潜艇和"邓雷文"号互相用炮弹攻击对方,但德国潜艇很严肃,"邓雷文"号是假装的。事实上,"邓雷文"号上的船员如果将德国潜艇当作一个小目标,就可以故意发射炮弹,不用担心能否击中目标,因为他们的真正目的是将德国潜艇引到适合攻击的位置。伪装猎潜舰的严明纪律体现在:即使有可能击中德国潜艇,伪装猎潜舰上的船员也不会盲目发射炮弹。对人类来说,这一要求似乎很过分,但对伪装猎潜舰来说能否击沉德国潜艇至关重要。除非有绝对把握击沉德国潜艇,否则伪装猎潜舰永远不能试图远程攻击德国潜艇。伪装猎潜舰的所有努力都是为了诱使德国潜艇进入距其三四百码的范围内。

一两个小时内,德国潜艇发射了一枚炮弹,似乎重创了"邓雷文"号。"邓雷文"号的发动机里冒出了一股蒸汽,证明发动机或锅炉已经不能正常使用。然而,"邓雷文"号的舱口周围安装了一个特殊管道,可以瞬间散发出蒸汽,让德国人相信目标船的重要部件受到了重创。德国潜艇指挥官并不知道这是"邓雷文"号的诡计。"邓雷文"号假装停了下来,船上的安全阀不断冒着气,船员们开始恐慌起来。一切都显得非常真实。"邓雷文"号上的船员们惊慌失措,一艘救生艇忽然掉到了海里,将救生艇上的船员也抛到了海里。但掉到海里的船员都被救了起来,救生艇也划到了安全位置。与此同时,观察正在下沉的船之前,德国人如果按照规定检查救生艇,那么"邓雷文"号就会攻击德国潜艇。

到目前为止,一切都在按照计划进行。不久,德国潜艇重新开火,发射了一枚炮弹,占据了绝对优势。我已经详细描述了"邓雷文"号船尾的深水炸弹、炮弹、大炮和人员组成。然而,这些集中在一起的军备物资非常危险。忽然,一枚炮弹落到了"邓雷文"号的船尾,随后又有三枚炮弹陆续击中了隐藏在船尾的士兵和弹药。第一枚炮弹引爆了一枚装有三百磅烈性炸药的深水炸弹,将一名军官抛到距船尾几码的甲板上。过了一会儿,这名军官依然没有恢复意识。随后,他的同伴看到了他。虽然受伤了,但他还是一点点爬回了原来的位置。幸运的是,德国人没有发现这名军官。深水炸弹旁边的船员也被炸伤了,但他努力将自己移到了一个更舒适的位置,一直坚守在岗位上。

他说:"我既然负责深水炸弹,就要留下来。"

随后,两枚炮弹接连落在了"邓雷文"号的船尾,船尾开始冒出滚滚黑烟,黑烟下面出现了火焰,火焰朝放置大量弹药、线状无烟火药和其他烈性炸药的地方蔓延。"邓雷文"号上的烟雾和火焰并不是诱饵。海军上校戈登·坎贝尔站在船桥上,望着眼前的一切,意识到船尾失火了。他忽然感到一阵寒意,因为炮手、炸药和枪炮都藏在船尾。与此同时,他注意到德国潜艇正在迅速靠近"邓雷文"号。几分钟后,德国潜艇到达了距"邓雷文"号四百码的地方。海军上校戈登·坎贝尔正要下令射击,忽然风吹起了浓烟。浓烟在"邓雷文"号和德国潜艇之间飘来飘去,引发了一场危机,极大考验了"邓雷文"号上船员们的纪律。海军上校戈登·坎贝尔有两个选择:第一,通过烟雾朝德国潜艇发射炮弹,击中一个看不见并不断移动的目标;第二,继续等待,直到德国潜艇绕到"邓雷文"号的另一侧。第二个选择需要勇气。但在当时的情况下,作出任何决定都需要巨大

"邓雷文"号船尾被德国潜艇击中

勇气,以及指挥官对船员们的绝对信心。其间,"邓雷文"号船尾的火势越来越大。海军上校戈登·坎贝尔知道,船尾的大量弹药和深水炸弹很快会爆炸,炸死或重创船尾的每一位士兵。如果他选择等待德国潜艇绕到没有烟的那一边,那么发射大炮前,船尾的炸弹很可能已经爆炸。此外,如果在烟雾中发射炮弹,很可能无法击中德国潜艇。

现在,熟悉作战哲学的人很容易预见海军上校戈登·坎贝尔即将作出的选择。伪装猎潜舰的任务和所有反潜舰的任务一样:击沉德国潜艇。当涉及最高目标时,考虑其他次要目标毫无意义。通常情况下,每一位军官和士兵的生命都非常珍贵,但如果牺牲他们能击沉德国潜艇,那么他们会甘愿牺牲。因此,海军少校戈登·坎贝尔选择等待,等待德国潜艇慢慢航行到没有烟雾的一侧。船尾英勇的士兵们身陷越来越猛烈的炮火中,身陷随时可能发生的爆炸中。海军少校戈登·坎贝尔的选择体现了他的自信,他相信船员们的忠诚,同时再次说明了伪装猎潜舰的铁律。第一次爆炸毁掉了海军上校戈登·坎贝尔联络船员们的传声筒。现在,他必须独自作出决定。对处在高度紧张状态下的船员们来说,知道战况进展有助于他们作战。但海军上校戈登·坎贝尔很清楚,船员们会理解他的选择,并欣然服从命令。然而,船员们的艰难处境考验着他们的自控能力。甲板上的温度逐渐升高,船员们的皮鞋开始冒烟,但没有一个人逃跑,或将自己的位置暴露给德国潜艇,从而未泄露"邓雷文"号的秘密。他们将装有无烟火药炮弹的盒子拿在手中,同时将盒子高高举起,希望阻止一场似乎不可避免的爆炸。在"烤架"上,基督教殉道者忍受着痛苦,一动不动,表现出伟大的英雄主义。

第5节 "邓雷文"号沉没

预期的爆炸发生时,对"邓雷文"号来说可能是一种解脱。"邓雷文"号需要继续前行二百码,射程为四百码的三门大炮才能发挥作用。然而,当德国潜艇绕过"邓雷文"号船尾的时候,站在潜艇甲板上的德国军官和潜艇兵听到了一声可怕的巨响。突然,"邓雷文"号船尾的船员、大炮和未爆炸的炮弹被抛向空中。德国潜艇兵坚信"邓雷文"号是一艘商船,因此,突然的爆炸不仅让他们感到震惊,还使他们陷入了恐慌。四英寸口径的大炮和船员被抛向空中,大炮径直落在"邓雷文"号的甲板上,甲板上的船员们分散在不同的地方。一名船员掉进了水里,但幸运的是,附近的救生艇救了他。这场战役的奇迹之一是,"邓雷文"号上没有一名船员战死。几名负伤的船员重新回到了甲板上,但没有一个人受重伤。然而,在德国潜艇兵心中,最痛苦的不是爆炸带来的身体上的创伤,而是突然出现在空中的士兵和大炮,因为这表明,他们遇到了一艘可怕的伪装猎潜舰。对"邓雷文"号来说,游戏显然升级了。德国潜艇迅速潜入水下。"邓雷文"号上的船员很清楚,德国潜艇会立即发射鱼雷,"邓雷文"号的职业生涯很可能就此结束。一些没有丧失行动能力的船员拿着水管,试图扑灭"邓雷文"号上的大火,另一些船员将受伤的战友移到了相对安全的地方。目前,清晰的鱼雷航迹正在接近"邓雷文"号,随后发生的爆炸将非常可怕。受之前爆炸的影响,

"邓雷文"号船尾大炮阵地上的蜂鸣器发生爆炸。蜂鸣器通常表示隐藏的脚手架和枪炮被放了下来,即将开始战斗。结果,在鱼雷击中"邓雷文"号前,"邓雷文"号上的所有大炮和船员都暴露了出来。现在,海军上校戈登·坎贝尔决定战斗到底。他发出了一条消息,通知附近所有的护航驱逐舰和反潜舰及商船不要靠近"邓雷文"号,至少与"邓雷文"号保持三十英里的距离。如果此时出现一艘护航驱逐舰,那么德国潜艇将一直待在水下,"邓雷文"号也将不再受到炮火的攻击。与此同时,另一艘商船可能成为德国潜艇的目标,使德国潜艇放弃"邓雷文"号。目前,德国潜艇几乎已经放弃"邓雷文"号。"邓雷文"号的一侧全部着火,遭到鱼雷袭击后开始下沉。因此,德国潜艇停止了进一步攻击。足智多谋的海军上校戈登·坎贝尔制订了一项终极计划,可能会诱使德国潜艇出现在"邓雷文"号的大炮射程内。为了实施计划,他必须划定一大片不受干扰的海上空间。于是,他在海面上画了一个半径为三十英里的圈,作为即将到来的比赛的"竞技场"。

海军上校戈登·坎贝尔和德国人都认为,"邓雷文"号已经走到了尽头。"邓雷文"号上的船员仓促跳到了一艘救生艇和一艘木筏上,离开了正在下沉的"邓雷文"号。对德国人来说,显而易见,经历了近四个小时的艰苦战斗,协约国船员终于放弃了战斗。但"邓雷文"号上仍然有两门隐藏的大炮,并且可以发射炮弹。前文已经说过,"邓雷文"号的两侧有两座鱼雷发射管,还有一小部分隐藏的船员。与此同时,海军上校戈登·坎贝尔站在"邓雷文"号上,透过窥视孔寻找德国潜艇,并且不停地用另一个传声筒与船员们交谈,甚至开起了玩笑。

海军上校戈登·坎贝尔引用了英国幽默作家布鲁斯·班斯法瑟的话,说道:"如果你知道一个更好的角色,就去扮演吧!"

他还说:"记住,伙计们,英王乔治五世已经授予'邓雷文'号维多利亚十字勋章。"

战争也有其幽默的一面。当一名船员问海军上校戈登·坎贝尔能不能脱下靴子时,一名炮手禁不住笑出了声。海军上校戈登·坎贝尔回答道,他虽然出身于一个受人尊敬的家庭,但并不认为自己死的时候还会穿着靴子。现在,炮火的咆哮声吞没了"邓雷文"号,一颗颗炮弹接连爆炸,就像巨大的火饼一样。海军上校戈登·坎贝尔与船员之间的谈话受到干扰。二十分钟里,"邓雷文"号上的所有船员一直待在原处,祈祷德国潜艇尽快出现。

终于,德国潜艇小心翼翼地出现在"邓雷文"号船尾的位置,停在"邓雷文"号大炮的射程范围外。德国人坚信"邓雷文"号上不可能还有船员,对"邓雷文"号的船头和船尾进行了轰炸,轰炸过程持续了几分钟。然后,德国潜艇潜入水中。"邓雷文"上正在观望的船员感到很苦恼。不久,德国潜艇的潜望镜出现,开始在"邓雷文"号周围慢慢移动。德国潜艇指挥官非常谨慎,试图通过潜望镜捕捉细节,不想再次受骗。海军上校戈登·坎贝尔知道自己只有一次机会,因为大火正在吞噬"邓雷文"号,他没有时间继续等待德国潜艇出现。"邓雷文"号上有两枚鱼雷。于是,海军上校戈登·坎贝尔决定用鱼雷袭击德国潜艇。当德国潜艇的潜望镜横向出现时,"邓雷文"号朝潜望镜的方向发射了一枚鱼雷。"邓雷文"号上正在观望的炮手看到鱼雷偏离了几英寸,没有击中德国潜艇。他们几乎要哭了。但德国潜艇没有看到鱼雷,潜望镜出现在"邓雷文"号的另一侧。于是,"邓雷文"号朝潜望镜发射了第二枚鱼雷,这次离德国潜艇的船尾只有约一英尺距离。德国潜艇看到了第二枚鱼雷,游戏结束。"邓雷文"号正在迅速下沉,海军上校戈登·坎贝尔发出了无线求救信号。几分钟后,一直在"竞技场"外等待的美国"诺马"号武装快艇、英国"阿尔科克"号驱逐舰和"克里斯托弗"号驱逐舰赶来,带走了"邓雷文"号上剩下的船员。当一名海军士兵看到自己敬爱的上校完好无损的跳上一艘驱逐舰时,高兴地喊道:"我的上帝!上校还活着!"紧张的气氛终于得到了缓和。

海军上校戈登·坎贝尔在报告中写道:"我们对失去'邓雷文'号深表遗憾,对德国潜艇的逃脱感到自责。我们竭尽全力追击德国潜艇、拯救'邓雷文'号,试图证明我们配得上国王陛下授予的维多利亚十字勋章。"

"邓雷文"号上的船员确实拼尽了全力。我不禁给海军上校戈登·坎贝尔写了一封信,表达了我的看法。信的内容如下:

"诺马"号武装快艇

尊敬的上校：

我刚刚读了你提交的关于1917年8月8日"邓雷文"号和一艘潜艇作战的报告。

我阅读了有关你之前一些功绩的报告，获益不少。海军上将路易·贝利爵士已经将所有事情告诉了我。我认为，"邓雷文"号表现得很出色，完全有能力获得成功。

德国潜艇的逃离属于偶然事件，也是我们运气不好。这场战役很精彩，不能靠最终的结果衡量胜负。我认为，"邓雷文"号的表现非常完美。即使你的作战经验十分丰富，你也无法想象出战争中可能遇到的所有突发事件。你如果必须再次参战，也一定不会改变自己的做法。根据我对这场战役的看法，你和你的船员们表现出的英勇比摧毁一艘德国潜艇更有价值。等我们化成尘土或灰烬后，关于这场战役的故事将给英国和美国的海军带去宝贵经验，其中表现出的非凡的爱国主义、勇敢、忠诚和无私奉献精神可能会使英国海军和美国海军受到鼓舞。我知道，海军历史上没有比"邓雷文"号船尾的船员表现更出色的战士了。事实上，"邓雷文"号上的所有船员都很出色。不用说都知道，这主要是你的功劳。

祝你成功。相信我，我尊敬的上校。

诚挚的威廉·索登·西姆斯

记录显示，在这场战争中，伪装猎潜舰共击沉了十二艘德国潜艇，其中海军上校戈登·坎贝尔指挥的伪装猎潜舰击沉了四艘德国潜艇。但这些可能不是伪装猎潜舰最重要的成就。德国人认为，对普通潜艇来说，伪装猎潜舰的存在非常令人不安。正如已经描述的那样，表面上看，伪装猎潜舰与普通商船没有什么区别。协约国海军军官巧妙地利用了德国潜艇指挥官的心理，使其困惑不已。对德国海军来说，漂浮在海上的东西都可以成为攻击目标。德国海军不仅摧毁了协约国的小型商船，还摧毁了小帆船，并且感到非常自豪。美国海军决定将"邓雷文"号的精神记录下来，让排水量为两百吨的"普莱斯"号双桅纵帆船代替"邓雷文"号继续执行任务，并让英国皇家海军的海军上尉威廉·桑德斯担任"普莱斯"号的指挥官。正如预期的那样，"普莱斯"号是一个无法抗拒的诱饵。在安全距离内，一艘由最具经验的德国潜艇指挥官指挥的潜艇对"普莱斯"号发起了攻击。等到"普莱斯"号上的船员仓皇逃离后，德国潜艇轰炸了"普莱斯"号。"普莱斯"号开始下沉，船上的许多船员有的战死，有的负伤。德国潜艇确信"普莱斯"号不是一艘伪装猎潜舰后，就行进到距"普莱斯"号不到一百码的范围内，然后发起攻击。"普莱斯"号迅速沉没。幸存的船员看到，德国潜艇指挥官及其潜艇兵对"普莱斯"号上的勇敢船员非常钦佩，协助协约国船员将受创严重的"普莱斯"号带到了港口。德国潜艇指挥官对海军上尉威廉·桑德斯说："我向你们致敬。我本来不相信有什么能经受住我们的炮火，但现在我信了。"海军上尉威廉·桑德斯获得了维多利亚十字勋章。此次战役发生约四天后,英国海军部经瑞典向红十字会询问了"普莱斯"号船长的下落。这件事表明,"普莱斯"号已经回到国内的港口,并再次说明摧毁德国潜艇时一定要谨慎,拒绝公布沉船数字是明智的选择。不幸的是,"普莱斯"号失去了英勇的船长和船员。

美国船员非常渴望与伪装猎潜舰一起参加战斗。我采取了一些措施满足了他们的愿望。由于美国海军没有配备伪装猎潜舰,我请求英国海军部指派一艘伪装猎潜舰给美国海军。英国海军上将约翰·杰利科伯爵立即同意了我的请求。得到英国海军部的批准后,海军上将约翰·杰利科伯爵派给美国海军一艘伪装猎潜舰,并用著名的美国军舰"桑蒂"号的名字命名了这艘伪装猎潜舰。我邀请志愿者加入"桑蒂"号,但实际上,驻扎在王后镇的所有美国海军军官和士兵都愿意在"桑蒂"号上服役。海军中校戴维·C.汉拉恩担任"桑蒂"号的指挥官。他从每艘美国舰船上挑选了两名水手,组成了"桑蒂"号上的船员。"桑蒂"号伪装得很好。在海军上校戈登·坎贝尔的建议下,"桑蒂"号上的船员们接受了相关训练。

执行猎潜任务的英国军舰

1917年12月的一个夜晚,"桑蒂"号从王后镇出发,前往班特里湾进行集训。出港后不久,"桑蒂"号被一枚鱼雷击中,受到重创。然而,由于船体牢牢裹着一层木头,"桑蒂"号依然漂浮在海面上。船上的船员迅速撤离,"桑蒂"号一直等待着德国潜艇的出现。几个小时后,德国潜艇一直没有出现,甚至连潜望镜的顶端都没有露出来。于是,"桑蒂"号被拖回王后镇。

1918年,"桑蒂"号的经历是很多伪装猎潜舰的经历。显然,德国人已经吸取了教训。

因此,我必须强调,伪装猎潜舰取得的最大成就不是击沉德国潜艇,而是对德国潜艇的战术造成一定影响。从一开始就可以看出,有关伪装猎潜舰的第一条信息传到德国后,伪装猎潜舰击沉德国潜艇的可能性大大降低,因为德国潜艇开始警惕协约国的所有商船。在很大程度上,德国潜艇不得不放弃通过大炮击沉协约国商船的廉价战术,被迫使用了稀有而昂贵的鱼雷。实际上,除了极少数可能会被远程炮火击沉的商船,德国潜艇受到很大限制。除非使用鱼雷战术,否则德国只能彻底放弃潜艇战。

第6章

美国猎潜舰

第1节 监听装置和猎潜舰

没有人会想到，一艘排水量只有六十吨、船身长一百一十英尺的小船，居然可以在寒冷的海上航行三千多英里。重要的是，小船上的大多数军官和船员虽然都没有航海经验，但在其他训练有素的海军军官和水手的帮助、指导下，出色完成了搜索德国潜艇的任务。十八个月以来，美国建造了近四百艘小木船，将一百七十艘小木船派到了普利茅斯、王后镇、布雷斯特、直布罗陀海峡和科孚岛等地方。现在，小木船击沉的几艘德国潜艇正静静地躺在海底。战争结束后，协约国普遍意识到，带有精密"监听设备"的小木船准确解释了由德国潜艇导致的一系列问题。战争结束前，协约国的大量驱逐舰一直在执行护航任务，无暇协助小木船。如果有护航驱逐舰的帮助，那么由小木船组成的搜索小组一定会速度更快、攻击力更强。可以确定的是，负责搜索任务的小木船很快成为破坏和干扰德国潜艇作战的一个重要因素。

正如我已经解释过的那样，护航体系本质上是一种进攻模式，迫使德国潜艇与强大的护航驱逐舰正面作战。护航体系实施后，攻击协约国商船时，德国潜艇常常面临被护航驱逐舰摧毁的巨大危险。实际上，护航体系是一种间接进攻模式，或者用专业术语来说，是一种防御型进攻模式。我已经描述过，在保护协约国商船方面，护航体系取得了巨大成功，为人类的文明事业作出了巨大贡献。然而，除非摧毁德国人的道德，找到一种明确、直接的攻击方式，否则我们永远无法彻底解决德国潜艇问题。对德国潜艇来说，护航驱逐舰发射的深水炸弹是致命的。尽管如此，遇到危险时，只要德国潜艇迅速隐藏自己的行踪，就可以避免遭深水炸弹的攻击。如果德国潜艇与护航驱逐舰相距较近，那么护航驱逐舰通常可以击沉德国潜艇。然而，是否应该交战由德国潜艇决定。在选择战斗还是逃离方面，德国潜艇拥有很大优势。在协约国海军有可能出海、找到破坏协约国贸易的德国潜艇并将其摧毁前，我们发现将德国潜艇从海洋中驱逐出去的反潜战毫无效果。虽然人类研发了护航舰队、雷区、伪装猎潜舰、飞机及其他一些作战武器，但德国潜艇仍然可以利用隐形能力，使协约国海军无法找到一种有效的攻击战术。

因此，尽管护航舰队出色地完成了护航任务，但在很大程度上，协约国海军依然在和德国潜艇玩捉迷藏游戏。与德国潜艇交战时，协约国海军仿佛被剥夺了视觉，一直在试图摧毁看不见的对手。在德国无限制潜艇战中，协约国发现自己就像一个失明的人。我对此进行了比较，发现协约国的处境并非毫无希望。双目失明的人无疑会遭受很多苦难，但苦难并不能使其变得毫无用处。相反，一个失明的人如果拥有睿智的大脑，就会逐渐学会如何在黑暗中行走。他首先会学习如何在房间里走动，其次学习如何在整栋房子里走动，再次学习如何在附近地区走动，最后学习如何在拥挤的街道上独自行走，在陌生的环境中随意走动，甚至进行长途跋涉。随着时间的推移，他可能学会了阅读、打牌和下棋，甚至变得和没有失明前一样。事实上，即使许多人认为他被剥夺了最不可缺少的感官，他也可以像正常人那样生活。当然，他的整个经历充分展示了大自然的生存规律。他会用其他感官代替视觉感官。由于被剥夺了视力，他被迫通过使用其他感官，尤其是触觉和听觉，与外部世界建立联系。只要他能感受到外部世界，触觉和听觉就起到了作用。过去，他从来没有充分利用过触觉和听觉，但现在，他经常使用触觉和听觉。因此，他的触觉和听觉变得十分敏锐，就像经常不使用的肌肉得到锻炼后获得了令人震惊的力量一样。

现在，协约国海军所处的困境与失明的人面临的困难一样。当协约国海军试图与德国潜艇作战时，发现自己什么也看不见。然而，就像盲人一样，协约国海军可以利用触觉和听觉代替视觉。听觉可以通过某种刺激得到增强。协约国海军虽然无法看见德国潜艇，但可以利用听觉发现德国潜艇。德国潜艇可以随意隐藏自己，但不能隐藏自己发出的声音，除非潜艇上的潜艇兵停止呼吸。事实上，当德国潜艇潜入水下的时候，潜艇的螺旋桨和电动机会产生振动，由此产生独特的声波。现在，军事科学家试图利用德国潜艇的声波追踪其下落。声波追踪一旦取得成功，德国潜艇的唯一优势，即隐形能力将被攻克。此外，除了隐形能力，德国潜艇其实非常脆弱。因此，德国潜艇如果失去了隐形能力，就无法继续对协约国海军构成威胁。

协约国海军可以成功解决德国潜艇问题的关键在于：作为传播声音的媒介，水的传播速度比大气快。空气中有很多交叉气流，不同区域的温度也不尽相同。因此，受环境因素的影响，声波的传播路线非常复杂，有时会绕圈子，有时会上下移动，有时甚至会突然转向。各国船员都知道，雾喇叭具有欺骗性。当雾喇叭吹响的时候，船员虽然知道附近有一艘船，但不知道船的确切位置。然而，水的密度和温度一般是恒定的，声音在水中总是以直线形式传播。此外，声音在水中的传播速度比在空气中的传播速度快，并且传播得更远，声波更明显。美国科学家一直是践行声波原理的先驱。战争爆发前，美国科学家利用声波原理发明了水下铃和振动器。在大西洋和太平洋的大部分地区，水下铃和振动器一般放置在水下，并配有促使它们定期发出声音的装置。在船上安装一项巧妙的发明，就可以使训练有素的监听人员捕捉到海底的声音，从而对水下的潜艇进行定位，但只有在天气晴朗的时候才能近距离监听到德国潜艇。多年来，横渡大西洋的班轮通过监听装置辨别美国马萨诸塞州东南沿海的南塔基特岛的位置。因此，南塔基特岛成了一座为班轮导航的灯塔。美国的海上监听设备很快流传到了世界各地。

因此，美国科学家得到授权，开始处理通过水下声音寻找德国潜艇的问题。一种放置在船上的监听设备可以捕捉到一定距离内的德国潜艇发出的声音，同时找到德国潜艇所处的方位，从而攻克德国无限制潜艇战中的最大难题。

西方电气公司大楼

美国参战前,一些美国企业已经开始行动,尤其是通用电气公司、西方电气公司和潜艇信号公司等,都是通过自费研究海上监听设备。这几家公司都有专门的研究部门和试验站,并且做了大量前期工作。不久,华盛顿成立的一个董事会专门负责研究海上监听装置。接到邀请后,各家公司派代表加入了董事会。董事会最终将总部设在了美国康涅狄格州的新伦敦,并得到了美国一些顶尖物理学家的帮助。1917年夏天和秋天,物理学家们废寝忘食地工作着。为达到最佳效果,他们一直夜以继日,在1917年10月发明出了几种效果不错的监听装置。研究工作开始时,美国物理学家们拥有一个巨大优势,即在相关领域,欧洲科学家们已经取得很大进展,协约国的海军部可以立即使用欧洲科学家们的研究成果。此外,协约国海军部派来几位专家与美国董事会合作。与此同时,派去指挥海外伪装猎潜舰分遣队的美国海军上校理查德·H.利前去与协约国海军部协商,打算在实战中检验新伦敦驻地研发的监听装置。停战后,海军上校理查德·H.利成了我在伦敦的参谋长。他不仅是美国最能干的军官之一,还一直对监听装置很感兴趣,并且坚信监听装置会发挥重要作用。

当然,英国人热情接待了海军上校理查德·H.利,并为他提供了必要的检验监听装置的设备。显然,英国人并没有预料到结果会令人满意。因为之前有很多发明家提出了新想法,但都没有发挥作用,所以英国人对美国的监听装置或多或少有些怀疑。战争爆发后,英国人一直试图解决关于搜寻德国潜艇的问题。英国科学家研发出了几种监听器,但实践证明,这些监听器并不能准确定位德

理查德·H.利与海军士兵

国潜艇，无法帮助协约国海军摧毁德国潜艇。因此，经历了多次失望后，怀疑气氛不可避免地出现了。但美国物理学家们解决这一重大问题的热情依然没有减少。因此，海军上校理查德·H.利获得了三艘英国拖网渔船和一艘P型船①。在英吉利海峡，他带着四艘试验船航行了十天，对英国和美国的监听装置进行了测试。目前，他还没有对测试过程和结果进行详细阐述。虽然四艘试验船并不适合测试监听装置，但试验结果表明，美国的发明比协约国的发明更优越。美国的发明也存在瑕疵，但可以检测到水里的各种声音，尤其是德国潜艇发出的声音。即使是了解详情的人也感到很惊讶。人们相信，利用监听装置追踪德国潜艇会取得巨大成功。事实证明，美国的K管监听装置和C管监听装置比当时最受英国海军欢迎的"纳什鱼"监听装置和"鲨鱼鳍"监听装置更好。K管监听装置可以轻易捕捉到周围二十英里内的大型船的声音，C管监听装置的监听范围相对较小。与其他国家的监听装置相比，美国的监听装置不仅可以有效捕捉到海里的声音，还能确定传出声音的方位。测试结束后，海军上校理查德·H.利访问了几个英国海军基地，与英国海军军官进行了协商，向他们解释了美国的监听装置，同时在不同环境中再次测试了监听装置。最终的测试结果改变了人们对监听装置的看法。英国海军部从美国订购了大量监听装置，同时开始在英国国内生产监听装置。

测试表明，美国发明的监听装置有很大实用价值。与此同时，第一批猎潜舰被送到新伦敦。猎潜舰的设计是基于对德国潜艇巡航能力的误解。第一次世界大战爆发前夕，协约国大多数海军军官认为，德国潜艇的局限性使其无法在远离海岸的海域航行。除了几位经验丰富的潜艇军官，几乎没有人觉得德国潜艇可以在公海上成功攻击协约国商船，更不能在远离潜艇基地的任何地方长时间停留。协约国当局谴责了这些军官的观点。但我们既然已经知道德国潜艇的攻击力，就很难找到充分的理由谴责这些军官。此外，我们也有足够证据证明这些军官的观点是正确的。譬如，一位杰出的海军作家说，当时"大多数海军将领和船长的观点可能是，潜艇是一种好玩的玩具。天气晴朗的时候，在指定

---

① P型船是一种特殊类型的反潜舰艇，体型比驱逐舰小，速度较慢，外形与潜艇相似。——原注

"阿布基尔"号巡洋舰

的地方，潜艇可以进行马戏表演"。这位作家还说，一些经验丰富的海军士兵曾宣称，潜艇"只能在天气晴朗的时候航行，有雾的时候几乎起不到任何作用。此外，潜艇必须浮出水面才能发射鱼雷。潜艇最大的缺陷在于不能长时间远离基地。通过一个星期的和平演习，潜艇可以弄清楚军官和士兵们的健康状况。在公海上，潜艇能够成功击中目标的几率很低，并且需要一直和母船相伴而行"。德国海军中校奥托·韦迪根击沉了英国"克雷西"号巡洋舰、"霍格"号巡洋舰和"阿布基尔"号巡洋舰，取得了第一次胜利。但人们对潜艇的看法并没有改变，因为英国的三艘巡洋舰是在相对受限的海域被击沉的，当时的情况对德国潜艇非常有利。在距德国潜艇基地数百英里的爱尔兰西北海岸，一艘无畏战舰沉到海底的时候，一些人才意识到了德国潜艇的攻击力。显然，无畏战舰是被一枚水雷击沉的，而水雷一定是德国潜艇布设在无畏战舰航线上的。然而，许多人依然怀疑德国潜艇能否在英国西边的公海上长时间航行。于是，猎潜舰应运而生，主要任务是在受限海域与德国潜艇作战。英国和法国从美国订购了五百多艘八十英尺长的小型猎潜舰或类似用途的船。宣战前，美国已经建造出几百艘大型猎潜舰,约一百一十英尺长,并且与一些国家签订了合同。最初,美国建造猎潜舰的目的是巡航。然而,猎潜舰还没有大规模建造前,德国不可能在美国海域发动战争一事已经变得很明显。同样明显的是,小型猎潜舰虽然质量很好,但在护航任务中起不到任何作用。美国人很怀疑美国海军利用小型猎潜舰可以做什么。

负责设计和建造猎潜舰的人感到很光荣。美国宣战前,猎潜舰的设计图已经绘制完成,第一批合同也已经签好。这一切主要归功于美国海军建设兵团的海军中校朱利叶斯·A.富雷尔和A.劳瑞·斯韦齐夫人。A.劳瑞·斯韦齐夫人是波士顿的快艇建造师,当时担任美国预备役的副指挥官,特长是设计小型船,尤其是木质船。战争期间,他曾担任海军中校朱利叶斯·A.富雷尔的顾问和助理。小型猎潜舰体现了非凡的航海谨慎,证明了美国军官们的才能。对所有航海人士来说,尤其是对猎潜舰上没有任何经验的海军军官来说,小型猎潜舰的出现是一个惊喜。设计小型猎潜舰时,监听装置还不完善,但小型猎潜舰为完善监听装置提供了可能。因此,小型猎潜舰建造出来后,不可避免地要花费大量时间设计监听装置需要的几种设备,因为这些都是搜寻德国潜艇必需的。显然,负责建造小型猎潜舰的人还有一段很长的路要走。因为建造驱逐舰、商船和生产大量战争物资对原材料和劳动力的需求很大,所以早期对猎潜舰的需求被视为一件令人讨厌的事。然而,在这种情况下,负责建造猎潜舰的人很快完成了任务,赢得了人们的称赞。在美国人的记忆中,1917年的冬天似乎是有史以来最冷的一个冬天。天气一天天变冷,猎潜舰被一层近一英尺厚的冰包裹,许多猎潜舰的引擎冻坏了,铺板冻裂了,螺旋桨也冻皱了。猎潜舰被拖进港口,停在一个方便停泊的地方。但随后,猎潜舰被冻在了水里。由于恶劣的天气,船员们受到沉重打击。他们完全没有接受过航海训练,但他们从事的艰苦工作需要他们掌握一定的航海技术。

我认为,在冰冷的海面上,猎潜舰上的船员中不包含1%的安纳波利斯毕业生或5%有经验的水手。猎潜舰第一次下海后,很多船员待在冰冷的海洋中,海水温度在零华氏度以下,猎潜舰上也没有取暖设备。然而,船员们并没有表现出丝毫抱怨或气馁。当时，他们对大海一无所知，但代表着美国最优秀的民众。猎潜舰上的所有军官和士兵几乎都是平民百姓，一小部分人是帆船运动爱好者，大部分人是美国大学生，如来自耶鲁、哈佛、普林斯顿的大学生。事实上，大学生船员几乎来自美国所有学院和大学。他们放下书本，离开舒适的联谊会所和运动场，渴望参与抗击德国的伟大战争。如果有人仍然怀疑美国高等教育体系对这场战争作出的贡献，那么他应该和美国的年轻人一起在海上待几天。一开始，大学生船员对航海技术一无所知。但真正重要的是，他们头脑清醒，内心充满热情，灵魂纯洁，已经为执行艰苦任务做好准备。当谈到美国大学生和美国海军中的其他人时，我非常认可他们。我甚至认为，美国在未来的海军军官训练中，可以将大学教育与海军学院的技术课程结合起来，因为大学教育可以教授技术学院不能教授的东西，即普通的大众教育和培训。普通的大众教育和培训可以培养学生的主动性、独立思考能力和快速掌握复杂知识的能力，以及处理实际问题的能力。美国猎潜舰上的大学生船员几乎没有任何航海经验。完成第一次航行后，他们中的大部分人因身体不适住进了医院。但几个月后，大学生船员已经可以在夜间指挥猎潜舰。当猎潜舰到达新伦敦时，大学生船员对航海技术和航海的了解并没有增加多少，但几个星期内，在普通军官的悉心指导和训练下，他们充分了解了自己的工作，可以在护航舰船的护送下安全横渡大西洋。为了节省时间，美国为英国和法国建造的八十英尺长的猎潜舰登上了远洋班轮，漂洋过海。然而，美国大学生军官指挥的一百一十英尺长的猎潜舰都是靠自己的力量漂洋过海的，其中许多猎潜舰遇到了1918年1月和2月的大风，像软木塞一样在海浪中漂泊。当经过严格训练的美国猎潜舰准备航行时，各猎潜舰小组会在护航舰艇的护送下出海，因为护航舰艇需要为猎潜舰提供汽油。大学生船员迅速学会了射击。值得一提的是，专攻数学、化学和普通科学的大学生非常了不起，在学习各种航海技术方面取得了非凡成就。

海军上校塞缪尔·科滕指挥猎潜舰第一中队到达了普利茅斯，为当地海军讲述了一个关于猎潜舰航行的故事。然后有人说："大学生军官没有能力指挥一艘船横渡海洋！"

海军上校塞缪尔·科滕回答道:"他们也许做不到,但他们已经做到了。"海军上校塞缪尔·科滕是安纳波利斯人,非常钦佩美国年轻的预备役海军。

停泊在普利茅斯港的三十六艘猎潜舰距纪念碑只有几百码。普利茅斯港的纪念碑标志着"五月花"号航行到新世界的登陆点。三十六艘猎潜舰全部由大学生船员驾驶。美国宣战前,猎潜舰上的年轻人中,无论军官还是士兵,几乎没有人接受过航海训练。

大学生船员虽然很有才华,但非常敬佩训练他们的海军军官。遗憾的是,安纳波利斯的许多海军军官的理想是漂洋过海,参加战斗,但为了教导美国年轻人远离世俗生活,他们不得不留在安纳波利斯。

在本书中,我希望占用一些篇幅感谢海军上校约翰·T.汤普金斯做的组织工作;感谢海军少将塞缪尔·罗宾逊、海军上校弗兰克·H.斯科菲尔德和海军上校

弗兰克·H.斯科菲尔德

威廉·P.克罗南

约瑟夫·H.德弗里斯；感谢海军中校克莱德·S.麦克道尔、海军中校迈尔斯·A.利比及许多科学家在监听设备方面做的工作，他们的知识和经验使我们受益匪浅；感谢海军上校亚瑟·J.赫伯恩、海军上校莱曼·A.科滕和海军上校威廉·P.克罗南等人，因为他们将美国年轻人训练得非常优秀。我还要感谢海军少将T.P.马格鲁德、海军上校戴维·F.博伊德、海军上校亚瑟·克伦肖、海军上校E.P.杰索普、海军上校C.M.托泽、海军上校H.G.斯帕罗和海军上校查尔斯·P.纳尔逊，以及其他很多人，感谢他们尽职尽责护送协约国商船穿越大西洋。

我相信，当美国海军在战争中的表现被书写出来后，会得到人们的大力赞扬。与此同时，美国海军可能会得到很多人的感谢，因为在很大程度上，美国取得的成就归功于美国海军的恪尽职守。

第2节 小型猎潜舰

　　猎潜舰展示出来的航海优势，以及远距离探测水下声音的监听装置的发展，为协约国提供了对德国潜艇发起直接进攻的可能性。显然，在猎潜舰上，监听装置可以发挥出最大优势。猎潜舰用途广泛，具有独特优势。因此，美国有必要建造大量猎潜舰。协约国的所有驱逐舰几乎都参加了护航任务，无法选派驱逐舰去攻击德国潜艇。令人高兴的是，猎潜舰及时满足了协约国的需求。协约国海军开始通过各种方式争夺猎潜舰。法国要求法兰西海军与空军合作，在法兰西沿海区域巡逻。英国、爱尔兰、直布罗陀海峡、葡萄牙和意大利的海军驻地也发出请求，希望获得猎潜舰。因此，应该将猎潜舰安置在哪里的问题由协约国海军委员会处理。根据我的建议，协约国海军委员会从所有协约国的利益出发，开始处理猎潜舰安置问题。

　　调查结果表明，可以使猎潜舰发挥最大优势的地方有三个。与此同时，护航体系不仅有效保护了协约国商船，还迫使德国潜艇改变了战术。护航体系实施前，公海上经常发生重大沉船事件，如爱尔兰以西三四百英里的沉船事件。德国潜艇已经采取措施，打算用鱼雷攻击大西洋上没有受到护航驱逐舰保护的船。然而，协约国的所有商船都得到了护航舰队的保护，德国潜艇的冒险显得毫无意义。因此，德国潜艇不得不改变计划。重要的是，护航舰队只要保持队形，同时在侧翼形成保护屏障，协约国商船就会很安全。在这种情况下，正如已经说过的那样，协约国的沉船率不到0.5%。护航舰队通过两条主干线返航，一条是通过英吉利海峡向外延伸的南线，另一条是通过爱尔兰和苏格兰之间通道的北线。当通过南线返航的护航舰队到达英吉利海峡的时候，护航舰队的船就分开了，一些船驶往普利茅斯、朴茨茅斯、南安普敦和其他港口，剩下的船驶向布雷斯特、瑟堡、勒阿弗尔和法兰西的其他港口。与此同时，到达爱尔兰海后，通过

瑟堡

北线的护航舰队也分开了。换句话说,进入内陆水域后,护航舰队不复存在,在没有护航或护航不到位的情况下,单艘舰船或小型船队必须依靠自己找到抵达目的地的路。这是护航体系的一个弱点。德国人迅速发现了护航体系的弱点,开始撤回公海上的大部分潜艇,并将撤回的潜艇集中在护航体系无法发挥作用的海域。1917年4月,德国潜艇所向披靡。与此同时,在爱尔兰西南约三百英里的地方,协约国的数百艘商船沉没。1918年4月,在同一片海域,协约国没有一艘商船沉没。这一变化表明了护航舰队拯救协约国商船取得的成就。但我们如果审视一下封闭海域的情况,如北海海峡、爱尔兰海、圣乔治海峡和英吉利海峡,就会发现事态发展并没有我们想象的那么理想。实际上,1918年4月发生的所有沉船事件都在封闭海域,爱尔兰和英格兰之间的海域几乎没有沉船事件。1918年春,封闭海域已经成为德国潜艇最喜欢的"狩猎场",尤其在英吉利海峡,沉船数量和1917年4月的沉船数量几乎一样。

因此,协约国进入德国无限制潜艇战的全新阶段。新局势迫使协约国采用了大量猎潜舰。安装了监听装置的猎潜舰可以搜寻水下的德国潜艇,满足新的战争要求。虽然猎潜舰没有达到协约国希望的效果，但通过进一步改进监听装置，加上正在建造中的大型鹰级舰船，猎潜舰有希望满足协约国的新要求。

改进猎潜舰一事由协约国海军委员会负责。德国潜艇对英吉利海峡的航运造成了巨大破坏。因此，协约国海军委员会成员一致同意，在普利茅斯设一个小型猎潜舰基地，以便对抗德国潜艇。另一个猎潜舰基地设在王后镇，目的是对抗爱尔兰海域的德国潜艇。

因此，我接到命令，需要将猎潜舰集中在英吉利海峡和爱尔兰海域。

与此同时，德国潜艇对地中海地区构成了威胁。地中海地区强烈要求设一个猎潜舰基地。1918年春天和初夏，驶往法兰西南部、意大利、希腊中北部萨洛尼卡和巴勒斯坦的商船遭受了巨大损失。奥地利和德国的潜艇从亚得里亚海的普拉港和卡塔罗基地出发，重创了协约国商船。如果协约国海军能将亚得里亚海的潜艇挡在港口内，那么整个地中海地区将畅通无阻。看一眼地图就能找到应对亚得里亚海的德国潜艇的方法。在地图南端，亚得里亚海域有一条四十英里宽的通道，即奥特朗托海峡。亚得里亚海的所有潜艇必须通过狭窄的奥特朗托海峡，才能到达有协约国商船的海域。协约国海军委员会开始考虑使用美国猎潜舰之前，英国海军正在竭尽全力阻止德国潜艇通过奥特朗托海峡。一项称为"奥特朗托拦阻线"的防御计划发挥了作用。"拦阻线"一词意味着一道有效屏障，但亚得里亚海的拦阻线仅仅是几艘破旧的英国驱逐舰和一些漂网渔船。德国潜艇要想进入地中海地区，必须通过奥特朗托海峡。对英国人来说，奥特朗托拦阻线并不是形同虚设。最初的几个月里，奥特朗托拦阻线虽然形成了一道障碍，但对北部海域的英国海军提出了许多要求。然而，北部海域的英国海军没有足够的船加固奥特朗托拦阻线。意大利海军的大部分驱逐舰蓄势待发，可以随时应对奥地利作战舰队的突围。因此，对协约国来说，必须派船加固奥特朗托拦阻线。协约国海军委员会的意大利代表强烈要求派美国猎潜舰前去增援英国舰队，并且得到了英国代表和法国代表的支持。

因此，1918年春，我派海军上校理查德·H.利前往意大利南部建立一个猎潜舰基地。仔细勘察了意大利南部后，海军上校理查德·H.利觉得科孚岛的戈维诺湾最适合建立猎潜舰基地。于是，新伦敦和希腊城市之间建立起了联系。毫无疑问，这场伟大的战争拓宽了美国人的视野。美国大学生军官指挥的小型猎潜舰和三千年前奥德修斯在科孚岛率领的船一样大。因此，科孚岛非常适合建立猎潜舰基地。在伯罗奔尼撒战争中，雅典人曾将科孚岛当作海军指挥部，几个世纪后，在盖乌斯·屋大维·图里努斯与卢修斯·安东尼的战争中，科孚岛起到了同样的作用。在离科孚岛不远的地方，也许可以看见神圣罗马帝国皇帝的宫殿。神圣罗马帝国宫殿不断提醒美国年轻人，美国与希腊之间存在意想不到的联系。

第3节 搜寻德国潜艇

1918年6月30日，由三十六艘猎潜舰组成的两支美国猎潜舰中队聚集在普利茅斯，指挥官是美国海军上校莱曼·A.科滕。海军中校威尔逊·布朗指挥的美国"帕克"号驱逐舰为美国猎潜舰中队护航。当时，新的作战区域令协约国海军感到焦虑。新作战区域包括从斯塔特角到利泽德峰的海峡通道，以及普利茅斯、德文波特和法尔茅斯等重要航运港口。护航舰队通过德国潜艇区域后，在新作

法尔茅斯

达特茅斯

战区域分开，分开后的船各自前往目的地。新作战区是最重要的作战区之一，德国人就是在这里被迫放弃了公海上的潜艇作战区。现在，德国正在积极集中力量，准备攻击分开后的护航舰。美国猎潜舰中队出发前，新作战区域发生了大规模沉船事件。从1918年6月30日到1918年8月中旬，在与英国海军的合作下，海军上校莱曼·A.科滕指挥的的猎潜舰中队一直在工作。随后，猎潜舰中队被派往其他地方。实际上，在利泽德峰和斯塔特角之间，只要猎潜舰与驱逐舰协同作战，协约国商船就不会受到攻击。然而，"斯托克福斯"号商船离开达特茅斯后，被德国潜艇摧毁。据官方消息称，"斯托克福斯"号商船其实是一艘伪装猎潜舰，其任务是引诱德国潜艇发射鱼雷。与此同时，"斯托克福斯"号击沉了攻击它的德国潜艇。因此，"斯托克福斯"号的沉没几乎没有影响我们对猎潜舰所做工作的总体满意度。美国猎潜舰到达新作战区域前，德国潜艇已经击沉多艘协约国商船。此外，自从美国猎潜舰离开后，1918年7月到1918年8月，新作战区域享有的豁免权可能主要归功于美国海军。其间，协约国商船没有受到任何德国潜艇的袭击。美国猎潜舰在斯塔特角到利泽德峰之间的海域巡航时，德国海军也没有在该海域布雷。这一切也许并不是巧合，因为美国猎潜舰从普利茅斯撤退前夕，在普利茅斯港前布了五枚水雷，为第二天的航行做好了护航准备。

正式开始工作时，海军上校莱曼·A.科滕指挥的猎潜舰中队在新伦敦接受训练时研发出来的搜索策略已经得到很大改善。猎潜舰的搜索程序代表海战中的一种全新战术。为了搜索德国潜艇，猎潜舰必须依靠一个与人类耳朵一样不确定的装置。因此，为了防止出错，同时增加成功发现德国潜艇的机会，猎潜舰必须三艘一组执行搜索任务。在新系统下，猎潜舰与德国潜艇的战斗分为三个部分：搜索、追捕和攻击。执行搜索任务时，猎潜舰小组会在海上漂泊很久，船员们都感到很疲倦。与此同时，猎潜舰桅杆瞭望台上的监视哨不断扫视着海面，试图发现德国潜艇的潜望镜。训练有素的监听人员站在猎潜舰甲板上，耳朵里戴着有点儿像电话接收器的小仪器。只要水下发出任何噪音，监听人员就会很紧张。航行时，猎潜舰无法使用监听装置，因为螺旋桨和机器的声音会压过其他声音。因此，猎潜舰小组并排漂流在一英里或两英里范围内时，螺旋桨几乎不动，甲板像墓地一样寂静。猎潜舰小组组成了一支新的搜索队，舰上的军官和船员紧张地等待着德国潜艇的出现。猎潜舰上的船员们的经历有点像儿众所周知的"渔夫的运气"。几个小时过去了，水面上没有出现德国潜艇的任何迹象。突然，一位监听人员听到了某种声音。根据经验，他判断是德国潜艇的螺旋桨和发动机发出的声音。正如已经说过的那样，美国监听装置的巨大优势是：不仅可以探测到声音，还可以给出声音的方位。监听人员立即通知指挥官，说自己发现了德国潜艇。他可能会报告说："声音非常微弱，方向97°。""97°"是德国潜艇与南北水平线的夹角。随后，指挥官会通过无线电话与另外两艘猎潜舰通话，询问它们是否听到噪音。除非三艘猎潜舰都听到了噪音，否则猎潜舰不会采取任何行动。但如果三艘猎潜舰同时听到了噪音，就可以确定水下的确有异动。三艘猎潜舰都确定听到了噪音后，要想确定德国潜艇的位置就比较容易了。中间的猎潜舰一般是旗舰，舰上有所谓的绘图室。绘图室里的军官收到来自三艘猎潜舰的电话报告后，会根据噪音的性质和方位立即画一张图表，然后快速进行计算。几秒钟后，他就能确定德国潜艇的位置了。这一过程被称为"获得方位"。美国猎潜舰指挥官们在报告中不断提到"方位"。"方位"是指海面上的"方位"，由三条线构成，每条线都给出了探测到的声音的方向，三条线相互交叉。

如果字母A、B、C分别代表一艘猎潜舰，那么中间的B就是猎潜舰小组的旗舰。A的监听人员听到了噪音，噪音方向由a线表示。这位监听人员通过无线电话将消息传递给旗舰B。B的监听人员也听到了噪音，噪音方向用b线表示。a线和b线交叉的地方就是"方向"。"方向"表示第一次检测到噪音的时候德国潜艇的位置。猎潜舰C发出的消息可以证实其他两艘猎潜舰的推测。如果三艘猎潜舰的定位是一致的，那么指挥官就可以确定自己不是在追踪一个幻影。

但"方位"只是猎潜舰第一次听到噪音时德国潜艇的位置。大多数情况下，德国潜艇一直在移动。因此，尽管绘图室里的军官会迅速绘出一张图，但计算完毕时，德国潜艇早已驶离原来的位置。绘图室里的军官进行计算的时候，三艘猎潜舰一直在海面上漂浮。计算完毕后，猎潜舰小组开始全速前进，冲向第一个"方位"附近。到了指定地点，猎潜舰会停下来，放下监听装置重新开始监听。现在，德国潜艇发出的噪音更大了。猎潜舰变得越来越"兴奋"。然而，德国潜艇的位置已经改变，并且德国潜艇也有监听装置。虽然德国人的监听装置明显不如美国的监听装置，但德国潜艇很可能已经听到猎潜舰的声音，打算躲避猎潜舰。但躲避并没有用，因为猎潜舰的监听人员很容易探测到德国潜艇的新位置，并且将详细情况报告给绘图室。新"方位"会很快被计算出来。因此，猎潜舰不断向德国潜艇移动，探测水下传来的越来越大的噪音，直到找到德国潜艇。三艘猎潜舰全速驶向最新的定位点，点燃Y型榴弹炮。每一枚Y型榴弹炮都携有两枚深水炸弹。同时，为了防止德国潜艇浮出水面进行反击，猎潜舰上的船员们配有枪支。在许多类似的搜索中，驱逐舰会在猎潜舰附近巡航，但驱逐舰和猎潜舰之间会保持一段较远的距离，以防驱逐舰的螺旋桨发出的声音干扰猎潜舰。猎潜舰一旦确定了德国潜艇的位置，就会将位置发送给驱逐舰。然后，驱逐舰全速驶向指定地点，在指定地点再次投放十枚到十二枚深水炸弹。

猎潜舰的搜索策略只有经过实践后，才能像时钟一样规律运作。起初，水

亚历山大·贝尔

下的各种声音让监听人员感到很困惑，因为对人类来说，水下世界是一个全新的世界。当亚历山大·贝尔发明了第一部电话的时候，人们试图通过地球本身建立一个完整的电路系统。结果，电线里传来的是各种嘈杂的声音，如呻吟、尖叫、吼声和嗡嗡声。电线似乎变成了魔鬼的游乐场，一些迄今为止还不为人知的声音不断从地球母亲体内发出。现在，我们发现，看似安静的海底其实非常嘈杂。监听人员除了听到自己正在寻找的声音外，还听到了许多其他声音。通过K管监听装置可以听到十五英里到二十英里范围内的德国潜艇，也可以听到二十英里以外的声音。白天，海面上非常安静，地平线周围可能没有一艘船。但突然，监听人员听到了一声可怕的爆炸声。他知道约四五十英里远的地方有一枚鱼雷爆炸了，或者是一艘商船触雷了。随后，他会听到明显的咔嚓声。监听人员可以识别咔嚓声，因为咔嚓声表明，二十艘或三十艘船组成的护航舰队正在执行任务。然后，电线里又传来一声快速的嗡嗡声，这是驱逐舰的螺旋桨发出的声音。一开始，一声微弱的呻吟引起了监听人员的困惑，但最终得知，这是海底的沉船发出的呻吟声。沉船随着水流左右摇晃，听起来就像幽灵的叹息。监听人员经常听到沉船的呻吟声。据此，我们知道沉到海底的船非常多。通过监听装置也可以听见海洋中大型动物的呼吸声。通过培训，监听人员可以识别出鲸鱼游泳时发出的特殊声音。一开始，海豚增加了监听人员识别声音的难度。海豚发出的声音和德国潜艇发出的噪音非常接近，使监听人员感到很迷惑。但实践可以检验一切。海豚声音和德国潜艇噪音之间的区别非常模糊，很难识别出来。但经过几次实践后，监听人员很容易将二者区分开来。事实上，监听人员变得越来越专业，甚至可以同时识别好几种噪音，但德国潜艇的噪音是他们最熟悉的声音。

通过很多巧妙的方法，猎潜舰可以做一些其他反潜舰无法做的工作。只要德国潜艇在水面上，巡航驱逐舰和其他巡航船就能追踪到德国潜艇。但我们必须记住，猎潜舰的任务是找到潜入水中的德国潜艇。有时，岸上的指挥官会发送无线电，告诉正在执行任务的猎潜舰，一艘德国潜艇出现在了标示地点，但随即消失在了水下。然后，得到消息的猎潜舰会朝指定地点出发，利用监听设备搜索德国潜艇。如果飞机看到海面上的德国潜艇，就会发出类似的消息。一旦德国潜艇潜入水中，遭到攻击的护航舰队、被鱼雷袭击的单艘船和已经发现目标的驱逐舰就会向猎潜舰发送消息，让猎潜舰去德国潜艇消失的位置搜索。

猎潜舰只要在斯塔特角和利泽德峰之间的海域航行，就不会遇到德国潜艇。原因很简单，当猎潜舰和英国巡航船出现时，德国潜艇就会放弃当下的作战区域。因此，协约国海军扩展了普利茅斯分遣队行动区。现在，一些猎潜舰被派到兰兹角附近和康沃尔海岸北部。在康沃尔海岸北部，从威尔士到法兰西的运煤船是引诱德国潜艇的诱饵。其他猎潜舰在锡利群岛和布雷斯特西部的海域航行。在锡利群岛和布雷斯特西部海域，猎潜舰可以频繁接触到德国潜艇。

U-53潜艇

协约国非常渴望捕获德国的U-53潜艇。我已经提到过U-53潜艇及其指挥官海军上校汉斯·罗斯。现在,U-53潜艇将被召回。1916年秋,U-53潜艇突然造访了美国罗得岛州的纽波特。返回德国的途中,U-53潜艇在南塔基特岛附近停留了很长时间,击沉了六艘英国商船。后来,U-53潜艇用鱼雷击沉了美国的"雅各布·琼斯"号驱逐舰。因此,美国人希望看到U-53潜艇消失在海洋上。1918年8月中旬,在布雷斯特以西约二百五十英里的海域,我们发现了U-53潜艇的踪迹。与此同时,我们得知两艘德国潜艇正在爱尔兰西海岸航行。我们接到消息,称三艘德国潜艇正在补充燃料,很可能在布雷斯特以西建立一个连接点,并攻击当时驶向法兰西的大批美国运输船。此时,猎潜舰有了一次机会。对猎潜舰的耐力来说,航行二百五十英里压力巨大。但美国共派出了四支猎潜舰搜索队,同时增派了"威尔克斯"号驱逐舰和"帕克"号驱逐舰。1918年9月2日上午,一支猎潜舰搜索队接收到了可疑噪音。过了一会儿,在水面上,"帕克"号驱逐舰的监视哨发现了一个像德国潜艇的司令塔一样的物体,物体上方有一根直立的杆子,似乎是桅杆或帆。因为U-53潜艇善于伪装自己,所以似乎可以肯

"威尔克斯"号驱逐舰

定的是，猎潜舰搜索队正在追踪U-53潜艇。当桅杆、帆和司令塔突然消失在水下时，猎潜舰搜索队的怀疑得到证实。"帕克"号驱逐舰全速前进，发现了一处浮油。显然，U-53潜艇给船舱加油了。于是，"帕克"号驱逐舰投下了十六枚深水炸弹。但这能摧毁U-53潜艇吗？一般情况下，这种做法不会得到令人满意的结果。在"帕克"号驱逐舰前方约两千码的地方，出现了三艘猎潜舰。猎潜舰停了下来，开始监听。几分钟后，猎潜舰向"帕克"号驱逐舰传达了一个令人失望的消息：深水炸弹虽然全部爆炸了，但U-53潜艇仍在向前航行。猎潜舰已经知道U-53潜艇的位置，但U-53潜艇非常狡猾，知道猎潜舰正在跟踪自己。U-53潜艇的螺旋桨转得很慢，几乎没有发出任何噪音，试图将跟踪自己的猎潜舰甩掉。两个半小时内，猎潜舰一直在搜寻U-53潜艇，时不时会探测到U-53潜艇发出的微弱噪音，但噪音一会在这个方向，一会又突然转向另一个方向。然而，1918年9月2日下午晚些时候，猎潜舰探测到了U-53潜艇的"方位"，发现U-53潜艇离自己只有约三百码。几分钟后，四枚深水炸弹落在了猎潜舰发现U-53潜艇的地方。

海水平静下来后，猎潜舰开始继续监听，但什么也没听到。几天后，无线电报员听到德国潜艇向U-53潜艇发出呼叫，但无人应答。因此，我们认为U-53潜艇已经被摧毁了。然而，约一个星期后，在苏格兰北部海岸，无线电报员听到了从U-53潜艇上发出的一条信息。消息称，U-53潜艇正在返航的路上。显然，

U-53潜艇受损严重，因为初次遭遇猎潜舰后，它没有发动任何攻击。但U-53潜艇拥有和猫一样多的生命，在受损严重的情况下仍然可以缓慢航行一千多英里回到德国。然而，猎潜舰对U-53潜艇的追踪令人感到满意。签署停战协议前两个月，U-53潜艇受损严重，一直没有恢复过来，无法再次出海。但我必须公正地对待海军上校汉斯·罗斯，因为在U-53潜艇的最后一次航行中，他没有担任U-53潜艇的指挥官。整个战争过程中，这是他唯一一次没有指挥U-53潜艇。

U-53潜艇的故事结束了。这个故事具有典型的德国风格。签署停战协议时，U-53潜艇向协约国投降。第一批登上U-53潜艇的是美国人。美国人急切地想读一下U-53潜艇的航海日志，看看在最后一次航行中，U-53潜艇经历了什么。航海日志记录了U-53潜艇从第一次出海到投降期间的航行情况，中间只缺了与美国猎潜舰相遇的部分。显然，德国人已经下定决心，永远不会让美国人知道猎潜舰对U-53潜艇的破坏有多大，这是他们对美国的报复。

U-53潜艇上的官兵

第4节 自 杀

1918年9月6日上午，在兰兹角以西一百五十英里的地方，由美国海军预备役的海军少尉恩赛因·阿什利·D.亚当斯指挥的三艘猎潜舰正在执行监听任务。1918年9月6日上午11时30分左右，其中两艘猎潜舰检测到了德国潜艇的噪音。此外，"方位"表明德国潜艇近在咫尺。两艘猎潜舰立即投下深水炸弹。第一次攻击没有对德国潜艇产生任何影响，但一枚榴弹炮投下的深水炸弹不幸落在了一艘猎潜舰附近。尽管没有任何人受伤，但这艘猎潜舰无法继续执行任务。两个小时时间里，海军少尉恩赛因·阿什利·D.亚当斯指挥的猎潜舰小组紧紧盯着德国潜艇，时而停下来获取"方位"，时而全速追踪德国潜艇。1918年9月6日下午1时左右，绘图室报告说，德国潜艇在前方约一百码处。猎潜舰根据报告发射了三枚Y型榴弹炮。"方位"区域的深水炸弹非常密集，德国潜艇似乎不可能逃脱。

当骚动平息下来的时候，猎潜舰拿出监听装置开始监听。二十分钟内，德国潜艇没有发出任何声音。随后，监听人员听到了德国潜艇正在转弯或试图转弯的微弱噪音。噪音表明，德国潜艇并不是在偷偷溜走，而是陷入了困境。监听装置中传来一种微弱的刺耳的吱吱声，像受损的机器发出的声音。噪音只持续了几秒钟，但不久又开始了，然后再次停了下来。德国潜艇似乎取得了一些进展，但都是断断续续的，前进几码，然后又停下来。现在，水面上出现了德国潜艇的模糊航迹，就是水面上平静下来后，水下的德国潜艇航行时留下的航迹。监听人员惊喜地注意到，德国潜艇航迹出现的位置正好与探测到的"方位"吻合，这在某种程度上证实了猎潜舰上的军官的计算。一艘猎潜舰迅速航行到德国潜艇前面，在德国潜艇的航迹尾部投放了一枚深水炸弹。毫无疑问，这艘猎潜舰就在德国潜艇的上方。投下深水炸弹后，海上突然升起一个约三十英寸长的黑色圆柱形物体，一直升到六十英尺的高空。似乎没有人知道这个黑色圆柱形物体是什么，只知道它来自德国潜艇。

陷入困境的德国潜艇只有一次拯救自己的机会。在水深不超过三百英尺的浅水区域，德国潜艇可以安全沉到水底"装死"，等待猎潜舰无功而返。状态良好的情况下，一艘德国潜艇可以在海底静静停留两到三天。不久，猎潜舰上的监听人员听到一些噪音，知道德国潜艇打算"装死"了。监听人员还听到了其他声音。这些声音表明，德国潜艇并不是自愿下沉到海底的。监听人员清楚地听到一声刮擦声和一种非常紧张的声音，好像德国潜艇正试图从海底浮出水面。还有一种笨拙的声音，像德国潜艇在泥泞的海底试图拖动笨重的船体发出的声音。随后是一阵寂静，表明受损的德国潜艇只能前进几码。显然，海底的淤泥中正在上演一场可怕的悲剧。一艘载有二十五人到三十人的德国潜艇陷入了绝望，除了等待死亡什么也干不了。猎潜舰上的监听人员密切注意着海底正在发生的事，就像可以清楚看到德国潜艇的内部一样。德国潜艇的每一次移动、潜艇兵们为拯救自己做的每一次努力，都通过监听装置清晰传到了监听人员的耳中。

突然，监听装置里传来尖锐的金属撞击声。显然，这是用锤子敲打德国潜艇的钢制船体发出来的声音。

监听人员报告说："他们正在努力维修潜艇。"

猎潜舰如果有更多深水炸弹，就会立即将德国潜艇从痛苦中解脱出来，但猎潜舰已经耗尽了所有弹药。夜色正在逼近，猎潜舰上的船员们明白，他们还要监听很长一段时间。于是，其余两艘猎潜舰前往彭赞斯寻找弹药，同时向附近的护航驱逐舰发出了消息。猎潜舰上的船员用一个浮标标记德国潜艇的位置，并在浮标上挂了一盏灯笼。两组猎潜舰准备站岗。德国潜艇随时有可能浮出水面，因此，有必要在德国潜艇附近派猎潜舰站岗。整个晚上，猎潜舰一直在待命。监听人员不时报告说水下传来了刮擦声和拉紧声，但声音越来越微弱、模糊，其中透露出德国潜艇兵的绝望。

1918年9月7日凌晨3时，一艘英国驱逐舰到达浮标附近。不久，两艘猎潜舰从彭赞斯带回了弹药。与此同时，夜色越来越暗，雾已经散去，浮标上的灯也熄灭了，浮标被潮水卷进了水底。由于天气原因，正在执行监听任务的猎潜舰失去了德国潜艇的精确方位。天亮了，天空放晴，猎潜舰再次放下监听装置，试图定位德国潜艇。监听人员监听了几个小时，但没有听到任何声音。1918年9月7日下午5时左右，监听装置里传来一声尖锐的声音，令监听人员毛骨悚然。

世界上只有一种东西能发出这样刺耳的声音,即左轮手枪发出的噼啪声。第一枪还没有彻底沉寂,第二枪又响了,接着传来一连串枪声。两艘猎潜舰上的监听人员数了数左轮手枪发出的噼啪声,双方发送的报告细节一致,从海底共传来了二十五声枪响。德国潜艇上约有二十五人到三十人,枪声意味着什么很明显。德国潜艇兵发现自己被紧紧关在"钢铁棺材"里,于是采取了最极端的逃跑措施。在可怕的战争中,自杀是德国潜艇兵经常使用的一种逃跑手段。这艘德国潜艇上的所有军官和潜艇兵几乎都自杀了。

第5节 奥特朗托拦阻线

与此同时,科孚岛的猎潜舰分遣队正在执行任务。在欧洲南部海域,海军上校查尔斯·P.纳尔逊指挥着两支舰队,共三十六艘船。事实上,美国海军军官中没有人比海军上校查尔斯·P.纳尔逊更有活力,更有效率,更受人爱戴,更具个人魅力。他被战友们称为"大胆的纳尔逊"。通过这些事实,我们对他的性格有了一定了解。"大胆的纳尔逊"的绰号并不像人们最初认为的那样,表明海军上校查尔斯·P.纳尔逊拥有敢于违反海军禁令的胆量。我认为,这个绰号是为了描述他的性格特征,因为他圆胖的体型、滑稽的表情和乐观的精神是科孚岛海军的珍贵资产。科孚岛的生活环境并不乐观,塞尔维亚人、希腊人和阿尔巴尼亚人中疾病肆虐,人们几乎没有娱乐或放松的机会。因此,由于机缘巧合,海军上校查尔斯·P.纳尔逊的存在使科孚岛散发出一种亲切、热情的气氛。多年来,海军上校查尔斯·P.纳尔逊利用讲故事的能力成为一个非常受欢迎的人。华盛顿的海军军官和政治家都很喜欢他。对他来说,没有比得到大学生海员和高级文职人员的认可更令他高兴的了。在美国舰队中,大学生士兵和高级文职人员占了很大比例。事实上,在科孚岛,海军上校查尔斯·P.纳尔逊很快成了最受欢迎的美国军官。他一直积极为挫败德国和奥地利潜艇制订计划。协约国海员和美国海员们都对他的精力印象深刻。他不仅是一个极富幽默感的人,还是一名非常睿智的水手。在战斗中,他获得了真正的快乐。在与其他军官和士兵的官方通信中，他经常将德国海军称为"德国兵"，并且坚持认为，指挥舰队的原则是"在德国兵有机会打败我们之前将他们击败"。他还有一种非常重要的天赋，即通过激励自己勉励下属。与此同时，猎潜舰船员们的警觉、活力及勇气都是对海军上校查尔斯·P.纳尔逊性格的补充。这一点很令人钦佩。

我已经提到过猎潜舰的航海能力，但科孚岛的猎潜舰取得的成就令人钦佩。科孚岛的三十六艘猎潜舰比汽艇稍微小一点，从新伦敦市航行到希腊，航行了六千英里。到达希腊的一两天后，猎潜舰就开始在奥特朗托拦阻线附近巡航。当然，如果没有其他船为猎潜舰提供汽油、进行必要的日常维修、照顾生病或受伤的船员，那么猎潜舰就不可能完成此次航行。美国海军军官们的功劳很大。在护航舰的保护下，三十六艘猎潜舰漂洋过海，几乎没有遭受损失。在穿越直布罗陀海峡的时候，猎潜舰对一艘德国潜艇发起了攻击。这艘德国潜艇给海军少将艾伯特·P.尼布拉克留下了深刻印象。海军少将艾伯特·P.尼布拉克立即给伦敦总指挥部发电报，要求派一支小舰队永久驻扎在直布罗陀海峡。

如前所述，奥特朗托海峡是反潜舰作战的理想区域。奥特朗托海峡非常狭窄，约四十英里宽，一支中等规模的舰队就可以覆盖奥特朗托海峡的所有临界区。重要的是，奥特朗托海峡的水很深，近三千六百英尺。在水很深的海域，一旦被监听装置监听到，德国潜艇根本无法利用浅水海域的逃脱方式——潜入海底，等待危机过去的方式快速逃脱。此外，德国潜艇很难穿过深水区的固定屏障。这种困难主要是由一种法兰西-意大利式的鱼雷网造成的。美国猎潜舰到达科孚岛后，为了更好地利用猎潜舰的优势和监听能力，重新设置了奥特朗托拦阻线，将巡航舰延伸了约三十五英里。在德国潜艇从亚得里亚海前往地中海的必经海域，协约国多种类型的船构成了一个强大的臂铠。臂铠最前面是一排英国驱逐舰，其主要职责是充当保护者并抵挡德国水面舰艇的炮火袭击。英国驱逐舰圆满完成了任务。接下来是一排拖网渔船，其后是漂流船、汽艇和猎潜舰，所有船队由一连串弯式气球单桅帆船连接起来。实际上，包括英国和美国的船在内，所有船都安装了美国的监听装置。监听装置运作良好。因此，德国潜艇不可能在风平浪静的时候、在没有受到监听的情况下通过奥特朗托拦阻线。德国人似乎已经习惯等待暴风雨天气过去后才试图穿越奥特朗托海峡。但即使在暴风雨天气情况下，德国潜艇也很难避免被发现。

从1918年7月到停战日，驻扎在奥特朗托海峡的协约国舰队一直在工作。指挥官的报告显示，协约国舰队与德国潜艇的有效接触非常频繁。毫无疑问，在摧毁德国潜艇的过程中，战争结束了。因此，直到奥地利投降，卡塔罗和其他地方的协约国海军军官与奥地利海军军官取得联系后，我们才知道协约国海军到底摧毁了多少艘德国潜艇。奥地利人虽然对德国盟友表现出了很强的敌意，但对美国人非常友好，甚至表达了对美国猎潜舰的赞赏。现在，奥地利人告诉我们，美国猎潜舰是造成奥地利潜艇兵变的主要原因。美国猎潜舰到达奥特朗托海峡两个星期后，奥地利潜艇不再试图穿过奥特朗托海峡。一直到战争结束，没有一艘奥地利潜艇冒险穿过奥特朗托海峡。奥地利兵变之后，所有试图穿过奥特朗托海峡的潜艇都是德国潜艇。奥地利官员说，德国潜艇兵并不享受这段经历。实际上，任何一艘想要穿过奥特朗托拦阻线的德国潜艇都会遭到轰炸。德国潜艇兵濒临崩溃。直到战争最后一个月，德国海军军官不得不用手枪逼迫德国潜艇兵进入潜艇。奥地利高级官员说，记录表明，在战争的最后三个月里，德国人在奥特朗托拦阻线失去了六艘潜艇。这一数据与我们估算的大致相符，但没有人知道究竟有多少艘德国潜艇是英国舰船击沉的，多少艘是美国猎潜舰击沉的。然而，分析奥特朗托海峡的协约国舰队取得的成就时，应该将所有协约国舰船都配备了美国监听装置这一事实考虑进去。

虽然有点儿可笑，但有证据表明，一艘英国驱逐舰利用美国监听装置击沉了一艘德国潜艇。在一个漆黑的夜晚，一艘配备了C管监听装置的英国驱逐舰一直在追击一艘德国潜艇，并且轰炸了德国潜艇，取得了令人满意的结果。然而，我曾多次呼吁人们关注反潜战中最令人气馁的一个方面，即只有在特殊情况下，我们才知道德国潜艇是否被摧毁了。现在，这艘英国驱逐舰正在作战区域努力搜索，驱逐舰上的监听人员竭尽全力寻找德国潜艇的踪迹。有一段时间，海底寂静无声。突然，监听人员发现了一段不寻常的噪音。噪音越来越清晰，和以前听过的噪音完全相同。C管监听装置由一根像水管一样的铅管组成，铅管中含有电线。电线一端被扔进了距海面十五英尺到二十英尺的水下，另一端是监听人员。几秒钟后，监听装置剧烈颤抖，监听人员听到了一阵不断增加的喧嚣声。随后，一个高大的德国人像海狮一样，滴着水出现在英国驱逐舰的一侧，两手高举表示投降。英国船员非常震惊。这个德国人是已经被击沉的德国潜艇上的唯一幸存者。当时，他匆忙逃离了潜艇的司令塔，或者以另一种方式奇迹般地逃跑了。他自己也不知道发生了什么事。在黑暗中，他挣扎着抓住了监听装置的管子，然后浮出了水面，爬到了英国驱逐舰的甲板上。如果不是因为他的逃亡，英国人可能永远不会知道自己击沉了一艘德国潜艇。

这名德国幸存者抖掉身上的水，坐了下来。他非常友善，似乎并不讨厌英国人和美国人。但他对意大利人和奥地利人极其不满，因为英国人和美国人"抛弃"了德国人，意大利人和奥地利人是背叛德国人的盟友。

这名德国人问英国军官："你是怎么和意大利人相处的？"

英国军官回答道："相处得不错。"然后夸奖了意大利人一番。

德国人继续说："我猜意大利人对你们的用处就像奥地利人对我们的用处一样。"

英国军官在给美国军官写信时，提到了这段插曲："我们已经为你们的监听装置找到了新的用途——拯救溺水的德国人。"

第6节　轰炸都拉佐港口

1918年9月28日，海军上校查尔斯·P.纳尔逊收到了英国皇家海军准将W.A.H.凯利的信。信中写道："你能不能命十二艘猎潜舰做好准备，明天离开科孚岛去执行特殊任务？这批猎潜舰需要准备好四天的储备。如果无法避免，在它们不在的时候，你可以适当减少火力进攻。请尽快答复。明天下午会有进一步的明确指令。"

对此，海军上校查尔斯·P.纳尔逊回复道："好的。"

海军上校查尔斯·P.纳尔逊很清楚信中提到的特殊任务指什么。这项任务

"达特茅斯"号

一直是他心里想的,也是他一直以来敦促的。当时,在亚得里亚海的都拉佐港,美国猎潜舰在一场激烈冲突中发挥了重要作用。都拉佐港是德国和奥地利向其盟国保加利亚运送物资的基地。1918年9月,协约国与保加利亚开战,最终以保加利亚的彻底溃败结束。都拉佐港基地遭到了破坏,为协约国的军事行动提供了有利条件。当时,几艘船停泊在都拉佐港,港口附近的许多建筑可以用来储藏军备物资。但这些船和建筑物及码头、军事工程等都遭到了严重破坏。都拉佐港变得毫无用处。因此,美国猎潜舰的任务是协助协约国舰队轰炸都拉佐港。据估计,近一个小时的猛烈轰炸将使都拉佐港变得毫无价值。为了完成这项任务,意大利人派出了三艘轻型巡洋舰,分别是"圣乔治"号、"比萨"号和"圣马可"号;英国派出了三艘轻型侦察巡洋舰,分别是"洛斯托夫特"号、"达特茅斯"号和"韦茅斯"号。根据商定的计划,意大利巡洋舰将于1918年10月2日上午10时左右抵达都拉佐港口,轰炸一个小时后返回布林迪西。有人提议,当意大利巡洋舰完成任务的时候,英国的巡洋舰继续轰炸一个小时,然后返回。在这次行动中，美国猎潜舰的任务非常重要。在都拉佐港，奥地利人有一支相当数量的潜艇舰队。人们期望奥地利人派这支潜艇舰队前去攻击轰炸都拉佐港的巡洋舰。因此，美国猎潜舰的任务是与意大利和英国的巡洋舰配合，共同对抗任何试图干扰轰炸的澳大利潜艇。海军上校查尔斯·P.纳尔逊在给指挥猎潜舰的军官们的指示中说道："要记住，巡洋舰的命运取决于你们的警惕和行动。"

1918年9月29日晚上9时，十二艘美国猎潜舰悄悄绕过科孚岛，开始横渡亚得里亚海。美国猎潜舰按照编队航行，或者按照单列纵队航行。在95号猎潜舰上，海军上校查尔斯·P.纳尔逊率领猎潜舰队前行。猎潜舰队副指挥海军少校保罗·H.巴斯特多在95号猎潜舰后面的猎潜舰上，即215号猎潜舰。表面上看，这支猎潜舰队更像一支正准备进行夏季巡航的汽艇舰队。1918年9月30日早晨，猎潜舰队到达布林迪西。布林迪西是所有即将参加此次行动的协约国舰船的聚集点，也是古代最著名的港口之一。公元前42年，盖乌斯·屋大维·奥古斯都和马库斯·安东尼从布林迪西港出发，开始远征，随后赢得了腓力比战役，征服了马其顿地区。到达布林迪西后，海军上校查尔斯·P.纳尔逊立即上岸与指挥英国巡洋舰的皇家海军准将W.A.H.凯利及其他协约国军官召开了协商会议。会议结束后，海军上校查尔斯·P.纳尔逊的脸上充满幸福和期待的笑容。

海军上校查尔斯·P.纳尔逊对自己的下属说："小伙子们，这将是一次真正的聚会。"

在布林迪西，海军上校查尔斯·P.纳尔逊待了两天，完成了准备工作。1918年10月1日夜晚，在英国"巴杰"号驱逐舰上，他召集所有军官开会，向军官们讲述即将到来的"聚会"的所有细节。会议开始的时候，一些与会人员也许显得萎靡不振。但当海军上校查尔斯·P.纳尔逊讲话完毕后，他们的沮丧情绪立即烟消云散。军官们离开的时候和海军上校查尔斯·P.纳尔逊一样，心里充满了战斗的喜悦。

1918年10月2日凌晨2时30分，猎潜舰队离开了布林迪西，径直驶向都拉佐。布林迪西的港口一片漆黑，水面上到处是协约国的巡洋舰和其他船起航时排出的烟雾。航行了几个小时后，美国军官们通过双筒望远镜第一次看到了都拉佐港。放眼望去，都拉佐港附近只能看见美国猎潜舰，因为协约国的巡洋舰还没有到达。海军上校查尔斯·P.纳尔逊知道都拉佐驻扎着两三艘奥地利驱逐舰，因此，他首先要引诱奥地利驱逐舰出港作战。随后，在都拉佐港，美国猎潜舰跳起了"战争之舞"。一开始，美国猎潜舰围绕一个大圆圈快速转动，但奥地利驱逐舰拒绝接受挑战。过了一段时间，意大利巡洋舰排出的烟雾出现在地平线上，示意美国猎潜舰占领阵地。都拉佐位于海岸的凹口处，海湾南端凸出的区域形成了拉吉角，北端凸出的区域形成了帕利角。拉吉角和帕利角之间相距约十五英里。轰炸开始后，两组猎潜舰前去掩护意大利巡洋舰，其中一组猎潜舰停泊在帕利角，主要任务是阻止奥地利潜艇前去攻击英国巡洋舰。与此同时，英国巡洋舰将从驻地出发前往作战区域。另一组猎潜舰停泊在拉吉角附近。因此，两组猎潜舰不仅阻止了奥地利潜艇出港，还有效地掩护了发起进攻的猎潜舰。

航行了约一个小时后，意大利巡洋舰抵达都拉佐港，随后摧毁了都拉佐港的航运、军事建筑和其他设施。在此次行动中，意大利巡洋舰一直受到美国猎潜舰的掩护。与此同时，由海军少校保罗·H.巴斯特多指挥的B舰队已经驶往帕利角。轰炸开始的时候，都拉佐港的炮台曾向B舰队发射炮弹。不断袭来的炮弹搅动着B舰队附近的海域。英国巡洋舰向东航行了一段时间后，转向南方，前往意大利巡洋舰即将放弃的轰炸点。三艘掩护英国巡洋舰的猎潜舰并排航行，美国海军后备役指挥官海军少尉麦克莱尔·雅各比指挥的129号猎潜舰殿后。突然，129号猎潜舰向右调转航向，开始朝目标方向迅速前进。由于太过匆忙，129号猎潜舰来不及向同行的猎潜舰发信号。

215号猎潜舰上的指挥官应该做些什么呢？

海军少校保罗·H.巴斯特多说："我们前进，129号猎潜舰也许在追逐一艘潜艇。"

于是，215号猎潜舰立即调转航向，前去追赶129号猎潜舰。与此同时，129号猎潜舰左舷正方的水面上出现一股泡沫喷泉。于是，129号猎潜舰的军官们立即对此产生了兴趣。出现泡沫喷泉的原因并不神秘，是由奥地利潜艇的潜望镜造成的。奥地利潜艇疾速向英国巡洋舰方向前进，完全忽略了周围的猎潜舰。显然，129号猎潜舰正在追击奥地利潜艇。海军少校保罗·H.巴斯特多指挥着129号猎潜舰朝泡沫喷泉方向前进。几秒钟后，他看见了奥地利潜艇的潜望镜，于是命人向潜望镜开炮。发射第二枚炮弹时，水面上升起了约六英尺高的水柱和气柱。这一壮观景象表明，奥地利潜艇的潜望镜已经被击碎了。与此同时，128号猎潜舰正全速前进。奥地利潜艇看到攻击英国巡洋舰的所有机会都消失了，于是转向南方，试图逃跑。但很快，215号猎潜舰和128号猎潜舰开始调转航向寻找目标。不久，215号猎潜舰和128号猎潜舰投下了深水炸弹并发射了Y型榴弹炮。顿时，海面上爆炸声四起，海水不断旋转，涌起很多泡沫、薄雾和潜艇残骸，空中飞着钢板和其他潜艇残骸。

215号猎潜舰甲板上的观察员喊道："击中了！"船员们欢呼着。

直到此时，海军少校保罗·H.巴斯特多和同伴们才想起129号猎潜舰。129号猎潜舰正疾速航行，向215号猎潜舰发来一条信息："发现潜艇！"

随后，129号猎潜舰又发来一条信息："我的引擎报废了。"

很快，海军少校保罗·H.巴斯特多到达了129号猎潜舰附近，问道："奥地利潜艇在哪里？"

129号猎潜舰上的船员回答道："我们只是将它击沉了。"

129号猎潜舰投下了八枚深水炸弹，其中一枚正中奥地利潜艇。海面上漂着七块金属板，随后出现的大量石油和泡沫结束了此次攻击。与此同时，英国巡洋舰已经抵达轰炸点，并且顺利完成了任务。都拉佐港彻底被毁。

美国猎潜舰队中没有人受伤。过了一段时间后，船员们的兴奋情绪已经过去。在美国猎潜舰的掩护下，英国巡洋舰开始返航。在写给我的贺信中，指挥英国巡洋舰的海军准将W.A.H.凯利表达了对美国海军的印象。他说："他们的行为让我们赞叹不已。他们都安全返回，没有人员伤亡。他们都很开心。"

意大利方面也寄来了贺信。信中写道："在轰炸都拉佐港的行动中，意大利海军总参谋部对美国猎潜舰所做的工作表示高度赞赏，同时对美国猎潜舰击沉两艘奥地利潜艇的行动感到钦佩。"

战争即将结束。协约国舰队起航前往都拉佐港的前夕，保加利亚投降。都拉佐港遭到两个星期的轰炸后，奥地利放弃抵抗。其间，美国猎潜舰逐渐显示出杀伤力，但停战结束了美国猎潜舰的职业生涯。1918年9月，在海军上校亚瑟·J.赫伯恩的指挥下，由三十六艘美国猎潜舰组成的猎潜舰队到达王后镇。虽然美国猎潜舰队与德国潜艇有过几次接触，并且击沉了一艘德国潜艇，但在美国猎潜舰开始真正发挥作用前，停战协议已经签署。在战争最后四天，美国猎潜舰队最后一次公开出现在直布罗陀海峡。由于奥地利投降，德国失去了潜艇基地，很多德国潜艇被困在亚得里亚海。因此，德国潜艇只好经地中海和直布罗陀海峡返回德国。在前去增援普利茅斯的协约国舰队的途中，十八艘美国猎潜舰刚抵达亚速尔群岛，其中七艘猎潜舰就被派往直布罗陀海峡拦截德国潜艇。在风暴季节，美国猎潜舰队到达王后镇，随后又在大风中驶离王后镇，与逃亡的德国潜艇有了几次近距离接触。记录显示，五艘德国潜艇试图穿过直布罗陀海峡，但其中两艘德国潜艇被击沉，一艘是被英国驱逐舰击沉的，另一艘是被美国猎潜舰击沉的。

第7章

美国驻伦敦海军总指挥部

第1节 美国驻伦敦海军总指挥部的构成

当美国海军与德国潜艇作战时,我正在伦敦创建美国海军总指挥部。控制各地区所有美国海军行动的总指挥部就像前线的一个指挥部,必须位于战场后方。因此,在格罗夫纳花园,许多经过改造的住宅配备了一种精巧的机械装置,用以控制从伦敦到华盛顿、从王后镇到科孚岛的海军行动。停战当天,欧洲海域的美国海军拥有约三百七十艘舰船,五千多名军官、正规军和预备役士兵,以及七万五千多名士兵。协约国建立了约四十五个基地,几乎向所有作战区域派了舰队。战争后期,美国驻伦敦海军总指挥部的高效与十八个月前的慌乱形成了鲜明对比。

1917年4月到1917年8月,在欧洲,美国海军有一个小型的幕僚组织。其间,驻伦敦的美国海军代表除了常规的海军专员及其助手,还有我和我的私人助理海军中校J.V.巴布科克。战争早期,我们唯一的办公室是美国大使馆里的一个小房间。很长一段时间里,我们没有速记员,也没有秘书。当然,英国海军专员海军上校W.D.麦克杜格尔及其工作人员给了我们很大帮助。海军中校J.V.巴布科克有一台小型打字机。他用打字机首次向美国海军部报告了德国潜艇的情况。在这段关键时期,海军中校J.V.巴布科克是我的助手,这对我来说是一件幸运的事，对美国来说也是一件幸运的事。海军中校J.V.巴布科克和我是多年的好友，当我们代表美国海军参加协约国海军行动的时候，我们不仅一起工作，还住在一起。我们的办公室要么在美国大使馆，要么在酒店里。当海军中校J.V.巴布科克在我负责的大西洋鱼雷舰队中工作的时候和在海军战争学院学习的时候，我已经注意到他的能力。战争期间，尤其是来到伦敦的前几个月里，我们的关系一直很好。我很欣赏海军中校J.V.巴布科克的性格。为了赢得战争，协约国的许多军官作出了至关重要的贡献，但公众几乎从未听说过他们的名字。此外，一些成功的军事行动体现出来的首创精神和见解大部分来自协约国军官。协约国军官兢兢业业，在自己的岗位上默默工作，为上级减轻了很多负担，并且提出了很多可以控制军事行动或影响国家政策的建议。海军中校J.V.巴布科克是协约国军官中的杰出代表，对我帮助很大。我很感激他，不仅因为他出众的工作能力，还因为他的同情、鼓励和善意的悲观主义很好地平衡了我喜怒无常的乐观主义。

我和海军中校J.V.巴布科克一起工作，一起生活，因此，我很难客观地评价他的工作，但本书应该记下他独有的成就。我已经描述了我与英国海军将领的首次协商。随后的多次协商构成了我提出的关于美国海军与盟国合作的条件基础。在所有协商会议上，海军中校J.V.巴布科克一直在我身边。此外，他独自调查了英国海军部的几个部门。我写给美国海军部的所有报告都是他准备的原始草稿。这些报告构成了美国海军参与德国无限制潜艇战的一个连贯故事。

虽然海军中校J.V.巴布科克才华出众，但人类的耐力仍然有其局限性。曾经担任海军军官的R.E.吉尔摩先生是一位住在伦敦的美国爱国商人。他请求成为美国海军志愿者，并且带来了两名优秀的英国速记员。两名英国速记员都是女孩，为美国海军服务期间尽职尽责，其薪水由R.E.吉尔摩先生支付。随后，R.E.吉尔摩先生应征入伍，加入海军预备役，并在战争期间作出了突出贡献。后来，他接到命令前往美国。在美国，他的任务是通过自己的技术知识操作一些重要设备。对美国海军来说，R.E.吉尔摩先生的经商经历非常有价值。他将所有时间和精力都投入到为美国海军提供服务中，用热情和忠诚赢得了所有人的尊重。

赫伯特·克拉克·胡佛

不久，欧洲的很多"罗德学者"[1]和来自美国的年轻人，如G.B.斯托克顿、E.H.麦考密克、T.B.基特里奇、P.F.古德、R.M.D.理查森、H.米勒德、L.S.史蒂文斯和J.C.巴亚尔容等都自愿为协约国海军服务。他们丰富的学识和经历对协约国海军帮助很大。T.B.基特里奇和G.B.斯托克顿都是非常优秀的志愿者，曾在赫伯特·克拉克·胡佛[2]手下工作，后来加入协约国海军预备役，并在战争期间继

---

[1] 罗德学者（Rhodes Scholars）指获得罗德奖学金的学生。1902年，英国商人兼政治家塞西尔·约翰·罗德（Cecil John Rhodes）创立了罗德奖学金。罗德奖学金是第一个大规模的国际研究生奖学金项目，授予对象主要是牛津大学的学生。

[2] 赫伯特·克拉克·胡佛（Herbert Clark Hoover，1874—1964），美国工程师、商人、政治家，美国第三十一任总统。"一战"爆发后，他在伦敦担任美国救济委员会主席，援助被困欧洲的美国人。

伦敦

续工作。作为总指挥部首席商务经理，G.B.斯托克顿出色地完成了自己的工作。T.B.基特里奇早先的历史研究、欧洲经历和知识储备为协约国的情报部门提供了非常有价值的服务。

美国驻伦敦大使沃尔特·海恩斯·佩奇竭尽所能帮助、鼓励我们。我刚抵达伦敦，他就邀请我去拜访他和他的工作人员，并且为我提供了很多帮助。他热情地说："我们拥有的一切都是你的。如果有必要，我愿意将美国大使馆变成街道。"战争期间，沃尔特·海恩斯·佩奇大使是美国海军的力量之塔。他利用自己丰富的经验和个人影响力帮助我们与英国政府建立了友好关系。虽然他做的一切都没有遵循外交礼节，但他的谦恭、高效、热情和真诚赢得了我们对他由衷的钦佩，同时增进了我们之间的私人感情。

1917年4月到1917年8月发生的重大事件是协约国采用了护航体系，为商船配备了武装警卫，并且成功护送第一批美国士兵抵达法国，美国驱逐舰和其他战舰陆续抵达欧洲海域。显然，1917年7月，我的助手海军中校J.V.巴布科克要完成在过去四个月中由十几个人完成的工作，他的压力很大。当美国驱逐舰和其他战舰到达欧洲海域时，我们仔细检查了人员名单，发现了一个我们认为有资格胜任参谋一职的人，并将这个人调到了美国驻伦敦海军总指挥部。我们如果要做基本的行政工作，那么有必要选择一些优秀的参谋人员。随后，分配到美国海军预备役的人员中，我们发现了许多优秀的参谋人员。于是，我们安排他们处理通信、密码等工作。1917年10月，两艘巡洋舰舰长陪同协约国海军委员会成员来到美国驻伦敦海军总指挥部。我向这两位舰长说明了美国海军需要的生活必需品。协约国海军委员会的工作人员立刻为我们配备了桌子和其他办公设备，并将所有办公设备送到了格罗夫纳花园。

  1917年8月，越来越多美国舰船陆续抵达伦敦。因此，我们必须找一个比美国大使馆更大的地方，以便处理日益增加的行政工作。英国政府曾考虑在英国海军部附近为我们建造一座临时办公楼，但由于材料短缺，只好放弃了。随后，我们搬进了美国大使馆附近的一处住所，并且在住所里添置了一些家具。但这所房子更适合家庭生活，而不是供海军处理作战事务。我们迅速清理了房子里的地毯、挂毯、花边窗帘、图片和昂贵的家具，将二十五间房变成了办公室，在房子里的每个角落配备了办公设备。几天后，工作人员搬进新办公楼，开始工作。房子里到处是打字机发出的嗡嗡声。一开始，我们觉得租这幢楼似乎有些奢侈，因为我们不可能充分利用每一个房间。但几个星期后，我们在墙上凿了洞，然后安装了门，将所有房子连在了一起，迅速将所有房子填满了。我们的工作越来越多，最后不得不借用办公楼里的六处私人住宅，并将其改造成了一个整体。1917年8月开始，我们的工作人员逐渐增多。签署停战协议时，约有一千二百名军官、现役军人和办事人员在美国驻伦敦海军总指挥部工作。美国驻伦敦海军总指挥部的工作人员由约二百名军官组成，其中六十人是正规部队的军官，其他的是预备役的军官。

  许多人对我将美国海军指挥部设在伦敦一事感到很惊讶。当时，人们认为美国海军的总指挥应该待在旗舰的后甲板上。但在这场战争中，指挥分散在各处的海军作战与指挥霍雷肖·纳尔逊时代的海军战役完全不同，就像在陆地上作战与拿破仑·波拿巴时期的陆战不同一样。人们普遍认为，我在战争期间的主要任务是指挥欧洲海域的美国海军，但事实并非如此。这场由世界几大强国参加的战争持续了四年，其间涉及很多有组织的合作战役。任何国家都不可能赢得海战，因为海战不仅要求所有人都倾尽全力，还要求将所有战役作为一个整体发挥作用。参战的所有协约国中，美国的责任是体现合作精神。战争后期，美国海军在没有任何防备的情况下加入了战争。与其他协约国海军相比，美国海军实力较弱。美国海军利用新型武器和海战战术与德国对抗不到三年，不太可能对协约国的战事作出实质性贡献。因此，我们很自然地认为，与德国潜艇长期作战的协约国海军比美国海军更了解战争，美国海军不应该独立作战，应该协助协约国海军共同作战。此外，问题的关键不是美国海军的战术是否比英国海军的战术更好或更糟糕，而是英国海军已经研发出一套独特的战术。战事紧迫，我们根本没有时间建立独立的美国舰队。通过粗略的分析，我相信美国海军可以采用英国的作战方法完成作战任务，也相信制订任何新规则的想法都会不可避免地削弱协约国海军合作的有效性，甚至导致协约国输掉战争。此外，美国海军可能建立了一个比英国海军更好的作战体系，但试图改进英国海军作战方法的计划并不值得考虑。在美国海军开发出一种高效的独立作战方法前，战争可能已经结束。因此，美国海军有责任立即采取行动加入战斗，并且在最短时间内，让每艘美国舰船和每名美国海军战士以最有效的作战方法发挥作用。因此，为了赢得战争，我决定忽视民族自豪感、海军威望和个人抱负等次要问题，让美国海军成为协约国海军的一部分，将美国舰队交给协约国海军，从而加强协约国舰队的战斗力，同时整合所有资源打败德国潜艇。关于如何分配美国猎潜舰的问题我已经做了详细描述。实际上，我将美国猎潜舰交给协约国海军委员会一事体现了美国海军需要遵循的作战原则。

美国海军高级司令部设在华盛顿、伦敦、巴黎和罗马。伦敦是协约国海军的总部所在。战争爆发前发生的一些事早已注定伦敦会成为协约国海军的总部所在地。长达四个世纪的海事发展经验使伦敦做好了迎接世界大战准备。像遵循了万有引力定律一样，来自世界各地的海军信息和海事信息向伦敦涌来。即使在和平时期，伦敦也知道世界上每艘船在特定时间的特定位置。因此，应对所有战争问题所需的机器都集中在伦敦。现在，世界商业航运总部劳埃德商船协会也已经成为英国海军部的一部分。在战争中，信息和通信问题非常关键。为了让所有决定和命令及时发挥作用，英国海军部作出的每个决定、发布的每条命令，即使是一些不重要的决定和命令，都取决于伦敦获得的所有确切信息。我不可能将美国海军总指挥部设在华盛顿、巴黎或罗马，因为这些城市无法提供准确、全面的军事情报。同样，我无法亲自指挥王后镇、布雷斯特或直布罗陀海峡的所有军事行动，因为掌控全局的工作人员必须待在伦敦，其他基地的作战行动必须由我的下属指挥。英国人打开大门，将所有的信息来源和通信设备交给我们，让我们成为英国海军的一部分。每天，我都会与英国海军将领们进行协商。美国海军军官和英国海军军官一样，可以自由获取所有重要信息。在我到达伦敦的那天，英国海军上将约翰·杰利科伯爵下达了命令，希望美国人可以看到他们希望看到的一切。我们不仅与英国海军建立了深厚友谊，还可以自行获取所有完整、详细的军事信息。如果美国海军高级司令部的总指挥部设在伦敦，那么美国将实现参战目的。

英国海军部中有一种独特氛围，能够吸引任何对海军历史感兴趣的人。英国海军部大楼让人想起了英国伟大的海军成就。协约国海军委员会开会的房间是使用了几个世纪的旧海军部会议室。按照英国的恋旧传统，现在的会议室和以前几乎完全一样，甚至连家居摆设也和霍雷肖·纳尔逊时代的摆设一样。古老的木雕挂在古老的壁炉上，我们坐的会议桌一定是霍雷肖·纳尔逊坐过很多次的会议桌。此外，霍雷肖·纳尔逊使用过的银质墨水台现在已经成为他的后继者的办公用具。会议过程中，霍雷肖·纳尔逊的画像一直俯视着我们。壁炉上方画有一个巨大的罗盘，罗盘中心是一个箭头。一百年前，罗盘是英国海军部设备的一部分。现在，除了引起人们感伤，罗盘已经别无他用。从前，罗盘中心的箭头是英国海军部屋顶上的一个风向标，主要作用是为会议大厅里的将领们展示风向。在帆船时代，风向标是非常重要的。

英国海军与美国海军所有军事行动的一般命令和计划都来自英国海军部。我的下属一直在英国海军部工作。为了让美国舰船和英国舰船统一执行英国海军部下达的一般命令和指示，各基地的指挥官负责指挥驻扎在相应港口的英美联合舰队。英国海军部下达的命令只要会影响美国海军，就必须得到美国驻伦敦海军总指挥部的签字后才能下达给美国海军指挥官。因此，美国的工作人员对驻扎在英国所有海域的美国海军拥有最高指挥权。布雷斯特、直布罗陀海峡和其他基地的情况也是如此。美国海军指挥官执行英国海军部的命令，并对美国海军与德国海军的作战负责。我负责指挥的军事行动主要集中在一片广阔海域。普利茅斯和王后镇的美国海军代表美国在欧洲海域全部海军力量的一部分，但不是最重要的部分。战争结束之前，正如我将要描述的那样，布雷斯特发展成为当时最大的海军基地。美国护航舰穿过大西洋来到布雷斯特，或者从地中海和南太平洋来到布雷斯特。除了特殊情况，在协约国商船到达指定港口之前，为协约国商船编队制定航行路线是英国海军部的职责，而不是当地指挥官的职责。如前所述，协约国商船常常改变目的地，或者让护航舰队放慢速度，或者根据新情况作出其他决定。当然，英国海军部的护航舰队指挥部负责处理这类问题。问题的关键是，我必须通过下属行使指挥权。在这一方面，我的立场与英国的道格拉斯·黑格伯爵和美国的约翰·J.潘兴将军的立场完全一致。我必须在后方维持一个强大的总指挥部，并依靠下属执行命令。

美国驻伦敦海军总指挥部由许多独立部门组成，每个部门的参谋长直接对我负责。这些部门包括一些必不可少的分支机构，譬如担任参谋长的海军上校内森·克鲁克·特文宁负责的参谋长办公室、海军上校W.R.塞克斯顿负责的助理参谋长办公室、海军中校J.V.巴布科克负责的情报部门、海军上校拜伦·A.朗负责的护航行动部门、海军上校理查德·H.利负责的反潜部门、先后由海军上校H.I.科恩和海军少校沃尔特·阿特利·爱德华兹负责的航空部门、海军少校哈罗德·雷恩斯福德·斯塔克负责的人事部门、海军少校E.G.布莱克斯里负责的通信部门、海军上校尤金·C.托比负责的物资部门、先后由海军上校S.F.史密斯和海军上校L.B.麦克布莱德负责的维修部门、先后由海军中校G.L.斯凯勒和海军中

沃尔特·阿特利·爱德华兹

校T.A.汤姆森负责的军械所、先后由海军上校F.L.普利德韦尔和海军中校埃德加·汤姆森负责的医疗部门、海军中校W.H.麦克格兰负责的法律部门、哲学教授亨利·A.巴姆斯特德博士负责的科学部门。

我很幸运地拥有了上述所有部门的负责人。担任参谋长的海军上校内森·克鲁克·特文宁一直是一名受人瞩目的军官,他注重细节,不知疲倦,能够处理不断出现的各种问题。我曾经想知道海军上校内森·克鲁克·特文宁什么时候睡觉,他几乎每时每刻都在工作。到目前为止,他似乎从来没有厌倦过自己的工作,也从来没有表现出懈怠情绪。一旦出现问题并要求指挥部下达明确指令,海军上校

内森·克鲁克·特文宁

内森·克鲁克·特文宁就会从几个部门中收集所有与该问题相关的可用数据和信息,然后花几个小时研究收集到的信息,最后作出判断。他的判断总是合理的,大多数情况下都会被采用。事实上,除了政策或外部因素的影响,他的判断几乎都会被采用。海军上校内森·克鲁克·特文宁非常聪明,有能力处理好所有事情。如果没有他在我的身边,我的工作负担一定会非常沉重,更不可能取得成功。他才华横溢、经验丰富、意志坚定,能够胜任所有部门的工作并取得辉煌成就。我非常感激他的忠诚和无私奉献,感谢他对我的工作作出的举足轻重的贡献。

根据习惯,我为精心挑选的部门负责人分配了相应的工作,也给予了他们相应的权力,并让他们为自己部门的工作负责。因为总指挥部的任务十分艰巨,所以这是唯一可以有效指挥军事行动的方法。我说有效指挥是因为在战争中,"足够好"和"明天"可能意味着灾难。也就是说,我们必须及时更新所有信息和行动。如果各人事部门和设备不能完全胜任各自的工作,那么其结果不仅会导致局部失败,还可能造成更严重的后果。在战争中,一些部门试图参加与战争有关的每件事,从而"走向瓦解"。试图控制每个细节甚至无关紧要的细节的管理恶习,是军事部门中经常出现的,也是我一直竭力避免的。格罗夫纳花园的业务扩展非常迅速,我们的办公室每天都会收到上千条信息,也会发出上千条信息,其中60%的信息都是以代码形式发送的。显而易见,军队指挥官不可能熟知与战争有关的所有细节,因此,有必要让部门负责人处理相应的事务并独立作出决定。美国驻伦敦海军总指挥部的部门负责人都很优秀。在他们共同的努力下,美国海军的行动取得了成功。海军上校拜伦·A.朗是最有才干的护航舰指挥官,海军上校L.B.麦克布莱德是最有才干的海军造船师,海军上校尤金·C.托比是最适合处理财政问题并购买物资和各种材料的人,海军上校H.I.科恩和海军少校沃尔特·阿特利·爱德华兹是最有才干的空军指挥官,海军上校理查德·H.利是最有才干的行动负责人,海军中校J.V.巴布科克是最有才干的情报军官。他们和其他十四个部门的负责人相互配合,协同作战。他们中的许多人不但对协约国海军取得胜利作出了必不可少的贡献,而且完全超出了我的预期。因此,我可以完全信任他们。譬如,我委托海军上校尤金·C.托比负责处理美国海军与协约国之间的所有金融交易,因为我对此一窍不通。海军上校尤金·C.托比只需要在众多文件中向我指出正确的位置,我就会签上我的名字,因为我完全信任他。

每天,总指挥部收到的所有电报、报告和其他信息都会提交给相关部门。部门负责人对收到的信息进行分析研究,并且自主处理大部分信息,然后挑选出一些需要仔细研究的信息。我每天会召开一次所有参谋长和部门负责人都参加的会议，在会上讨论需要共同研究决定的少数问题。会议商讨出的结果必须由我亲自处理。这种划分责任和权力的体系不仅提升了工作效率，还让部队负责人有时间处理一些极其重要的政策问题、与协约国海军的最高指挥部保持个人联系、参加协约国海军委员会的会议，以及时刻掌握整个战争局势的脉搏。大多数美国海军军官和其他国家的海军军官来自偏远驻地，但他们可以与一个能够回答所有问题并立即作出决定的人保持联系。这一点体现了美国驻伦敦海军总指挥部的有效运作机制。

在美国驻伦敦海军总指挥部中，有一个部门非常独特，为总指挥部提供了极其有价值的服务。我必须详细描述一下这个部门。我们借鉴了美国许多工业机构中非常有价值的想法，成立了一个规划部门。我认为，规划部门是第一个得到所有国家海军认可的部门。我调来了四位军官加入规划部门。四位军官分别是海军上校弗兰克·H.斯科菲尔德、海军上校达德利·赖特·诺克斯、海军上校哈里·E.亚内尔、陆军上校罗伯特·H.邓拉普。后来，海军上校哈里·E.亚内尔与

哈里·E.亚内尔

卢克·麦克纳米

罗伯特·H. 邓拉普

海军上校卢克·麦克纳米交换了位置。陆军上校罗伯特·H.邓拉普被派到法兰西指挥海军陆战队后，他的继任者是陆军上校L.麦克利特尔。这些军官尽职尽责，以向总指挥提供建议为己任。他们都是纽波特海军战争学院的毕业生，利用学院里学到的知识解决了很多战争问题。规划部门的职责是研究特定问题，为未来的行动制定计划，并对已经存在的战术进行研究。事实上，由于没有行政职责，他们可以将所有时间都花在调查美国海军的行动上，从而及时发现错误并提出建议。他们是海军战争学院的学生，做的工作都非常有价值。我给了他们很大的自由，让他们找出现有管理体制的缺陷。在美国驻伦敦海军总指挥部中，除了规划部门，没有一个部门或办公室可以自由提交坦诚的批评报告。如果可以用一种更好的方式做任何事情，我们当然想知道这是一种什么样的方式。当出现重大问题的时候，各部门会将问题提交给规划部门做报告。规划部门提交的报告的价值取决于各部门提供的信息的完整性和准确性。提供完整、准确的信息正是情报部门的职责所在。如果规划部门的工作人员想要的信息不在他们的文件中，也没有在协约国将领的文件中，或者手中的信息不是最新的信息，那么他们有责任立即得到完整信息。问题的关键是，除了仔细分析手中的书面材料并提出建议，规划部门没有其他职责。在美国海军作战的时候，规划部门的军官必须及时向我提交报告。规划部门的军官经常从德国人的角度考虑问题，时常问自己：如果指挥德国的海军行动，他们会如何挫败协约国海军？他们的记录详细描述了协约国商船被德国潜艇击沉的经过，对改进我们目前的战术帮助很大。事实上，如果这些记录落入德国人手中，将会导致非常严重的后果。美国海军和英国海军普遍认为，大多数德国潜艇指挥官不能熟练地指挥德国潜艇。规划部门收到的大部分文件由部门中最负责的工作人员管理，其余文件由英国人管理。这些文件对协约国的军事行动产生了非常大的影响。英国也成立了一个规划部门，与美国的规划部门协同作战。

规划部门非常喜欢推测德国舰队可能出动的潜艇数量。大多数海军军官认为，美国海军很可能参战。与此同时，美国派遣了五艘战舰增援英国海军上将戴维·贝蒂的舰队。因此，美国海军对战争话题越来越感兴趣了。德国人会出现吗？在战争中，德国人会获得什么或失去什么？德国人获胜的几率有多大？会在什么地方交战？现代海战的几个要素，即水雷、潜艇、战斗巡洋舰、飞机、飞艇和驱逐舰扮演了什么角色？这些都是规划部门需要处理的问题。与处理其他问题一样，规划部门处理这些问题时也是从德国人的立场出发，将自己置于德国最高统帅的位置上，凝视着德国舰队，寻找协约国舰队的弱点。规划部门的军官如果是德国人，可能会在某次交战中利用协约国舰队的弱点。规划部门发现的协约国舰队的唯一弱点来自英国海军指挥官。海军上将戴维·贝蒂是一位风度翩翩、英勇无畏的指挥官，他的优秀品质可能会转化为德国人的优势。只要有

戴维·贝蒂

机会,海军上将戴维·贝蒂就会战斗。如果有机会打败德国舰队,他会冒着所有潜在风险战斗。这是我们大家都熟知的,德国人也很熟悉。众所周知,海军上将戴维·贝蒂不太重视水雷和鱼雷。协约国的海军都拥有所谓的"鱼雷旗帜"。"鱼雷旗帜"是一种标志,当发现鱼雷时,"鱼雷旗帜"就会升起来,提醒舰船上的指挥官要改变航向,或者停止攻击。根据相关报道,海军上将戴维·贝蒂已经下令销毁所有"鱼雷旗帜"。他如果已经开始追逐德国潜艇,就会抓住机会,穿过鱼雷密布的海域,或者在一个雷区全速前进,而不是试图避开隐藏的危险。他很清楚自己很可能失去一些舰船,但认为自己可以利用剩下的舰船击沉德国潜艇。然而，规划部门的军官认为，海军上将戴维·贝蒂对"鱼雷旗帜"的轻视给了德国人重创英国舰队的机会。于是，他们根据自己的分析制定了一项针对斯卡帕湾的攻击计划。他们将自己想象成德国海军指挥官，将大量的鱼雷快艇、潜艇和雷区部署在一个非常有利的位置。然后，他们提议将德国舰队派往斯卡帕湾攻击英国舰队，将英国舰队引到埋有鱼雷和水雷的海域。他们的计划也许永远不会成功，但我们认为，这项计划是德国削弱英国舰队并赢得战争的唯一机会。换句话说，我的属下如果发现自己处在德国人的位置上，那么很可能会使用这一计划。我将相关报告非正式地提交给了英国海军部，因为我认为英国军官可能会觉得这项计划很有趣。英国海军和美国海军相互配合，英国人倾向接受美国海军提出的建议。因此，我提交的报告被立即送到了海军上将戴维·贝蒂手中。

第2节 协约国海军委员会

事实上，我非常庆幸自己能成立一个规划部门，并将各部门的管理工作交给我信赖的负责人，因为这让我有时间处理更重要的工作，即出席协约国海军委员会的会议。每天，我都会与协约国的各级官员召开会议。协约国海军委员会是指挥协约国海军作战的总司令部。1917年11月29日，协约国联合政府正式组建了协约国海军委员会，但战争开始后，协约国海军委员会一直在发挥作用。协约国的海军将领经常会面并召开会议，讨论每一阶段的作战情况，最后作出相应的决定或判断。如果没有协约国海军委员会，或没有协约国海军委员会的支持，协约国海军的部署就会出现重复，大大降低作战效率。协约国海军委员会召开的会议不仅讨论协约国海军的战略问题，还关注许多公众不感兴趣但至关重要的实际问题。在战争中，煤炭、石油和其他燃料的作用几乎和舰船与海军的作用一样重要。然而，与舰船和海军一样，燃料数量有限。舰船指挥官必须像对待武器那样，谨慎分配并节约使用燃料。德国潜艇不断改变作战策略，有时会聚集在某一特定区域内作战，有时会分散出现在其他区域。因此，面对德国潜艇新的战略部署，协约国海军必须重新调整战略应对德国人的战术。海军委员会一旦得知德国人的战术变化，就必须立即调整协约国海军的战术。显然，协约国海军要想取得胜利，就必须在获得完整的即时信息后，立即作出决定并采取行动。于是，协约国海军委员会应运而生。协约国海军委员会掌握了所有信息，可以及时采取行动或作出决定，同时对各支舰队的要求作出回应。到达伦敦后，我的首要任务之一是参加巴黎的一个委员会会议。随后，协约国海军委员会开始频繁召开会议。

协约国海军委员会讨论的问题非常重要。因此，参加会议不仅有趣，还让我有机会与欧洲海军中最能干的指挥官亲密接触。在伦敦召开的第一届协约国海军委员会会议上，海军上将约翰·杰利科伯爵主持了会议。我已经描述了我对海军上将约翰·杰利科伯爵的第一印象，后来发生的事让我对他更钦佩。一位英国妇女曾说，海军上将约翰·杰利科伯爵是"一位伟大的绅士"。这句描述几乎不需要改动。埃里克·格迪斯爵士本来是一名工程师，为驻扎在法国的英国军队修建公路和通信设施。后来，他成为英国海军的文职人员负责人，很快掌握了管理海军的所有细节，令其他人感到很惊讶。埃里克·格迪斯爵士是英国人，但我们更倾向认为他是美国人，因为他曾在美国接受业务培训并在巴尔的摩和俄亥俄铁路公司做过学徒。我曾经是伦敦的英国国家体育俱乐部的常客之一。在英国国家体育俱乐部中，我常看到人们用责备的眼光看待埃里克·格迪斯爵士，认为他身型过于庞大。一些人为埃里克·格迪斯爵士错过成为拳击手的机会感到遗憾。实际上，埃里克·格迪斯爵士非常睿智，身材高大，体型健壮，身手敏捷，拥有敏锐的洞察力。一些最有资格作出判断的人认为，他会成为拳击史上最伟大的重量级拳击手之一。我相信埃里克·格迪斯爵士只要稍加训练，就能在职业拳击场上大放异彩。然而，他的志向并不在拳击场上。从美国回到英国后，他开启了一段辉煌的商业生涯。他代表我们经常说的"白手起家的人"，也就是说，他没有依靠任何人的帮助，独自一人一路奋斗到了顶峰。进入英国海军部后，他成为爱德华·卡森爵士的继任者，为英国政界带来了新气象。在此之前，埃里克·格迪斯爵士从未涉足过政治，而且战争开始前，他在政治圈里几乎不为人知。但由于战事的发展，英国政府不得不在不考虑政治经验的情况下，"征

西奥多·罗斯福

募"国内有能力的管理人才。因此,埃里克·格迪斯爵士进入了英国海军部门。他很快掌握了海战局势,不仅可以主持协约国海军委员会召开的会议,而且把握了各方代表提出的所有问题。我曾听一些与会的海军专家说,如果不知道真实情况,那么他们几乎不会怀疑埃里克·格迪斯爵士不是海军军官。我们不仅钦佩埃里克·格迪斯爵士的管理能力和在会议中扮演的重要角色,而且钦佩他擅长用一些精炼的短语总结会议结论。总之,埃里克·格迪斯爵士是一个得到西奥多·罗斯福总统称赞的人,也是一个体格健壮、精力充沛、洞察力敏锐的人,可以胜任任何工作。

然而，当谈到说话技巧时，与大多数法兰西海军军官相比，特别是与代表法国风格的两位海军将领玛利-让-吕西安·拉卡兹和斐迪南·德·邦相比，美国海军军官表现不佳。与海军少将玛利-让-吕西安·拉卡兹接触后，很容易理解法兰西海军军官对他的爱戴。海军少将玛利-让-吕西安·拉卡兹体格瘦小，留着尖尖的灰色胡子，待人真诚、礼貌，拥有法兰西人最优秀的品质和魅力。说话时，他体现了法兰西人真诚的演讲技巧和睿智的准确陈述。熟悉海军上将玛利-让-吕西安·拉卡兹的人也许认为，他会是一名模范丈夫，一名模范父亲，同时是一

玛利-让-吕西安·拉卡兹

名模范祖父。然而,令我感到惊讶的是,他至今还没有结婚。但我确信他是所有熟人的孩子的叔叔。作为法国海军部部长,他曾担任协约国委员会主席。

海军上将玛利-让-吕西安·拉卡兹的同事——法兰西海军参谋长海军中将斐迪南·德·邦是一位值得尊敬的将领。他是一个有英雄气概的人,拥有一头白发,留着方形的白胡子,一眼看上去给人一种沧桑的感觉。然而,他脸庞红润,脸上没有一丝皱纹,身材挺拔,拥有一双明亮的蓝眼睛,说话时很有活力,让人觉得他还很年轻。与英国海军相比,法兰西海军的规模并不大,但海军中将斐迪南·德·邦为协约国的海军力量作出的贡献可以与英国无畏战舰相提并论。美国人对海军中将斐迪南·德·邦不太熟悉,但几乎所有海军士兵普遍认为,他是协约国海军委员会里最热心的人。他身上没有任何让人感到讨厌的自信或傲慢。他的举止得体且充满魅力。他是我见过的最具说服力的人。每当有重要事情发生时,我们本能地会向海军中将斐迪南·德·邦寻求意见。当他站起来说话的时候,协约国海军委员会中的其他成员会将他的话都记下来,因为他是一位杰出的演说家。懂法语的人可以轻易听懂他的演讲,因为他的语言简洁精练,措辞准确,表达清晰,每个音节都能让人听懂。他的演讲非常完美,甚至可能会让人怀疑他之前写好了演讲稿。但事实并非如此,他只是张开嘴,话语就自然流露出来了,每一句话和每一个字都不需要犹豫。正如我说的那样,他的演讲不仅无可辩驳,还充满实质性内容。他在公共场合表现出来的魅力也体现在他的家庭生活中。我们在巴黎开会时,他的夫人和女儿们经常在午宴上款待我们,让我们感到非常愉快。这一经历也让我们中的许多人感到遗憾,因为在巴黎开会的机会很少。

在协约国海军委员会中,还有日本代表海军少将富名越和意大利代表海军中将保罗·塔翁·迪雷韦尔。海军少将富名越是日本驻伦敦的海军专员,并且很有声望,成就颇高。在一些方面,他看上去不像传统的日本人,因为他身材高大,体格健壮,身上没有什么"不可思议"的东西。事实上,他非常直率和真诚,不喜欢绕弯子。伦敦一家报纸曾评论道:"意大利海军中将保罗·塔翁·迪雷韦尔和海军上将威廉·索登·西姆斯不一样,他看起来一点儿都不像水手。"海军少将

保罗·塔翁·迪雷韦尔

富名越觉得这条评论很有趣,忍不住向我打趣。我们之间非常熟悉,因此并不介意彼此开开玩笑。在战争中,海军少将富名越的表现算不上糟糕。意大利海军中将保罗·塔翁·迪雷韦尔是我们的快乐源泉。有人说他其实是一个逃到意大利的爱尔兰人。这一说法是真实的。他拥有红色的头发和红色的胡须,身材矮小结实,几乎让人相信科克郡是他的故乡。他坚持自己的观点,总是认为自己的观点非常合理。如果他的观点遭到质疑,他并不会表现得很有耐心。但大多数时候,他是一个彬彬有礼、精力充沛的人,总能给周围的人带来欢乐,很受其他代表的欢迎。意大利政府很赞赏他的工作表现，因为他通过自己的努力成为一名海军上将，但意大利政府很少授予海军军官上将军衔。

　　协约国海军委员会中的各国将领指挥协约国海军打败了德国人。协约国海军委员会的工作十分艰巨，但只有极少数海军军官有机会接触协约国海军委员会的工作。委员会中的军官们恪尽职守，面对令人不安的局势，没有一个人表现出丝毫沮丧情绪。需要立即作出决定时，也没有一个人有丝毫动摇。历史上很少有类似的和谐联盟。在协调协约国海军抗击德国潜艇的行动中，协约国海军委员会尽了最大努力。

第8章

协约国潜艇

第1节 "潜艇不能与潜艇作战"

为了对抗德国潜艇，协约国海军研发出了几种作战方法，但关于这些作战方法的优点我可能给了读者一种错误印象。在解决最令人头疼的战争问题时，驱逐舰、巡逻艇、猎潜舰和伪装猎潜舰都取得了巨大成就。人们普遍认为，在搜索德国潜艇方面，成就最高的是驱逐舰。此外，就数据而言，驱逐舰的成就确实是最高的。驱逐舰利用深水炸弹和大炮击沉了很多德国潜艇。然而，最具毁灭性的战舰并不是驱逐舰。迄今为止，在摧毁德国潜艇方面，人们还没有听说过最具毁灭性的战舰取得的成就。德国潜艇吸引了世界各国的注意力，因此，面对海下航行的潜艇，新闻读者很少会怀疑是其他国家的潜艇。绝大多数人听说过U型潜艇，但很少有人听说过H型潜艇、E型潜艇、K型潜艇和L型潜艇。H型潜艇、E型潜艇和K型潜艇都是英国潜艇，L型潜艇是美国潜艇。在摧毁德国潜艇的过程中，与水面舰艇相比，协约国潜艇的行动更成功。协约国约有五百艘驱逐舰。这些驱逐舰利用大炮和深水炸弹击沉了三十四艘德国潜艇。此外，协约国的辅助巡航船如拖网渔船、游艇等约有三千艘，击沉了三十一艘德国潜艇。协约国拥有的潜艇只有约一百艘，却击沉了二十艘德国潜艇。显而易见，因为协约国拥有的驱逐舰数量是协约国潜艇数量的五倍，所以协约国潜艇击沉德国潜艇的记录超过了最强大的水面反潜舰击沉德国潜艇的记录。

因此，不可否认的一个事实是：潜艇最致命的对手是潜艇本身。显然，水下战争像是一种需要以毒攻毒的疾病。在某种程度上，这一事实是海军行动中最令人震惊的事实。有趣的是，关于协约国潜艇的结论彻底推翻了美国刚刚参战时的所有想法。在历史上，当潜艇第一次出现的时候，潜艇最与众不同的特点是不能用潜艇对战潜艇。作家们喜欢指出，战舰可以与战舰作战，巡洋舰可以与巡洋舰作战，驱逐舰可以与驱逐舰作战，但潜艇不能与潜艇作战。由于潜艇的这一特点，英国引入潜艇似乎是一件危险的事。一百多年以来，人们一直认为，对实力相对较弱的海上强国来说，潜艇非常重要。19世纪，潜艇在海战中出现了很多次。值得注意的是，人们总是认为潜艇是摧毁英国舰队的有效方式。

现代潜艇的发明者是耶鲁大学的本科生戴维·布什内尔。曾任英国海军首席海军军官的威廉·怀特爵士认为，戴维·布什内尔发明的著名的"海龟"号潜

威廉·怀特爵士

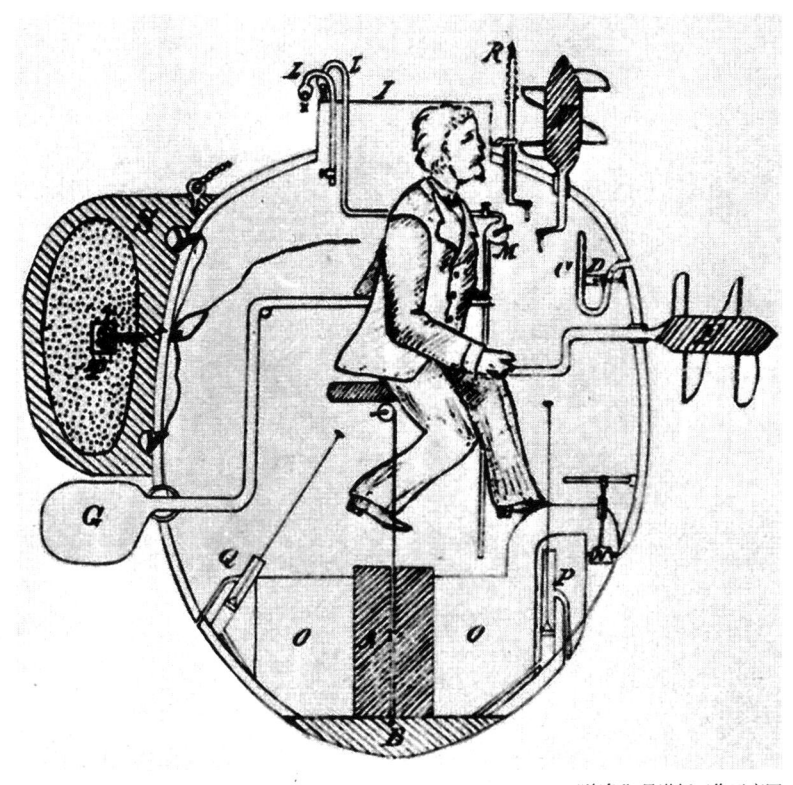

"海龟"号潜艇工作示意图

艇包含现代潜艇在浮力、稳定性和深度控制等方面需要遵循的基本原则。1905年,威廉·怀特爵士说:"自戴维·布什内尔之后,在设计潜艇方面,没有人发现或应用任何新原则。戴维·布什内尔向后人指明了研究潜艇的道路。我们虽然发现了替代一些基本要素的方法,并进行了实际测试,但最终发现,戴维·布什内尔的设计是最好的。"戴维·布什内尔设计的潜艇的主要灵感来自对英国的敌意,因为当时英国正与美国交战。1777年,戴维·布什内尔发明了潜艇,其目的是击沉停靠在美国海岸的英国军舰,切断英国与北美洲之间的航道,从而帮助美国人获得自由。戴维·布什内尔的雄心壮志并没有实现,因为当时几乎没有必要这样做。我想强调的一点是,戴维·布什内尔认为,美国可以利用他发明的潜艇剥夺英国的海上霸主地位。他的继任者罗伯特·富尔顿受到类似抱负的启发,于1801年发明了"鹦鹉螺"号潜艇,并且将"鹦鹉螺"号潜艇驶进了布雷斯特,炸

拿破仑·波拿巴

毁了一艘商船。这一激动人心的尝试是为了让拿破仑·波拿巴相信,有一种方法可以摧毁英国舰队,从而剥夺英国的海上控制权。尽管这次试验振奋人心,但没有让拿破仑·波拿巴相信潜艇的价值。因此,罗伯特·富尔顿将自己发明的潜艇带到了英国,并将其展示给了当时的英国首相威廉·皮特。虽然潜艇给英国首相威廉·皮特留下了深刻印象，但他并不认为潜艇能激起英国人的极大热情，并且说："如果我们采用潜艇作战，那么将会导致英国海军的终结。"

英国首相威廉·皮特虽然并不看好潜艇，但还是将罗伯特·富尔顿推荐给了当时的海军大臣圣文森特伯爵约翰·杰维斯。

圣文森特伯爵约翰·杰维斯说："威廉·皮特是世界上最大的傻瓜。他为什么要鼓励一种对主宰海洋的人来说毫无用处的战争呢？如果战争获胜，英国的海上霸权就会被剥夺。"

威廉·皮特

约翰·杰维斯

圣文森特伯爵约翰·杰维斯的反对理由很明显，他认为目前为止，潜艇似乎没有对手。在他看来，潜艇可以长时间在水下航行，可以在不被发现的情况下接近大型战舰，并且可以随心所欲地摧毁战舰。在这种情况下，一个拥有两艘到三艘潜艇的国家可以消灭整个英国舰队。因此，显而易见，潜艇对英国海军毫无用处。潜艇如果能够完成安排给它的任务，那么拥有潜艇的国家将成为新的海上霸主。但因为英国已经控制了海洋，所以潜艇对英国来说就是多余的。然而，如果潜艇掌握在一个海军力量较弱的国家手中，并且这个国家想要夺得海上霸权又不想遭受损失,那么潜艇就为该国提供了一个打败英国舰队的机会。如果一艘潜艇可以摧毁另一艘潜艇,那么潜艇将构不成威胁,因为到时候,为了控制大海,很多国家会建立一支强大的潜艇舰队。但一直待在水下的潜艇怎样在黑暗中找到进攻机会呢? 鉴于上述考虑,圣文森特伯爵约翰·杰维斯和其他英国专家似乎很清楚,英国的最大利益不是通过发展潜艇获得的,而是通过压制潜艇获得的。罗伯特·富尔顿的传记作者暗示,英国政府向罗伯特·富尔顿提供了很多资金,让他将潜艇带回美国,然后忘掉一切。罗伯特·富尔顿给格兰维尔伯爵格

罗伯特·富尔顿

格兰维尔·莱韦森-高尔

兰维尔·莱韦森-高尔写了一封信,说:"除非每年给我两万英镑,否则我不会按照你说的去做。"但罗伯特·富尔顿的发明似乎没有市场,于是失望地回到了美国,并将所有时间花在了研究蒸汽船上。针对潜艇的防御能力,罗伯特·富尔顿的观点和当时占主导地位的观点一样,他说:"潜艇不能与潜艇作战。"

现代海军采用的潜艇是约翰·菲利普·霍兰设计的。约翰·菲利普·霍兰是爱尔兰裔美国人,也是芬尼兄弟会的成员。他认为潜艇是摧毁英国海军的唯一手段，他设计的潜艇完全可以用来摧毁英国海军，封锁英国海岸，从而为爱尔兰争取自由。因此，他设计的第一艘潜艇被称为"芬尼亚公羊"号潜艇，但这艘潜艇根本不是一艘"有撞角的军舰"。约翰·菲利普·霍兰一直坚持认为，潜艇在海战中没有对手。他高兴地叫道："你没有可以对付潜艇的办法，甚至连潜艇自己也不行。"

19世纪90年代末，英国议会辩论记录文件表明，英国海军领导人也认为潜艇没有对手。1900年，担任英国海军大臣的乔治·戈申子爵认为潜艇不值得考

约翰·菲利普·霍兰

乔治·戈申子爵

虑。他说:"利用潜艇作战的想法是一种病态的想法。在海战中,我们不需要注意潜艇。潜艇是实力较弱的国家的武器。"但不久,阿诺德·弗尔斯特对乔治·戈申子爵的观点表示反对。他说:"如果乔治·戈申子爵是因为控制潜艇的问题还没有得到解决而建议我们不应该建造潜艇,那么我应该认真考虑是否与他进行辩论。但乔治·戈申子爵并没有说过这样的话,他说海军部不愿意承担任何潜艇项目的费用,因为潜艇是弱小国家的武器。但如果潜艇非常实用,那么拥有潜艇的国家将不再弱小,甚至会变得十分强大。我们比其他任何国家都更有理由害怕潜艇。因此,在其他国家努力解决潜艇问题时,我们却不去解决潜艇问题,这是不明智的。乔治·戈申子爵再次说道:'应对潜艇攻击的最佳方式正在得到更多关注。'因此，只有关于如何对抗潜艇的建议才是有价值的。似乎可以肯定的是，必须从其他方面寻找应对潜艇的方法，而不是靠我们自己建造潜艇，因为很明显，一艘潜艇不能与另一艘潜艇作战。"

第一次世界大战爆发前，所有国家的专业海军都认为，潜艇不能与潜艇作战。然而，战争持续了几个月后，有证据证明这个想法是荒谬的。正如已经说过的那样，实战很快证明：潜艇能够对抗潜艇，并且潜艇是最有效的反潜舰。因此，英国海军部立即开始设计一种可以快速行驶的特殊狩猎潜艇。

事实上，大众对潜艇的态度仍然受到法国科幻小说家儒勒·凡尔纳的影响。一种倾向认为，潜艇是一种拥有隐身能力的船，几乎一直在水下秘密航行，从来

儒勒·凡尔纳

德国潜艇攻击一艘协约国商船

没有暴露过自己的踪迹,并且可以随时浮出水面发射鱼雷。然而,关于潜艇的这些描述无疑是错误的。重要的是,我们应该时刻牢记,在大部分时间,潜艇是一艘水面舰艇。实际上,从苏格兰和爱尔兰海域附近的黑尔戈兰湾航行到大西洋贸易航线的途中,德国U型潜艇一直都在水面上航行。几个星期以来,德国U型潜艇四处寻找目标,几乎一直待在水面上。水面巡航让德国U型潜艇感到非常疲倦。只有两种情况会迫使德国潜艇潜入水下。第一种是当德国潜艇探测到一艘商船时,它会潜入水下,因为鱼雷能否击中目标完全取决于潜艇的水下行动。第二种是德国潜艇发现了一艘驱逐舰或其他危险的巡航船,因为正如人们说的那样,德国潜艇无法与驱逐舰作战。因此,只有在遇到危险时,德国潜艇才会潜入水下。危机出现的时候,德国潜艇要么逃离,要么发动攻击。

在一次巡航中,德国潜艇潜入水下的时间只占整个巡航过程的一小部分。然而,德国潜艇必须时刻准备潜入水下,这也是德国潜艇不得不长时间待在水面上的原因。潜艇有两套引擎,一套用于水面航行,另一套用于水下航行。重油发动机推动潜艇在水面上航行,但需要消耗大量空气。因此,在水下航行时,潜艇无法使用重油发动机。一旦潜艇潜入水下,就会将动力转化成电动马达,电动马达不会消耗维持潜艇兵生命所需的氧气。但由于尺寸限制,潜艇无法携带大型存储电池,导致潜艇在水下的巡航半径非常小,不超过五十英里或六十英里。为了给电池充电并获得水下航行的动力,潜艇必须浮出水面。然而,潜艇只有在水下才能完成击毁目标船的任务,并且只能潜入水里才能避开水面上的战舰。因此,潜艇必须时刻准备潜入水下并在水下保持长时间航行。也就是说,潜艇的存储电池必须始终保持最高效率,不应该被不必要的航行浪费掉。换句话说,除了试图攻击协约国商船或逃离危险时所需的短暂时间,德国潜艇必须一直待在水面上。在德国潜艇的一生中,最大的悲剧就是电池耗尽时遇到驱逐舰。如果在浅水区遇到驱逐舰,那么德国潜艇可以潜入水下,否则德国潜艇不能潜入水下,因为只有在浅水区,德国潜艇才有可能逃离危险。即使德国潜艇还有一点电,并且已经成功潜入水下,也不能在水下停留太长时间,因为电力很快会消耗完。电力消耗完后,德国潜艇要么浮出水面投降,要么被摧毁。德国潜艇的成功取决于可以停留在水面上的时间。尽可能保持电力充足可以使德国潜艇随时潜入水下,并长时间待在水下。事实上,潜艇本身的存在也是这样的。

纯粹的机械限制解释了德国潜艇为什么不是普遍意义上的潜艇。但德国潜艇只要与水面舰艇作战,长时间停留在水面上的事实就不算什么缺点。即使德国潜艇的大部分甲板暴露在水面上,在茫茫的大海上,德国潜艇也只是一种相对较小的船。我已经说过驱逐舰和其他巡航舰在试图追捕德国潜艇的过程中存在巨大劣势。驱逐舰虽然体型较小,但和德国潜艇相比大很多。因此,水面上航行的德国潜艇的监视哨可以在暴露前发现驱逐舰。当驱逐舰即将出现的时候,德国潜艇能做的就是躲避在水下,等到驱逐舰离开后浮出水面继续航行。采用护航体系之前,协约国海军主要依靠驱逐舰和其他水面舰船寻找德国潜艇。德国潜艇经常和协约国的巡航舰出现在同一片海域,偶尔会潜入水下隐藏自己的踪迹。但我们可以想象一下,除了携有深水炸弹、鱼雷和大炮以及撞击能力,驱逐舰还有另一种特性。设想一下,如果驱逐舰和德国潜艇一样,可以在水下航行,可以安装一个潜望镜用以观察广阔视野范围内的所有东西,那么当驱逐舰发现一艘德国潜艇时,可以在水下快速接近目标并发射鱼雷。显然,可以在水下航行的驱逐舰会剥夺德国潜艇的唯一优势——隐藏能力。

没有一艘驱逐舰能够完成潜入水下击毁德国潜艇的壮举。事实上,有一种船可以做到,即潜艇。这一例证立刻说明了协约国潜艇为什么是德国潜艇最可怕的对手的原因。显然,罗伯特·富尔顿、约翰·菲利普·霍兰和其他人宣布潜艇不能与潜艇作战时,并没有预见到潜艇的正确使用方式。他们将潜艇视为一种可以在水下长时间航行的船,认为潜艇只偶尔浮出水面获得新鲜空气。此外,他们很清楚,几乎所有时间都待在水下的潜艇不能互相作战,因为水下的潜艇无法看见彼此。在这种情况下,两艘潜艇之间的战斗就像两个被蒙住双眼的拳击手之间的比赛。早期潜艇也无法在水面上作战,因为即使面临武器威胁,潜艇也可以迅速潜入水下拒绝战斗。罗伯特·富尔顿和约翰·菲利普·霍兰认为,潜艇之间的战斗就是两艘潜艇在水下相互撞击。许多早期的珍贵照片描绘了潜艇之间激动人心的深海作战,照片上的潜艇看起来像一个巨大的海怪,耀眼的探照灯可怕地射向对方。战败的潜艇之所以战败是因为遭到对方偷袭,但战败潜艇也经常偷袭水面舰艇。

重要的是,在潜艇与潜艇的对战中,与德国潜艇相比,协约国潜艇拥有一个巨大的优势。正如已经解释过的那样,大部分时间,U-53潜艇、"瓦伦丁纳"号潜艇、"莫拉特"号潜艇和其他德国潜艇不得不待在水面上,以便节约电池的电力,从而可以在协约国驱逐舰靠近时迅速潜入水下。但协约国潜艇指挥官并不需要保持待定状态,因为协约国潜艇不会遇到水面上的危险。驻扎在斯卡帕湾的协约国舰队发现,德国的水面舰艇不会在公海上航行。事实上,协约国潜艇偶尔也会遭到协约国驱逐舰的攻击。然而,这种情况虽然经常发生,但不会干扰协约国海军的行动。这一点看起来似乎自相矛盾,但又是完全真实的,因为协约国潜艇不需要随时准备潜入水下。实际上,协约国潜艇可能大部分时间都在水下,因为它们不需要被迫节约电力。因此,在追捕德国潜艇方面,协约国潜艇拥有很大优势。英国和美国的潜艇可以潜入水下充电,并且可以快速前进,在"潜望镜深度"处保持水平位置。也就是说,只要有足够的深度,协约国潜艇就可以投射潜望镜。协约国潜艇的航行速度非常慢,约每小时一英里。在不耗尽电池的情况下,协约国潜艇可以航行一整天。

事实证明,德国潜艇大部分时间都在水面上航行,潜艇的司令塔和甲板也暴露在水面上。但协约国潜艇大部分时间都在水下,偶尔会投射潜望镜。在不被发现的情况下,德国潜艇可以发现协约国驱逐舰。同样,协约国潜艇的潜望镜在进入德国潜艇的司令塔视线范围内之前,可能已经发现水面上的德国潜艇。协约国潜艇的指挥官可能会在水下用潜望镜扫视海面,直到发现德国潜艇。然后,协约国潜艇依然会待在水下,以免被德国潜艇发现,同时悄悄地航行到鱼雷的射程范围内,将鱼雷发射到德国潜艇上。像德国潜艇袭击没有抵御能力的协约国商船那样,现在,在没有收到任何警告的情况下,德国潜艇也遭到了同样的袭击。然而,因为德国潜艇是一种交战船,所以协约国潜艇的行动没有违反国际法。

第2节 协约国潜艇的成就

和其他巡航舰一样,协约国潜艇大部分时间都待在不列颠群岛入口处的限定海域内。协约国潜艇最喜欢的海域是英吉利海峡、爱尔兰海南部入口圣乔治海峡和苏格兰与爱尔兰之间的北部通道。读者可能记得,在这些海域,护航舰队分开后,协约国商船通常是单独前往目的地的,其中很多商船要么完全没有护航舰的保护,要么没有得到有效护航。因此,这些海域成为德国潜艇攻击单艘协约国商船的最佳地点。协约国将这些海域分成了几块,每一块用一个字母表示并由一艘协约国潜艇巡航。一般情况下,协约国潜艇一直在各自分配到的海域内巡航,并且会用特有的"钢坯"进行巡航。只有在追捕德国潜艇的时候,协约国潜艇才能离开限定海域。与此同时,协约国潜艇也在北海搜寻德国潜艇,而德国潜艇必须通过黑尔戈兰湾的雷区或丹麦与挪威之间的斯卡格拉克海峡。

如前所述,协约国潜艇白天一直待在水下,潜望镜每隔十五分钟会暴露在水面上,搜索几英里范围内的海面。当夜幕降临时,协约国潜艇通常会出现在水面上，开始吸入新鲜空气并给电池充电。与此同时，潜艇上的潜艇兵们抓住机会放松一下，看看海面上的世界。协约国潜艇大部分时间都在水下，但德国潜艇大部分时间都在水面上。因此，在军事方面，协约国潜艇占据了很大优势，但也使协约国潜艇的工作更加艰难。即使在寒冷的冬天，协约国潜艇的船舱内也没有暖气，因为释放暖气会消耗很多电量。潜艇内部的温度一般是其航行时的水温。寒冷的空气中夹杂着发动机的油味和食物的气味，潜艇兵们在不能洗澡甚至不能洗脸的情况下，连续航行好几天。在航行途中，协约国潜艇的稳定性并不完美，很多潜艇兵甚至是有经验的潜艇兵经常会晕船。有时，由于不稳定的航行，潜艇上的潜艇兵几乎不可能待在一个位置，也不可能按时睡觉。可怜的潜艇兵可能会打瞌睡，但倾斜的潜艇会使潜艇兵在甲板上爬来爬去。由于船舱内气温太低，潜艇兵们几乎不能写字；由于光线很暗，潜艇兵们也不能读书。潜艇兵们可以吸烟但受到一定限制。但有时，由于氧气不足，潜艇兵们只有不断猛吸才能使香烟燃烧起来。最令人烦恼的是，天气越来越冷，潜艇船舷两边的空气会凝结，船舱内的所有东西几乎都受潮了。当潜艇兵们躺在床上时，湿气就像雨滴一样挂在他们身上。在水面上待几个小时后，这种不舒适的感觉会产生一种叫"被麻醉"的精神状态。

一次巡航通常会持续八天。巡航结束时，许多潜艇兵会"疲乏到极点"，其中一些潜艇兵已经筋疲力竭。但肉体上的痛苦是最难以忍受的。协约国潜艇随时可能触碰到一枚德国潜艇布下的水雷。令人苦恼的是，英国或美国的潜艇与德国潜艇一样，很可能会遭到协约国水面舰船的袭击。一开始，协约国潜艇上安装了识别信号，预计协约国水面舰船会识别出水面上的协约国潜艇。有时，协约国水面舰船会根据信号成功识别出协约国潜艇。但大多数时候，信号并没有什么作用。英国和美国驱逐舰对自己的潜艇发动的攻击表明，信号无法为协约国潜艇提供有效保护。协约国海军委员会规定，协约国驱逐舰和巡航船都要击沉看到的任何一艘潜艇，除非有明确信息表明对方是协约国潜艇。因此，在很大程度上，协约国潜艇上的潜艇兵与德国潜艇上的潜艇兵面临的危险一样。协约国潜艇上的潜艇兵体会过被很多深水炸弹包围的感觉，他们不得不忍受自己人对自己造成的威胁。类似的情况即使不是很多，也很有可能随时发生。因此，当协约国潜艇看到远处的协约国驱逐舰时，通常会像德国潜艇在同样的情况下表现出来的那样，迅速潜入水下。换句话说，协约国潜艇上的潜艇兵不愿冒着生命危险证明自己的身份，更愿意伪装成谨慎的德国潜艇。一天，一艘美国潜艇在水面上航行时，看到了一艘美国驱逐舰。潜艇上的潜艇兵们欢呼起来，因为当他们陷入深深的孤独中时，终于看到了一艘自己国家的船。然后，美国潜艇发出了日志中详细记录的所有识别信号，等待美国驱逐舰驶过来。然而，回应美国潜艇的不是友好的问候，而是约二十枚炮弹。炮弹落在了美国潜艇的周围。美国潜艇被迫迅速潜入水下六十英尺的地方。几分钟后，美国潜艇周围的深水炸弹爆炸了。潜艇的船板剧烈摇晃起来，船舱内的灯光熄灭了。美国驱逐舰似乎在逐渐靠近。于是，美国潜艇再次努力浮出水面，发出了军官们能想到的所有识别信号。这一次，美国潜艇成功了。美国驱逐舰越来越近，驱逐舰上的指挥官站在船桥上喊道：

"你是谁？"

"美国L-10潜艇。"

船桥上传来一个熟悉的声音："祝你好运，这是比尔。"

美国驱逐舰的指挥官和美国潜艇的指挥官曾是安纳波利斯的大学室友。

在其他方面，协约国潜艇和德国潜艇有着类似的经历。协约国潜艇的冒险之旅点亮了德国无限制潜艇战，同时是德国人赢得战争的依靠。德国潜艇上的观察员通过潜望镜发现大量协约国商船陆续驶进港口。协约国商船继续航行，完全无视周围的潜望镜。德国潜艇一直注视着驶入港口的协约国商船。

德国潜艇上的观察员自言自语道："要击沉商船可真容易啊！"由于协约国反潜舰的加入，德国潜艇面临的危险越来越多，但攻击协约国商船并不困难。在潜艇上待了几个星期后，协约国潜艇兵们奇怪地发现，德国潜艇击沉的协约国商船很少。这一事实导致了英国海军和美国海军中普遍存在的一种观点，即德国人并不擅长占领。事实上，德国潜艇通过潜望镜观察到，协约国的大型商船非常绝望和无助。

当协约国潜艇遇到德国潜艇的时候，双方之间的较量一般十分短暂，通常会在几分钟内结束战斗。在极少数情况下,德国潜艇会试图撞击协约国潜艇,但几乎无一例外的是,鱼雷会迅速结束冲突。如果看到德国潜艇的时候,协约国潜艇恰巧在水面上航行,那么协约国潜艇的第一反应是迅速悄悄潜入水下。如果在德国潜艇发现协约国潜艇前,协约国潜艇已经成功潜入水下,那么协约国潜艇会在潜望镜的指引下,慢慢到达鱼雷的射程范围内。就像战争中经常发生的那样,协约国潜艇与德国潜艇之间的战斗是单方面的。德国潜艇很少知道协约国潜艇正在附近的某个地方。有时,协约国商船会从相对较高的船桥上看到鱼雷航迹。但德国潜艇的司令塔或潜望镜几乎不可能看到鱼雷的轨迹。除了德国潜艇上的观察员,其他人都看不到水面上的情况。德国潜艇体型较小,可以有效保护自己。协约国潜艇发射了许多鱼雷,但击中目标的几率很小。鱼雷通常会经过德国潜艇的船头或船尾几英尺的地方,或者穿过潜艇上方或下面。只要偏差几英寸,德国潜艇就可以免于毁灭。曾经有一枚美国鱼雷击中了德国潜艇,但鱼雷没有爆炸。然而,鱼雷一旦击中目标并爆炸,几秒钟内就能摧毁德国潜艇。鱼雷爆炸后,一股巨大的水柱冲到空中,有时德国潜艇也会被抛到空中,或者潜艇的一些零件会四处飞射。随后,海水逐渐消退,海面上留下一块巨大的油斑。油斑处可能会有两到三名挣扎的德国潜艇兵。被摧毁的德国潜艇上的大多数人都不会知道自己被什么东西击中了。

因此,1918年5月的一个晚上,在直布罗陀海峡以西约二百英里处,英国E-35潜艇在海下巡航。在左舷正衡方向约二英里到三英里的水面上,E-35潜艇发现了一个长长的可疑物。虽然可疑物的外观很普通,但经验丰富的潜艇兵通过潜望镜看到,这个可疑物是一艘德国潜艇。由于海水汹涌,E-35潜艇潜到水下四十英尺的地方,过了一会儿又上升到距海面二十六英尺的地方,并且举起了潜望镜。E-35潜艇立刻发现不远处有一艘巨大的德国潜艇正悠闲地向北航行。德国潜艇似乎根本没有觉察到危险。为了到达鱼雷射程内并切断德国潜艇的退路,E-35潜艇重新潜到水下四十英尺的地方,全速行驶了二十分钟,然后再次逼近水面,举起了潜望镜。现在,E-35潜艇就在德国潜艇船尾的位置,但距离依然不够,还不能准确发射鱼雷。于是,E-35潜艇再次潜入水下。接下来的一个小时内，每隔一段时间，E-35潜艇就会浮出水面，同时发现自己与德国潜艇之间的距离越来越短。当E-35潜艇成功到达可以发射鱼雷的位置时，鱼雷朝着德国潜艇的方向射了出去，但没有命中目标。德国潜艇如果是一艘水面舰艇，那么就可以看到鱼雷的尾迹，然后迅速逃走。德国潜艇依然漫不经心地航行着，从未发现一枚鱼雷曾与它擦肩而过。E-35潜艇逐渐逼近德国潜艇，从弓形管中发射了两枚鱼雷，击中了目标。随后，只听到一声可怕的爆炸声，巨大的水柱冲向空中。几秒钟后，一切归于平静。水面上出现了一小块油斑。油斑逐渐扩散，直到水面上全是油渍。然后，几名德国潜艇兵浮出水面并开始朝E-35潜艇游过去。

美国海军的七艘潜艇驻扎在爱尔兰的贝雷文海，基地在爱尔兰海的入口处。协约国潜艇取得的最大成就是人们将协约国潜艇和德国潜艇混淆了，其中的细节从未被查实过，但真实结果无疑是协约国潜艇击沉了德国潜艇。经过一个星期的巡航，AL-2潜艇返回基地。突然，AL-2潜艇的监视哨发现了德国潜艇的潜望镜。于是，AL-2潜艇立刻改变航向，准备发射鱼雷。夏日午后的宁静被一声可怕的爆炸声打破。显然，德国潜艇遭遇了不幸。AL-2潜艇即刻掉头，迅速潜入水下，试图撞击德国潜艇，但失败了。AL-2潜艇借助监听装置听到了螺旋桨转动的声音，表明德国潜艇正试图浮出水面但遇到了困难。与此同时，AL-2潜艇还听到了德国潜艇发出的信号，表明德国潜艇遇险并发出了求救信号。根据德国海军部的记录，在贝雷文海附近航行的德国潜艇再也没有返回港口。因此，显而易见，这艘德国潜艇失踪了。美国潜艇指挥官海军中校R.C.格雷迪认为，在被发现前，德国潜艇已经发现美国潜艇，并且发射了一枚鱼雷。但由于发射路线错误，鱼雷返回击中了德国潜艇。还有人认为，AL-2潜艇附近有两艘德国潜艇，其中一艘朝AL-2潜艇发射了鱼雷但没击中。然而，这枚鱼雷急速前进，击中了另一艘德国潜艇。关于这件事的真实情况也许永远无法得到证实。

除了击沉德国潜艇，协约国潜艇还取得了其他成就。我们有理由相信，德国潜艇最害怕的对手除了深水炸弹就是协约国潜艇。一艘被俘的德国潜艇指挥官说："我们已经习惯你们的深水炸弹，我们并不害怕深水炸弹，但我们一直非常恐惧你们的潜艇。我们永远不知道鱼雷会什么时候击中我们。"德国人非常害怕鱼雷的袭击，小心翼翼地避开了协约国潜艇的活动区域。我们很快明白，只要协约国潜艇能在一个限定区域内巡航，德国潜艇就不会进入该区域，也不会与协约国潜艇作战。这一点似乎有些奇怪。两艘同类型、同规模、同军备的潜艇之间的战斗似乎是平等的，但普通人可能觉得德国人拒绝与协约国潜艇作战纯粹是因为德国人懦弱。然而，德国人的做法无疑是正确的。

德国潜艇的任务不是与协约国战舰作战，而是摧毁协约国商船。德国潜艇指挥官接到的命令是："击沉协约国商船！"德国只能以一种方式赢得战争，即破坏协约国的航运，切断协约国的海上联络及美国对协约国在人员、弹药和食物方面的援助。针对这项艰巨任务，由于潜艇和鱼雷数量不足，德国海军只有节约使用潜艇和武器，才有可能赢得战争。德国如果拥有足够的潜艇和鱼雷，那么可能会用潜艇和鱼雷对抗英国的H型潜艇和美国的L型潜艇。换句话说，德国如果可以确保发射的每一枚鱼雷都能击中目标，那么即使鱼雷数量有限，德国也会主动攻击协约国潜艇。然而，为了击沉德国潜艇，协约国使用了很多鱼雷。显然，这是一场德国无力承担的战争。当发现协约国潜艇的时候，德国潜艇会立即潜入水下。因此，协约国潜艇迫使德国潜艇做了一件对德国人不利的事情，即当德国潜艇与协约国潜艇处在同一片海域时，德国潜艇不得不一直待在水下。在这种情况下，德国潜艇不仅无法攻击协约国商船，还会消耗电力。正如我前面说过的那样，消耗电力大大降低了德国潜艇攻击协约国商船的效率。

与此同时，协约国潜艇的行动降低了德国在1917年建造的巡洋舰型潜艇的价值。德国建造巡洋舰型潜艇的主要目的是应对协约国的护航体系。正如我前文解释过的那样，协约国的护航舰降低了德国潜艇的作战效率。护航体系实施前，体型相对较小的德国潜艇可以行驶两百英里到三百英里，然后进入大西洋，攻击当时没有得到护航的协约国商船。但现在，驱逐舰从英国海岸出发，行驶到距英国海岸两百英里到三百英里的海域，在护航舰队周围形成一道保护屏障，护送护航舰队进入指定海域。于是，德国潜艇被逼到了英国沿海海域，遇到了协约国的驱逐舰、猎潜舰、潜艇和其他巡航舰。人们会记得，在协约国商船穿越大西洋的途中，没有护航驱逐舰为协约国商船护航，因为协约国根本没有驱逐舰完成这一任务。德国人不能派水面舰队突袭海上的协约国护航舰,因为德国水面战舰无法迅速逃离战场,还因为协约国的驱逐舰会护送护航舰前往目的地。德国人只能采取一种方式攻击协约国护航舰。一支由远洋航行的潜艇组成的舰队可以在海上航行两三个月,也极有可能一举击溃护航体系。因此,1917年夏,德国开始建造可以进行远洋航行的巡洋舰型潜艇。巡洋舰型潜艇长约三百英尺,排水量约三千吨,能够携带三个月到四个月的燃料和补给,并且可以装载鱼雷和超出驱逐舰射程范围的六英寸口径的大炮。签署停战协议时,德国已经建造了约二十艘巡洋舰型潜艇。但德国的巡洋舰型潜艇对协约国商船没有造成攻击威胁。协约国潜艇和驱逐舰阻止了德国巡洋舰型潜艇的作战。德国巡洋舰型潜艇很难操作,不仅不能继续留在协约国的反潜舰附近,而且不能有效攻击协约国商船。因此,德国大型潜艇从不冒险用鱼雷袭击协约国的护航舰,甚至不会用鱼雷攻击独自航行的协约国商船,但会用大炮捕获协约国商船。首次发现巡洋舰型潜艇的存在时,人们感到非常恐惧。但结果证明,巡洋舰型潜艇是德国各类船中最无害的一种船。

协约国潜艇取得的另一个重要成果是:德国潜艇无法成群结队地追逐协约国商船。1917年到1918年,人们认为德国潜艇非常可怕,因为德国潜艇常常十艘或者十五艘为一组,停泊在水面上,等待攻击协约国商船或军资运输船。路过的船会看到很多德国潜艇同时追击一个目标。1918年9月,一个美国新闻记者团访问英国。我向美国新闻记者团发表了演讲。在演讲中,我对美国新闻记者说:"我不知道你们在来英国的途中看到了多少艘德国潜艇,但如果你们有这样的经历,一定看到了很多艘德国潜艇。我在美国报纸上看到过很多关于这方面的报道。你们如果相信这些报道,那么只能得出一个结论,即海面上的大量协约国商船很难穿过海洋,并且船舷上的油漆已经被德国潜艇刮掉了。当然,这些报道都是非官方的。令人遗憾的是,这些报道刊登出来后,给人留下了一种错误印象。不久前,美国海军乘坐一艘开往英吉利海峡的船来到英国。我看到了其中一位士兵写给他女朋友的信。这位士兵说,他打算将这封信带到岸上,塞进一个邮筒里,这样一来,信件检查员就不会看到信的内容了。信件检查员确实看到了他的信。最后，这封信到了我手中。显然，这位士兵想要告诉女朋友自己经历的危险。他在信中说，他乘坐的船每天都会遇到两三艘德国潜艇，船上的两名间谍被绞死了，'当我们离开港口到达海上时，至少有十八艘德国潜艇等着我们'。我们能打败德国潜艇吗？"

战争早期，德国潜艇也许以舰队为单位行动。但一旦协约国潜艇开始出航，德国潜艇就不得不放弃以舰队为单位的作战方式。我已经指出了德国潜艇从舰队行动转为潜艇独自行动的过程和原因。在公海上，协约国巡航舰无法判断一艘潜艇是敌是友，也从不知道海面上的潜艇是自己人还是德国人。因此，正如我已经说过的那样，协约国海军委员会命巡航舰攻击遇到的任何一艘潜艇，除非有充分证据证明对方是协约国潜艇。毫无疑问，德国人也下达了同样的命令。因此，德国潜艇试图成群结队行动会非常危险，因为它无法确定自己遇到的潜艇是不是协约国潜艇。即使协约国潜艇变得非常活跃，德国潜艇可能也尝试过两艘一起巡航。如上所述，人们猜测AL-2号潜艇可能遇到了两艘德国潜艇。然而，事实上，并没有记录表明AL-2号潜艇遇到了两艘德国潜艇。德国潜艇必须单独行动的情况对协约国非常有利，尤其是当美国开始向欧洲海域运送军队时。关于这一点，我会在下文描述。

第9章

美国的北海雷场

第1节 北海拦阻线计划

在公海上,除了用驱逐舰、单桅帆船、猎潜舰艇和其他船摧毁德国潜艇,难道就没有其他更令人满意的方法了吗?显然,协约国的作战方法给评论家们留下了单调乏味和计划不周的印象。只要看一眼北海地图,就能找到一个摧毁德国潜艇更好的办法。德国潜艇找到了通往大型航运中心的基地,即比利时海岸的奥斯坦德和泽布吕赫、德国海岸的威廉港和库克斯港、波罗的海的基尔港。从这些基地出发前往爱尔兰西部和南部海域是一次漫长艰辛的航行。为了到达爱尔兰西部和南部海域,德国潜艇要么穿过多佛海峡,要么穿过设德兰群岛和挪威之间的北部通道,然后在爱尔兰北海岸航行。当德国潜艇进行漫长的海上航行时,协约国试图干扰德国潜艇的航行,但没有成功。当德国潜艇到达目的地后,协约国便集中精力与德国潜艇作战。

德国潜艇在试图通过北海①拦阻线时,没有人知道究竟有多少艘德国潜艇被击沉了,因为当时没有任何目击者,一切都是秘密完成的。1918年秋,北海拦阻线可能是导致德国舰队士气低落的原因之一。

然而,只要看一眼地图,人们就会相信美国的战术是错误的。当时,大多数

---

① 此处的北海指奥克尼群岛和挪威之间的海域。

围绕英国的潜艇作战区域图

新闻读者都非常关注北海地图。英国和美国发行的许多期刊喜欢向读者展示北海的图表，其中包含一条横跨多佛海峡的黑色线条和一条穿过苏格兰到挪威的北部通道的线条。期刊随附的图展体现了协约国应对德国潜艇的有效战术。图表上的黑色线条代表大量水雷和战用水雷网。如果将水雷和战用水雷网布在指定地点，任何试图强行穿过指定地点的德国潜艇都会被炸成碎片。因此，没有一艘德国潜艇能成功穿过北海。与此同时，横跨大西洋的物资供应船可以在英国西海岸和法国登陆。德国潜艇的威胁正在逐渐消失，协约国终将取得胜利。然而，除了报纸和杂志插图艺术家坚持认为北海是协约国取得胜利的捷径，在美国和欧洲，许多海军士兵一直对北海拦阻线争论不休，美国和协约国的政治家们也对此非常着迷。1917年4月，当我到达伦敦时，人们正在热烈谈论将德国潜艇阻挡在潜艇基地的伟大计划。伦敦的所有俱乐部都在谴责英国海军部，说英国海军部很愚蠢，没有采用将德国潜艇阻挡在潜艇基地的计划。消灭一群黄蜂的最好办法就是在巢穴中消灭黄蜂，而不是等到黄蜂逃到空旷的地方后逐个追击。这场战争要求协约国不停建造新船以对抗德国潜艇，同时弥补已经失去的船舶损失，但最终可能失败。但协约国需要的不是一场漫长而令人厌倦的战争，而是一场迅速的致命战役，一夜之间打破德国潜艇的威胁。

在1917年的航运条件下，一些海军军官担心无法及时执行迅速击败德国潜艇的计划，更担心计划可能会失败。因此，他们赢得了胆怯和缺乏智谋的名声。

一艘商船被德国潜艇击沉

温斯顿·丘吉尔

1915年，当英国海军大臣温斯顿·丘吉尔宣布英国舰队会"将德国人像老鼠一样挖出洞穴"时，他的言论并没有给海军战略家们留下深刻印象，但听起来很受英国人欢迎。当时，一个不为人知的事实证明，试图迅速击败德国潜艇的想法是荒谬的。大多数报纸批评家认为，从多佛到加来的拦阻线使德国潜艇无法进入英吉利海峡。英国的驱逐舰、飞机和其他巡航舰护送军队运输船和其他船穿过了英吉利海峡，英国公众对此引以为豪。然而，这并不意味着德国潜艇不能将英吉利海峡当作一条从德国潜艇基地到其在协约国航线的通行路线。战争爆发后的前三年，布在英吉利海峡的水雷和战用水雷网并没有有效阻挡德国潜艇的行动,造成这一事实的原因很复杂。众所周知,多佛海峡附近的潮汐变化莫测,天气极其恶劣。正如一个英国军官当时说的那样:"我们试图封闭多佛海峡的行动是一场血与泪交织在一起的经历。"称"血的经历"是因为布水雷和铺设战用水雷网时很多人失去了生命,称"泪的经历"是因为连续几个星期的艰苦工作被一夜暴雨冲刷得荡然无存。此外,当时英国人的水雷还处在实验阶段。很快,英国人发现自己使用的水雷设计存在缺陷。美国海军也曾使用过同样的设计。但事实证明,战时研发新的水雷非常缓慢和困难,军队对军工厂的需求使英国海军部无法得到足够的水雷。当真实情况公布于众时,人们发现多佛巡航舰队的工作是光荣的。然而,1917年,多佛巡航舰队并没能阻止德国潜艇穿过多佛海峡。多佛海峡的北海拦阻线约二十英里宽。苏格兰和挪威之间的通道约二百五十英里宽。英吉利海峡的水平均深度为几英寻,北海北部地区的水平均深度达到六百英尺。还没有一个国家在如此深的海域布过水雷,甚至从未考虑过。英吉利海峡因强烈的潮汐和暴风雨天气闻名,但北部海域的冬季并不常见暴风雨。在英吉利海峡,如果英国海军没有成功布设一个有效的水雷阵,那么在环境更恶劣的北部海域布设一个更大的水雷阵的可能性有多大呢?

很多人不明白的是,只建立拦阻线为什么不能有效阻止德国潜艇逃离北海。除了建立拦阻线,还需要水面舰艇保护拦阻线,否则德国扫雷舰就会清理出所有水雷,找到通行缺口,从而帮助德国潜艇顺利通过北海。显而易见,在绵延二百五十英里的拦阻线上,要找到一个可以进行大规模扫雷行动的地方并不难。同样明显的是,协约国需要相当数量的巡航舰守卫拦阻线并干扰德国的扫雷行动。此外,在没有护航驱逐舰护航的情况下,协约国不能将布雷舰送入北海。也就是说,在布雷舰布设水雷的时候,协约国必须派一支舰队保护布雷舰。负责反潜行动的人认为,1917年春天和夏天,将反潜舰从其执行任务的海域派出去是不明智的。事实上,协约国需要聚集所有水面舰船实行护航体系。然而,协约国拥有的驱逐舰数量有限。当时,将任何一艘驱逐舰抽调出去执行其他任务都会破坏协约国的事业。拦阻线设在北海的目的是阻止德国人清扫出一条穿过北海的通道。事实表明,想要保护一条建在北海南部的拦阻线是不可能的。

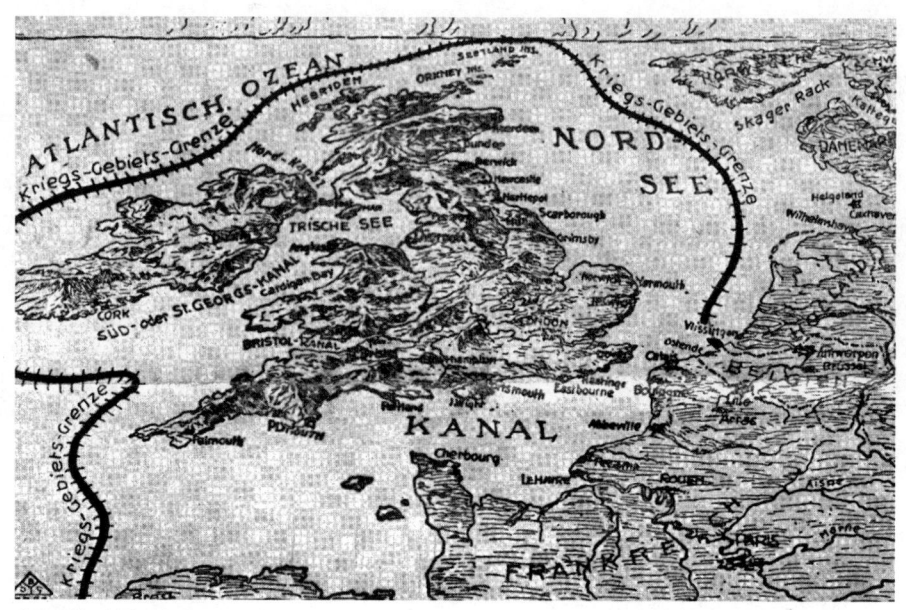

德国对英国封锁示意图

1917年4月，英国在黑尔戈兰岛布下了三万多枚水雷，然后以每月三千枚水雷的速度布设了水雷网。然而，水雷网并没有阻止德国潜艇的行动。德国扫雷舰在雷区中扫出了一条通道，几乎和英国人布新雷的速度一样快。协约国无法阻止德国扫雷舰，因为护航舰不能靠德国基地太近，否则会遭到德国潜艇的攻击。此外，为了诱捕英国布雷舰，德国人也在同一片海域布设了水雷。水雷网给双方造成了巨大损失。令德国人烦恼的是，德国潜艇的出港变得越来越困难。有时，几艘德国潜艇需要耗费两三天时间通过黑尔戈兰湾进入外海，并且需要十几艘水面舰艇的协助。毫无疑问，在进入外海的过程中，几艘德国潜艇被摧毁了。然而，德国潜艇在大西洋的活动表明，协约国布设的水雷网并没有成功证明它的威力。据估计，北海拦阻线需要约四十万枚水雷，远远超过当时世界上所有水雷的数量，也远远超过协约国所有军工厂在规定时间内能生产的水雷数量。在这种情况下，时间是至关重要的。一个计划是否明智，不仅取决于计划本身的可行性，还取决于提出该计划的时间和环境。1917年春，协约国面临的情况是，德国潜艇以每月摧毁近八十万吨的速度摧毁了协约国商船。可以肯定的是，如果德国的破坏行动持续四个月到五个月,那么协约国将被迫无条件投降。最紧迫的问题是找到提前排除威胁的方法。显而易见,护航体系是协约国海军唯一可行的计划。1917年4月到1917年5月,护航体系取得了效果,协约国也研发了其他反潜战术,以补充护航体系。护航体系是拯救协约国的唯一方法,至少在1917年春天和夏天是这样的。1917年春天和夏天,协约国开始建立北海拦阻线,试图放弃护航体系,但这种做法其实是一种疯狂行为。

因此,1917年,北海拦阻线并没有回答"将德国人像老鼠一样从洞里挖出来"的热门话题。协约国不能在深水区布设大量水雷,因为协约国没有足够数量的水雷,即使拥有足够数量的水雷,建立拦阻线的水雷数量也无法及时制造出来,最迟要到1918年年底。目前,情况开始发生变化。协约国试图发明一种新的水雷。旧水雷由一个巨大的钢球组成,钢球里面装满烈性炸药,只要一接触就会爆炸。也就是说,一艘船只要碰触到了水雷,就启动了水雷的引爆装置。因此,在四百英尺到九百英尺深的海域布设水雷非常困难。如果水雷被放置在靠近水面的地方,德国潜艇只需要潜入水雷下面,就可以避免所有危险。如果水雷被放置在水下,那么德国潜艇可以安全地在水雷上方航行。因此,协约国如果使用旧水雷,就必须在不同水深处布设几层水雷,一直埋设到约二百五十英尺水深的地方。这样一来,无论潜艇在什么地方航行,都会撞到水雷。但这一战术需要的水雷数量使其根本无法实现。一个美国人发明了一种新水雷,解决了水雷数量不足的难题。美国人对新水雷的出现感到很自豪。1917年夏,美国马萨诸塞州塞勒姆的电气工程师拉尔夫·C.布朗发明了一种潜艇枪,并将潜艇枪推荐给了当时负责美国海军军械局水雷部的美国海军中校S.P.菲兰维德。虽然潜艇枪没有解决协约国海军目前面临的困难,但海军中校S.P.菲兰维德意识到,潜艇枪是一种非常有效的发射装置。在拉尔夫·C.布朗的协助下,美国海军军械局对潜艇枪进行了试验和完善。驻美国的英国水雷部官员对潜艇枪很感兴趣。1917年8月初,美国海军军械局得出结论,称潜艇枪是一项成功的发明。拉尔夫·C.布朗发明的潜艇枪的细节过于复杂,我在这里无法描述,但我可以描述其要点。潜艇枪最大的优点是在布设水雷的过程中不会触碰到水雷,将水雷放置在水下任何地方。水雷有一根细长的铜缆"天线",可以伸到离水面几英尺的地方。"天线"由一个小的金属浮标支撑。任何一种金属物质,如潜艇的外壳,只要碰到"天线"就会瞬间产生一股电流,然后电流会引爆水雷。潜艇枪的最大优点立刻显现了出来。现在,只需要原定水雷数量的约四分之一,就可以建立北海拦阻线。美国水雷部门估计,布设新水雷网需要约十万枚新水雷。对德国潜艇来说,新水雷网将对其构成巨大威胁。如前所述,使用旧水雷需要约四十万枚水雷。因此,新水雷不仅意味着可以节省制造水雷的资源,还意味着协约国只需要较少数量的布雷舰、船员、军官、基地和补给就可以建立北海拦阻线。在战争中,很少有人考虑到布雷舰、船员、军官、基地和补给等因素,但对战争来说,这些因素是至关重要的。

我想强调的事实是,建立北海拦阻线时,协约国的目的不是彻底阻止德国潜艇通过北海,因为如果要彻底阻止德国潜艇,就必须准备大量水雷,但这是不可能的。北海拦阻线不可能成为协约国取胜的必要条件。如果德国潜艇试图通过北海拦阻线,同时协约国海军可以摧毁四分之一或五分之一德国潜艇,那么协约国就可以赢得战争。在这种情况下,德国潜艇根本无法承受巨大损失,德国潜艇兵也没有能力坚持太久。

另一种可以实现北海拦阻线计划的情况是,1917年年底,人们意识到德国潜艇已经不再是战争的决定性因素。对协约国来说,德国潜艇虽然依然是一个难题,协约国海军委员会愿意采纳任何可以阻止德国潜艇的建议,但战争爆发后,报纸和期刊对德国军官的评价表明,早在1918年早期,德国军官就意识到自己必须将胜利希望寄托在除潜艇以外的其他东西上。我已经描述过护航体系和协约国潜艇有效阻止了德国潜艇破坏协约国航运一事。1917年4月,协约国船舶损失近九十万吨。1917年11月,船舶损失不到三十万吨。与此同时,在很大程度上,美国造船业的快速发展促进了商船数量的大幅增加。关于德国无限制潜艇战两个重要因素的图解表明,新造船的数量呈曲线迅速上升,被德国潜艇击沉的船数呈曲线迅速下降。通过图解很容易看出,德国潜艇遭到重创后,协约国商船的净数量显示出增长态势。但如上所述,德国潜艇仍然是一个巨大威胁,仍然沉重打击了协约国的航运，因此，协约国应该竭尽全力表明，自己有能力结束德国无限制潜艇战，这一点非常重要。协约国越早证明自己的实力，协约国舰队就越会积极作战，彻底击溃德国潜艇，从而尽快赢得战争。在战争中，一旦人民的生命和国家利益处在危险中，政府就不太可能考虑人员损失。因此，1917年11月2日，美国政府和英国政府正式采用了所谓的"北海拦阻线"计划。拟建的雷区长度与从华盛顿到纽约的距离一样长。协约国之前从来没有尝试过铺设大规模雷区。协约国的联合行动涉及大量细节，外行很难理解这些细节。在关于战争的统计数据中，花费四千万美元也许不是一个惊人的数字，但可以让人明白战争的规模到底有多大。

第2节 布雷舰

战争爆发后前两年，大西洋舰队的布雷分遣队由海军上校雷金纳德·R.贝尔纳普指挥。布雷分遣队规模很小，由陈旧的"巴尔的摩"号战舰和"圣弗朗西

"巴尔的摩"号

"圣弗朗西斯科"号

斯科"号战舰组成。海军上校雷金纳德·R.贝尔纳普尽职尽责,指挥布雷分遣队为协约国海军的胜利奠定了基础。战争爆发前,美国海军和英国海军都不愿意接受布雷任务,正如埃里克·格迪斯爵士曾经说的那样,布雷任务是一种"捉老鼠"的任务。然而,随着战事的发展,作为一种反潜武器,水雷发挥了巨大作用,开始受到越来越多人的重视。海军上校雷金纳德·R.贝尔纳普的布雷工作为他负责的美国水雷舰队提供了作战核心。北海布雷分遣队的水雷主要来自美国的十几个造船厂和几百个制造工厂。

开始建立北海拦阻线时,美国几乎一无所有。因此,美国必须设法获得必要的船并将船改造成布雷舰,同时要招募并训练船员,生产至少十万枚水雷、在美国和苏格兰建立基地、将所有补给运输到三千多英里外的大海上。然而,这条三千多英里长的航线有一部分在德国潜艇区域内。此外,美国必须做好充分准备后才能开始布雷。事实上，对新水雷进行实验前，美国海军已经签订了十万枚水雷的合同。这一事实表明，美国海军部对新水雷非常有信心。在密西西比河地区，五百多家承包商和分包商承担了完成这一巨大订单的工作。钢索厂、钢铁厂、铸造厂、机械厂、电气工厂甚至糖果制造商，都参加了生产水雷的行动，但都遇到了工会、铁路和天气方面的困难。1917年年底1918年年初的几个月里，大量钢质水雷壳和其他重要部件陆续抵达弗吉尼亚州的诺福克，然后从诺福克港装船运往国外。与此同时，生产水雷的工厂每天能生产约一千枚水雷。在邻近

雷金纳德·R. 贝尔纳普

哈利法克斯港大爆炸后搁浅的"伊莫金"号

地区,生产水雷的行业并不受欢迎,尤其是哈利法克斯港大爆炸①证明该行业使用的原材料的破坏力后。几个月后,生产水雷的机构已经处理了两千五百万磅TNT炸药。炸药在钢壶中熔化,然后达到速煮布丁的密度,接着在自动装置的帮助下灌入水雷壳中。每个水雷壳会装三百磅炸药。随后,水雷通过机械装置被传送到码头。运送水雷的货船共有二十四艘,其中大部分货船来自五大湖,将水雷运送到苏格兰西海岸。从1918年2月开始,每八天会有两三艘货船从诺福克港口出发,船上都配了对抗德国潜艇的装备,并且由海军人员驾驶。运送水雷的货船航行得很慢,很快成为德国潜艇的猎物。一艘货船的确被德国潜艇击沉了,船

---

① 哈利法克斯港大爆炸(the Halifax Explosion)指1917年12月6日,发生在加拿大新斯科舍省哈利法克斯的一场海难。满载烈性炸药的法兰西货船与一艘挪威船相撞,引起货船爆炸,摧毁了哈利法克斯里士满地区。

上有四十一人丧生。这一不幸事件令人感到遗憾，是运送水雷过程中货船遭遇的唯一重大损失。

其他重要港口有聚集了六艘布雷舰的纽波特港、货船登陆点苏格兰西海岸的威廉堡和洛哈尔什教区的凯尔。海军上校雷金纳德·R.贝尔纳普的属下对自己的布雷舰感到非常自豪。在许多细节方面，美国布雷舰代表着迄今为止最先进的布雷舰。与此同时，我要对海军上校雷金纳德·R.贝尔纳普提供的忠诚服务表示感谢。海军上校雷金纳德·R.贝尔纳普是一名才能出众的军官，在建立北海拦阻线过程中，他发挥了重要作用并对国家作出了杰出贡献。最初，布雷舰都是沿海的普通船，其中两艘是"外线"船"邦克山"号和"马萨诸塞州"号。从纽约航行到波士顿的途中，所有布雷舰都放弃了原来的的名字，重新命名。新名字有力证明了布雷舰的美国血统："卡洛尼克斯"号、"肖马特"号、"昆尼伯格"号、"胡萨托尼克"号、"萨拉纳克"号、"罗诺克"号、"阿鲁斯托克"号和"卡南代

"马萨诸塞州"号

喀里多尼亚运河

瓜"号。布雷舰名字的变化完全合理，因为改造后的布雷舰与以前几乎没有相似之处。布雷舰之前的船舱和大厅内部都被拆除了，只剩下空壳，并且安装了三层用于运载水雷的甲板。所有甲板上都建了小铁轨，以便水雷沿着下层甲板滚到电梯里，然后沿着上层甲板滚到船尾，最后掉进海里。在布雷舰里安装电梯是为了将水雷从较低的甲板迅速运送到发射轨道上。布雷舰的工作进展非常快，工作人员也很快完成了培训。1918年5月，第一艘布雷舰起航驶往苏格兰。美国海军选择了马里湾的因弗内斯和因弗戈登作为布雷舰基地，因为因弗内斯和因弗戈登离布雷海域很近。高地铁路从因弗戈登穿过苏格兰到达洛哈尔什，喀里多尼亚运河从因弗内斯一直延伸到威廉堡。在布雷舰队的航道中，高地铁路和喀利多尼亚运河起到了连接作用。我们如果希望对美国布雷舰的行动有一个完整了解，就必须首先想到美国的数百家工厂。这些工厂夜以继日地生产了水雷的零部件及其附属机制，然后让数百辆货车载着零部件前往弗吉尼亚州的诺福克装配厂。随后，另一小队工人搅拌着面糊似的炸药，将炸药加热到沸点，再将混合物倒进球形的钢制水雷壳里制成水雷。其后，其他一些人将部分水雷搬到码头上的货船上，货船通过十天或两个星期航行悄悄驶进苏格兰的威廉堡和凯尔。最后，货车和货船将水雷从苏格兰运往因弗内斯和因弗戈登。在因弗内斯和因弗戈登基地，水雷被放置在巨大的仓库里，必要的时候装载在布雷舰上。因此，一旦整个水雷生产系统建立起来并准备工作，布雷舰队的航道就不会中断，水雷也会源源不断地从美国工厂运到即将建立北海拦阻线的海域。

1918年5月下旬，美国军官和士兵们发现自己来到了苏格兰历史上和传说中最著名的城镇。这座城镇的每一英尺土地几乎都与麦克白、苏格兰女王玛丽、奥利弗·克伦威尔和其他觊觎苏格兰王位者联系在一起。海军上校雷金纳德·R.贝尔纳普描述自己在苏格兰布雷舰基地的第一个早晨时说："国歌唤醒了我。我起身向外望去。多么壮美的景色！斜坡是绿油油的，到处盛开着金雀花和黄色

威廉堡

查尔斯·爱德华·斯图亚特

的荆豆花。马里湾平滑凉爽的多石海岸一直向东南延伸,远处是白雪覆盖的威维斯峰。在曼洛希湾入口,我们沿着倾斜的海岸看到了黑岛的内陆景色。更远处是被粉刷成白色的奥赫渔村和古老的福特罗斯镇。福特罗斯镇上有一座建于12世纪的大教堂。穿过马里湾可以看到卡洛登别墅。从前,'小王位觊觎者'查尔斯·爱德华·斯图亚特住在卡洛登别墅里。位于因弗内斯的皇家城堡非常坚固。在早晨的薄雾中,皇家城堡变得柔和起来,俯视着尼斯河的河岸和高地。河水在明媚的阳光下闪闪发光。马里湾四处一片和平景象。'卡南代瓜'号和'索诺马'号布雷舰停泊在马里湾附近,'卡洛尼克斯'号停泊在较远的地方。但三艘布雷舰上没有任何动静,没有信号,没有发动机的响声,也没有跳动的水泵。当地人的热情就像马里湾的自然美景一样令人愉快。在苏格兰几英里外的地方,为迎接美国海军的到来,当地的一切看上去喜气洋洋。约有三千名美国海军官兵驻扎在因弗内斯和因弗戈登,他们的任务是给远离剧院和电影院的高原地区的人们提供娱乐设施。如果没有当地人的热诚合作,美国海军可能会变得非常严肃。美国海军驻扎在马里湾期间,当地人的精神在1918年7月4日这天得到了体现。1918年7月4日,为了纪念美国独立日,马里湾的所有商店都关闭了,周围几英里地区的人聚集在一起,加入了美国海军的庆祝活动中。在马里湾的高尔夫球场和网球场上,美国海军军官们度过了一段"美国时光"。几乎每天晚上,苏格兰女孩们都会为美国官兵跳舞。在学习美国舞步方面,她们表现出了很强的适应能力。布雷舰上的官兵和苏格兰女孩都

"索诺马"号

参加了业余戏剧表演,从雷区返回的很多船员对此感到非常高兴。棒球运动第一次被引进英雄威廉·华莱士和诗人罗伯特·彭斯的国家。大批群众聚集在一起见证几艘布雷舰之间的比赛。苏格兰人很快学会了棒球比赛的规则,并且变成了美国海军的'粉丝'。因弗内斯和因弗戈登的小男孩们像美国的小男孩一样,对棒球比赛表现出了极大热情和天赋。总的来说,美国海军官兵的行为举止很好,给当地人留下了深刻印象。"

位于因弗内斯和因弗戈登的布雷舰基地将永远成为纪念美国海军上校奥林·G.穆芬的纪念碑。奥林·G.穆芬忠诚、充满活力,设计并建立了布雷舰基

罗伯特·彭斯

奥林·G.穆芬

地。最初,布雷舰基地计划布下一万两千枚水雷。但实际上,海军上校奥林·G.穆芬成功布下了两万多枚水雷。布雷舰上的所有秘密发射装置都是在布雷舰基地完成装配和安装的,并且是由预备役人员完成的。一天,预备役人员组装完成了一千二百多枚水雷,证明了海军上校奥林·G.穆芬计划建立基地的正确性。

第3节 布 雷

当然,棒球和跳舞并不是当前最重要的事。美国海军长途跋涉来到马里湾,用自己的一份力量建立了北海拦阻线，沉重打击了德国潜艇。尽管此次行动是美国海军和英国海军的联合行动，但美国海军付出的显然更多。北海拦阻线是在于特西拉附近约二百三十海里的地方建一条从奥克尼群岛到挪威海岸之间的水雷拦阻线。在这片约一百五十英里的广阔区域，从奥克尼群岛一直延伸到东经3°的海域属于美国海域，向东延伸五十海里到挪威的海域属于英国海域。因为布雷舰队的军事行动需要由一名高级军官指挥，所以1918年3月，曾在海军军械局工作过的海军少将约瑟夫·斯特劳斯来到马里湾，负责指挥布雷舰队。英国皇家海军的指挥官是海军少将路易·克林顿-贝克。

约瑟夫·斯特劳斯

布好的水雷

在十三次冒险航行中，布雷舰布下了水雷。在某种程度上，美国士兵将这些航行欣然称为"短途旅行"。每次航行中，十艘布雷舰会布下约五千四百枚水雷。实际上，布雷舰的十三次航行几乎都一样。因此，我只描述其中一次航行。几天后，有时经过数星期的准备后，在一个雾气蒙蒙的夜晚，在没有灯光和不使用信号的情况下，布雷舰队起航，迅速穿过马里湾多石的岩壁，悄悄进入海里。布雷舰穿过战用水雷网和其他障碍物到达开阔海域时，会加速行进。布雷舰上的炮手们已经做好准备。突然，从黑色的地平线方向快速驶来很多英国驱逐舰。英国驱逐舰是来保护美国布雷舰的。整个布雷过程非常安静，令人印象深刻。其间，没有一艘英国驱逐舰发出信号或灯光，也没有一艘布雷舰发出轻微的识别信号。所有细节都是事先安排好的，一切都在按计划进行。舰舷两边的水发出的嗖嗖声和螺旋桨缓慢搅动的声音可能是唯一会将布雷舰泄露给隐藏的德国潜艇的声音。黎明时分，布雷舰继续航行几英里。现在，一个更鼓舞人心的景象出现在美国海军面前。一支由战舰、巡洋舰和驱逐舰组成的中队突然出现在地平线上,快速驶过海面,丝毫没有注意到布雷舰。这支舰队向南稳步航行,约一小时后彻底消失在海面上。观察者几乎不可能猜到,由海军上将戴维·贝蒂指挥的斯卡帕湾分遣队与美国布雷舰之间存在关系。然而,斯卡帕湾分遣队的任务是在布雷舰队与德国基尔战斗舰队之间建立一堵由霰弹枪构成的围墙。曾经有一段时间,人们认为北海拦阻线上的布雷舰队将成为诱饵,诱使德国突袭舰队开战。事实上,布雷舰队可能会诱使德国人冒险在公海上开战。无论如何,一支改装过的布雷舰队几乎不可能成为德国突袭舰队的袭击对象。令美国官兵们感到满意的是,当他们忙着执行任务的时候,英国或美国的战舰中队正在遥远的南部海域,准备诱使任何试图干扰布雷行动的德国水面舰艇作战。在布雷舰的航行中,海军上将休·罗德曼指挥的舰队扮演着"屏幕"角色。

休·罗德曼

在公海上，十艘布雷舰排成两列驶向北海拦阻线海域。两列布雷舰之间相距五百码。因为布雷舰正处在德国潜艇经常出没的海域，所以有十二艘护航驱逐舰为布雷舰护航。突然，旗舰放慢了速度，伸出防水雷器。防水雷器是水下的舷外支架，主要作用是保护布雷舰触碰到水雷，因为德国人也会在北海海域布雷。此次行动只花了几分钟时间，然后布雷舰队继续加速航行，穿过北海驶向于特西拉，随后向西转向，朝海上被称为"起点"的黑色斑点前进。"起点"就是北海拦阻线开始的地方。在执行布雷任务的过程中，指挥官不仅在思考现在，还在思考未来。战争结束后，协约国必须拆除所有水雷。因此，明智的做法是尽可能准确地"固定"水雷，方便以后拆雷。当时，美国官兵都待在布雷舰上，检查水雷以确保一切就绪，同时测试布雷机制并在心里演练布雷程序。下午4时左右，旗舰发出了一个重要信号："一切准备就绪，布雷舰队将在一小时内到达'起点'，开始布雷。"

两列布雷舰继续向前航行。当到达距"起点"七英里的地方时，旗舰再次发出信号。所有布雷舰像一群士兵一样，快速向右调转航向。几分钟内，八艘布雷舰呈横队航行，其余两艘布雷舰在八艘布雷舰前面航行。布雷舰队保持着整齐的队形，就像急速奔跑的赛马一样，逐渐接近"起点"。没有一艘布雷舰偏离队形。布雷舰上的船员们盯在旗舰的船尾，期待着红色信号旗的出现。突然，信号旗被拉了下来，表明"第一枚水雷已经下水"。

如果一直跟踪其中一艘布雷舰，就会发现布雷任务其实非常简单。布雷舰全速前进。每隔几秒钟，海面上会出现一个巨大的黑色物体，约五英尺高，慢慢朝布雷舰的舰尾滑行。与此同时，布雷舰会暂停一两秒钟，就像悬浮在空中一样。随后，布雷舰突然纵倾，舰艉迅速没入水里并激起巨大的浪花，黑色物体沉入海底。成功布下水雷后，布雷舰已经航行到很远的地方。几秒钟后，另一个黑色物体继续向舰尾滚动，沉入海里消失不见。两个到三个小时内，布雷舰每隔约十五秒布下一枚水雷。在三小时三十五分钟的航行过程中，每艘布雷舰可以在一条约四十四英里长的航线上，布下约八百六十枚水雷。乏味的布雷过程偶尔会因一场可怕的爆炸变得活跃起来，水雷刚刚消失的地方会涌出一股巨大的喷泉。爆炸意味着在没有任何外部接触的情况下，被船员们称为"鸡蛋"的东西自行爆炸了。爆炸事故是战争的一部分。记录显示，约有4%的水雷会在布雷过程中爆炸。然而，在大多数情况下，没有任何事情会干扰到机械的布雷工作。就这样，水雷被布设到了水下。对观察者来说，整个布雷过程似乎并不是人类做的工作。然而，几个月前，布雷的每个细节已经在美国安排好了。布雷舰出发前往苏格兰前，在纽波特，美国海军已经安排好时刻表。现在，布雷舰按照时刻表将水雷布设到海里。布雷舰上的每个人都有自己的职责，每个人都受过专业训练，都在按照海军上校雷金纳德·R.贝尔纳普的指示完成各自的工作。

球形水雷壳里包含炸药包和点燃机制，水雷壳只是水雷的一部分。在布雷舰上静止不动的时候，水雷壳是一个盒子状的东西，约两平方英尺大，一般称为锚。水雷发射后，锚会沉入海底。锚上有一个精巧的装置，可以使水雷到达水下任何深度的地方。锚依靠底部的四个轮子沿发射甲板上的小铁轨到达舰尾。所有水雷都是沿着小铁轨掉入海中的。一枚水雷掉入海里后，后面的水雷会往前推进，再后面的水雷通过电梯从下层甲板上来填补空缺。在这一过程中，一群汗流浃背的辛勤船员会在规定时间间隔内，将水雷向前移动并越过船尾。航行三四个小时后，布雷舰开始返回基地。布雷舰上的船员已经非常疲惫，有时会在甲板上睡觉。我们对布雷舰船员们表现出来的精神表示高度赞赏。1918年夏，北海拦阻线附近从来没有发生任何不幸事件。所有船员都觉得自己在从事一项前所未有的工作，并且每放置一枚水雷，他们的兴奋感就会随之增加。"给德皇威廉二世致命一击。"美国船员们将可怕的水雷网称为"致命一击"。

第4节　北海拦阻线取得的成就

我描述了布雷舰在十三次夏季航行中的一次航行，其他十二次航行的情况大同小异。有时，布雷舰上的船员会看见德国潜艇的潜望镜，但德国潜艇从未发起进攻。大体上说，布雷工作一直进行得很顺利。图表已经清楚表明了布雷舰取得的成就。1918年夏天和秋天，美国海军布下了五万六千五百七十一枚水雷，英国海军布下了一万三千五百四十六枚水雷。布雷行动具有连续性。如果战争持续两年，英国海军和美国海军应该会布下几十万枚水雷。停战协议签署前，海军上将约瑟夫·斯特劳斯指挥的布雷舰队一直稳步进行着布雷工作。布雷舰队的船员们已经非常专业，北海拦阻线的效果也十分显著。因此，在奥特朗托海峡，协约国建另一条拦阻线的计划即将完成。另一条拦阻线将完全关闭亚得里亚海。此外，在苏格兰和爱尔兰之间的狭窄海峡上，美国"巴尔的摩"号布雷舰布设了一个雷区。不久，两艘德国潜艇试图通过这片海域，但被炸成了碎片。此后，德国潜艇避开了这片雷区。

实际上，在摧毁德国潜艇的过程中，北海拦阻线取得的成就一直不为人知。根据我们得到的信息，在北海拦阻线附近，四艘德国潜艇被摧毁，也可能是六艘或八艘。然而，被水雷摧毁的德国潜艇只是德国损失的一小部分。大多数情况下，德国人并没有找到可以证明德国潜艇被击沉的证据。协约国的驱逐舰、猎潜舰和其他巡航舰一般能获得一些德国潜艇的受创证据，也经常能看到德国潜艇，或是德国潜艇在水面上造成的干扰。这些舰船可以追击德国潜艇并发起攻击，由此产生的油斑、潜艇残骸和德军战俘，或者找到的德国潜艇残骸与沉在海底的德国潜艇，常常伴有一个悲惨的毁灭性故事。但德国人认为，北海拦阻线最令人不安的一面是，北海拦阻线附近的布雷舰可以秘密进行布雷工作而不被人发现。一艘德国潜艇离开了潜艇基地，试图穿过北海拦阻线，但不幸撞到了一枚水雷或水雷的天线，然后就像纸一样被炸毁了。德国潜艇上的潜艇兵沉到水底，但没有人知道具体发生了什么。事实上，这是一个"没有痕迹的沉船"例子，完全符合战争规则。德国的记录显示，有四十艘到五十艘德国潜艇被击沉，但记录中没有详细信息。因此，没有人知道这些德国潜艇是如何被击沉的，或许永远也没有人知道。被击沉的德国潜艇离开德国港口后，再也没有人听说过它们。有人进行了完全合理的假设，认为大多数德国潜艇是被水雷击沉的，也有一些是被北海拦阻线附近的水雷击沉的，甚至有人认为很多德国潜艇只是受到了创伤，并没有沉没。一艘德国潜艇在斯卡帕湾投降后，潜艇上的一名德国上校说自己只听说三艘德国潜艇受到重创后被迫返回德国港口，其中包括他自己的潜艇。

除了击沉德国潜艇，北海拦阻线的其他成就也极其重要。正是德国无限制潜艇战的失败，德国最终被迫投降。北海拦阻线是德国战败的一个重要因素。事实上，德国潜艇经常顺利穿过北海拦阻线。开始建北海拦阻线时，人们并不期望北海拦阻线能将德国潜艇完全屏蔽在北海外面，但北海拦阻线对破坏德国潜艇兵的意志产生了巨大影响。想要明白这一点，只需要将自己放在德国潜艇兵的位置上。北海拦阻线的宽度从十五英里到三十五英里不等。德国潜艇要想从水面上穿过北海拦阻线需要一到三个小时，从水下穿过需要两到六个小时。事实上，在北海，并不是每平方英尺都布下了水雷。前文提到的自发爆炸的水雷造成了一些缺口，但没有人知道缺口的位置，也没有人知道水雷的确切位置。德国军官和潜艇兵们只知道，随时可能爆炸的水雷会结束他们的生命。即使爆炸只持续几分钟，造成的后果也十分严重。想象一下，如果德国潜艇在雷区航行一到六小时，那么后果将不堪设想。德国战俘经常说他们非常害怕水雷。穿越雷区应该是战争中最令人恐惧的经历。布雷舰队第一次布雷后，北海拦阻线立刻发挥了作用。显然，德国官员一直在关注协约国布雷舰队的进展，大致了解布有水雷的海域。当时，一条六十英里宽的通道一直为奥克尼群岛以东的协约国舰队开放着。因此，一直避开挪威海岸的德国潜艇改变了航线，试图通过可以避开雷区的西路通道。然而，从奥克尼群岛到挪威的整片海域都布了水雷后，德国潜艇无法继续绕道航行。现在，德国人不得不冒着撞到水雷的危险，大胆进入布有水雷的海域。德国各地流传着关于北海拦阻线的故事。与北海拦阻线打过交道的德国潜艇兵将自己的经历告诉了同伴，导致德国潜艇舰队士气低落。北海拦阻线或许是导致1918年秋天德国舰队士气低落的原因之一。

因此，我完全有理由说，虽然护航体系已经使协约国胜利在望，同时协约国海军可以继续派布雷舰前去建立新的拦阻线或维护和加固其他拦阻线，但在打破德国潜艇的威胁方面，北海拦阻线发挥了重要作用。德国人看到的不仅是1918年秋天的北海拦阻线，还有几个月或一年后的拦阻线。美国海军已经开始从美国数百家工厂运送水雷到苏格兰布雷舰基地。生产水雷的工厂正在不断增加水雷产量，并且水雷产量几乎不受政策限制。协约国成立了一个布雷组织，并且可以无限扩大布雷部门。随着时间的流逝,协约国本来可以在北海布设一个非常密集的雷区,使德国潜艇完全没有机会通过北海,但可以肯定的是,位于奥克尼群岛和苏格兰之间的彭特兰湾一直是开放的。因为彭特兰湾的潮汐来势凶猛,所以协约国无法在彭特兰湾布雷。彭特兰湾非常危险,加上协约国的巡航舰,德国潜艇根本无法通过彭特兰湾。

在建立北海拦阻线的过程中,美国军官表现出的敬业精神和熟练的航海技术不仅完全符合美国海军的传统,还成为指导和激励后人的新标准。英勇的布雷军官们应该得到美国人民的感激。我非常乐意赞扬美国各位指挥官的工作:"圣弗朗西斯科"号旗舰的指挥官海军上校H.V.巴特勒、"阿鲁斯托克"号布雷舰的指挥官海军上校詹姆斯·哈维·图姆、"巴尔的摩"号布雷舰的指挥官海军上校A.W.马歇尔、"卡南代瓜"号布雷舰的指挥官海军中校W.H.雷诺兹、"卡洛尼克斯"号布雷舰的指挥官海军上校T.L.约翰逊、"胡萨托尼克"号布雷舰的指

"阿鲁斯托克"号

挥官海军上校J.W.格林斯莱德、"昆尼伯格"号布雷舰的指挥官海军中校D.普拉特·曼尼克斯、"罗诺克"号布雷舰的指挥官海军上校C.D.斯特恩斯、"萨拉纳克"号布雷舰的指挥官海军上校辛克莱·加努恩和"肖马特"号布雷舰的指挥官海军上校W.T.克卢维里厄斯。

以"圣弗朗西斯科"号为旗舰的布雷舰队由海军上校雷金纳德·R.贝尔纳普指挥。海军上校雷金纳德·R.贝尔纳普奉美国海军部的命令直接指挥布雷舰队,因此,他负责布雷任务的所有准备工作、战术和常规指令、每次航行的特殊指示及按要求进行的错综复杂的航行。事实上,他负责布雷舰队的所有工作,安排布雷舰在指定区域进行布雷。

第10章
德国潜艇到访美国海岸

1918年夏,德国人做了一次大胆尝试,对美国海岸发起了进攻。1918年5月初到1918年10月底,五艘德国潜艇穿过大西洋,用鱼雷袭击了美国海岸附近的几艘船。一直以来,人们都知道德国潜艇可以进行远洋航行。然而,令人无法理解的是,很多美国人认为到访美国海岸的德国潜艇是第一批完成远洋航行的德国潜艇。1916年初秋,德国海军上校汉斯·罗斯指挥的U-53潜艇横跨大西洋,在返航途中顺便拜访了美国罗得岛州的纽波特,并且在南塔基特岛击沉了几艘美国商船。几个月前,"德意志"号商用潜艇抵达纽波特纽斯。德国媒体和一些亲德的人都称赞标志着德国海军光辉历史的一些杰出成就。毫无疑问,德国人真正的目的是向美国人展示具有毁灭性的德国潜艇可以轻易跨越大西洋,同时提醒美国人,如果美国人为维护自己的权益反抗德国,那么后果将不堪设想。事实上,早在"德意志"号商用潜艇或U-53潜艇抵达美国海岸前,德国已经证明德国潜艇可以横越大西洋。1915年,十艘潜艇从北美出发航行到了欧洲。在最近出版的回忆录中,海军上将约翰·费舍尔爵士讲述了自己的探险之旅。1914年,英国海军部与伯利恒钢铁公司总裁查尔斯·M.施瓦布签定了合同。因为国际法禁止一国在战争期间为与其交好的交战国建造军舰,所以英国购买的十艘潜艇的零部件被送往加拿大进行组装。后来,十艘潜艇横跨大西洋抵达了英国港口,随后被派往达达尼尔海峡,并且成功将土耳其和德国的舰船驱逐出了马尔

查尔斯·M. 施瓦布

马拉海。因此，德国潜艇前往美国海岸前，英国船员已经驾驶美国建造的潜艇成功跨越了大西洋。德国潜艇没有必要穿越大西洋以证明自己的能力，但德国人确信自己在美国海岸开展行动会对美国人起到警告作用。

美国参战后，美国人非常清楚德国潜艇到访美国海岸的目的。1917年年初，协约国海军认为几艘德国潜艇可能会攻击美国海岸。因此，我立即将消息报告给了华盛顿的海军部。我在1917年发出的电报和信件充分解释了德国潜艇到访美国海岸的原因。从战略方面来讲，正如我在急件中表明的那样，攻击美国海岸并没有太大的军事价值。如果德国派一定数量的潜艇前去攻击美国海岸，那么一定会导致严重后果。德国赢得无限制潜艇战的唯一机会是摧毁协约国的航运并切断协约国与外部世界的航道，尤其是切断协约国与美国的航道。唯一可以开展潜艇战并有机会赢得战争的地方是通往欧洲港口的海洋通道，尤其是爱尔兰南部和西南部海域，因为爱尔兰南部和西南部海域集中了从世界各地驶往英国和法国港口的贸易航线。只要有足够的可用潜艇，德国人就可以在爱尔兰南部和西南部海域保留足够的潜艇以摧毁协约国商船。因此，德国需要将所有可用潜艇集中在爱尔兰南部和西南部海域。但德国并没有足够的潜艇实现这一计划。如果德国派出任何一支潜艇舰队航行三千英里穿越大西洋，那么结果只能削弱德国海军的战斗力并导致德国无限制潜艇战失败。到时候，德国潜艇在美国海岸航行的时间将会延长，承受的压力也会比在欧洲近海海域进行短途航行时承受的压力大。正如已经解释过的那样，德国潜艇与其他国家的舰艇没有什么不同，也需要不断进行检修和保养，并且由于德国潜艇的装置相对比较精密，往往需要更长时间、更频繁的检修。在距潜艇基地三千英里的美国海岸，德国潜艇没有足够的物资、潜艇配件和修理设备，因此，德国潜艇无法在美国海岸开展大规模的军事行动。虽然德国潜艇每次出航都会击沉少量协约国商船，但大批德国潜艇不能同时出航，因为很多潜艇需要维修，或者遭到重创无法继续出航。在美国海域，德国人没有建立潜艇基地，也无法在美国海域建立潜艇基地。正如报纸指出的那样，德国人可能已经在美国缅因州海岸或加勒比海沿岸占领了一座荒岛，并且在荒岛上储存了大量燃料和食物。然而，除非荒岛上有维修潜艇的设备和充足的鱼雷与弹药，否则德国人根本不可能在美国海岸建立基地。相对而言，很少有德国潜艇到访美国海岸，并且在远离潜艇基地的美国海岸长时间航行。一艘德国潜艇可以在不列颠群岛或法兰西海岸附近航行三次到四次，击沉的船舶总吨数可能是在大西洋海岸击沉的船舶总吨数的四倍到五倍。在大西洋东部，德国潜艇可以在几英里海域内寻找目标。由于大西洋东部的航运非常密集，德国潜艇只需要选好位置等待，就会遇到协约国商船，并且用鱼雷成功击沉协约国商船。此外，如果德国潜艇前往美国海岸，将不得不在长达三千英里的海岸线上寻找目标。在美国海岸，德国潜艇发现的可以击沉的美国商船

阿尔弗雷德·塞耶·马汉

通常是一些沿岸交通船。与在大西洋东部击沉的、为协约国运送食物、弹药和物资的商船相比，击沉交通船的军事价值非常小。

因此，德国潜艇不可能大规模进攻美国港口。然而，战争一开始，德国人似乎会偶尔派一艘潜艇进入美国海域，以此作为一种宣传手段，而不是直接的军事行动。对协约国的反潜战来说，美国的驱逐舰和其他船至关重要。美国驱逐舰越早抵达欧洲海域，德国的恐怖主义行动就会越快结束。如果美国驱逐舰一直待在美国海域，那么德国人很可能赢得战争。德国采取的任何使美国舰船远离欧洲战场的做法都是合法的，同时显示了德国海军的作战智慧。在海战中，陆战常用的分裂对方部队的拿破仑式的作战原则同样有用。多年来，海军上将阿尔弗雷德·塞耶·马汉一直对美国海军军官说，战争的首要原则不是分裂自己的战斗部队,而是让战斗部队聚在一起,从而在关键时刻集中力量打败对手。无论是海战还是陆战,战争哲学的两个基本原则都包含在一句格言中:集中自己的力量,努力分化对手的力量。毫无疑问,德国能够采用的可以使美国驱逐舰留在美国海域的最好办法是让美国人相信自己的生命和财产处在危险中。因此,德国人可能会派一艘潜艇来攻击纽约、波士顿和其他美国港口的船,甚至可能会轰炸美国港口,从而达到他们的目的。德国人认为自己制造的恐慌会引起美国民众的抗议,迫使美国海军部将驱逐舰和其他反潜舰留在美国海域,以回应美国民众想要保护美国海岸的诉求。然而,美国驻伦敦总指挥部和协约国的将领们期待德国潜艇"拜访"美国海岸。显然,德国人正在努力让美国人相信,德国潜艇随时会攻击美国海岸。这是德国战争宣传的组成部分。媒体上充斥着很多报道,德国间谍也在散布谣言,称德国人即将对美国海岸发起进攻。

当然,从一开始,协约国海军将领和所有了解实际情况的海军部都清楚,在美国海岸,德国潜艇发起的进攻只产生了一些道德方面的影响。正如我在写给

在大西洋航行的德国潜艇

美国海军部信中说的那样，美国海军部一开始就很清楚，保卫美国海岸最好的地方是位于大西洋的德国潜艇区域。因为德国潜艇必须经过这些区域，然后前往美国海岸。也只有在这些区域，德国潜艇才有可能实现潜艇战的军事目标。因此，德国潜艇没有必要迫使美国驱逐舰留在美国海域，也没有必要在美国三千英里长的海岸线上巡航。此外，试图找到并摧毁美国海岸附近的德国潜艇的行动是徒劳的。如果德国潜艇对美国海岸的攻击非常分散，并且发起攻击的德国潜艇只在击沉商船时使用枪炮，同时选择没有武装的和没有防御能力的商船作为攻击目标，那么美国海岸的驱逐舰和其他反潜舰发挥不了任何作用。通过水下航行，德国潜艇可以在美国驱逐舰发现自己前发现美国驱逐舰，并且可以轻易避开美国驱逐舰，在没有遭到美国巡航舰队攻击的情况下击沉众多协约国商船。战争结束时，即使英吉利海峡的狭窄海域有很多巡航舰，其数量是美国海岸巡航舰的一千倍，德国潜艇也可以成功用枪炮攻击协约国的小型商船。因此，只要德国潜艇在美国海岸的攻击是分散的，那么美国巡航舰队的行动就是徒劳的，因为美国巡航舰队无法有效防御德国潜艇的分散进攻。此外，如果德国人曾经决定在大西洋港口附近集中一定数量的潜艇，那么美国可以将欧洲海域的战舰召回来保护进出大西洋港口的护航舰，保护方式与在欧洲海域保护护航舰的方式一样。但许多海军士兵并不理解这一事实。我已经解释过，协约国海军知道每艘德国潜艇所处的位置，也知道德国潜艇离开德国港口的时间，并且每天会派人密切跟踪出港的德国潜艇。在协约国不知道的情况下，没有一艘德国潜艇可以偷偷离港。德国潜艇的航行速度比较慢，往返美国海岸一般需要三十天时间或更长，并且远洋航行的潜艇必须节约燃油以便返航。因此，前往美国海岸的德国潜艇通常以每小时不超过五节的速度航行。然而，美国驱逐舰和反潜舰可以在十天内轻松穿过大西洋，在主港补给燃料。因此，显而易见，一支驻扎在欧洲海域的美国驱逐舰分遣队可以成功保护美国海岸免受德国潜艇的袭击，就像驻扎在汉普顿锚地或纽波特一样。在美国驻地，驱逐舰毫无用处，除非遇到攻击美国沿海商船的德国潜艇。但如果德国潜艇起航驶往美国，美国会立即得到消息，甚至在德国潜艇出发前派出驱逐舰。德国潜艇抵达美国海域前，美国驱逐

停泊在某军港的德国潜艇

舰可以提前约三个星期到达指定海域,为迎接不速之客做好充足准备。因此,从任何角度来看,都没有理由让美国驱逐舰一直留在美国海岸进行"国内防御"。此外,美国可以通过密切跟踪德国潜艇保护美国海岸。我已经解释了美国将护航舰运送到欧洲海域的过程。在欧洲海域,美国护航舰可以在德国潜艇周围航行。我认为,与任何其他行动相比,将美国舰船派往欧洲海域的行动保护了更多美国商船。众所周知,德国潜艇正在美国海岸附近航行,但我们并不担心德国潜艇会出现在美国港口附近。

然而,1917年,德国并没有派潜艇到美国海岸。德国人为什么不这样做呢?当时,如果德国派潜艇攻击美国海岸,那么德国潜艇很可能取得成功。我曾一再表示,德国人并没有认真对待美国参战一事。此外,德国人也许希望战争结束后可以与美国再次建立友好关系。因此,1917年,德国没有发动任何可能会引起美国人民仇恨的进攻。1917年夏初,协约国海军从一艘被俘获的德国潜艇上获得了德国海军参谋部签发的一系列命令,其中一条命令的签署日期是1917

年5月8日。其间，德国潜艇指挥官得知，德国并没有向美国宣战，并且在收到进一步指示前，德国潜艇将继续视美国舰船为中立船。德国潜艇指挥官们得到了警告，不能攻击欧洲海域的美国战舰，也不能对美国战舰采取任何公开行动。这些命令表明，德国政府没有收到任何官方证实的消息，即媒体上已经刊出的有关美国已经宣战的消息。因此，德国官方忽视了美国人的好战性。从德国人的立场来看，即使美国成为德国的对手，不冒犯美国的政策依然是明智的。从军事角度来看，1917年，德国没有在美国海岸进行潜艇演习是一个巨大错误，因为当德国人最终决定在美国海岸发动战争时，美国人对德国已经充满敌意，并且已经开始往西部前线运送军队。正如经验告诉我们的那样，德国人错失了时机，已经无法在美国海岸进行示威活动，以期打破美国国内的平静或者影响美国人获胜的意志。

1918年4月下旬，我通过情报部门了解到，1918年4月19日，一艘大型德国潜艇离开了德国潜艇基地，开始了一次远洋航行。因此，1918年5月1日，我向美国海军部打电报说，有迹象表明德国潜艇将驶往美国海岸。几天后，通过拦截德国与德国潜艇之间的无线电通讯，我得到了更具体的信息。于是，我再次向美国海军部打了电报，称驶出潜艇基地的大型潜艇是德国U-151潜艇。现在，U-151潜艇正在穿过大西洋，可能会在1918年5月20日后抵达美国海岸并展开行动。我完整描述了U-151潜艇，包括其航行特点和基本军事特征。U-151潜艇携带了大量水雷。因此，我提请美国海军部注意，德国潜艇最喜欢布设水雷的地方是协约国舰船停下来搭载领航员的地方。在特拉华湾，大型舰船的领航员一般会在五英寻排灯南侧登上舰船。因此，我认为U-151潜艇很可能在特拉华湾附近布雷。我从截获的无线电通讯中获得了上述信息。因为协约国的通讯信息很可能落入德国人手中，所以我不愿意将协约国截获的讯息公布于众，从而让德国人知道协约国有办法获得他们发出的准确信息。正如之前预测的那样，U-151潜艇直接驶入了特拉华湾五英寻排灯附近海域，并且布了雷，然后沿着海岸线向北航行。1918年5月25日，U-151潜艇击沉了两艘小型木船，开始了在美国海岸的示威活动。U-151潜艇上没有无线电设备。直到1918年6月2日，美国海军部和美国民众

U-151 潜艇

才收到消息,称一艘德国潜艇正在美国海岸附近行动。1918年6月29日,我告诉美国海军部,另一艘德国潜艇即将从爱尔兰西海岸出发驶往美国,并在1918年7月15日后到达美国海岸。

在大西洋上,一艘德国潜艇正在缓缓驶往美国。我每天会向美国海军部发送关于这艘德国潜艇的完整报告。1918年7月6日,我打电报说,第三艘德国潜艇已经开始驶往美国海岸。美国海军部要求我定期转发第三艘德国潜艇的进度及其特点和所有活动细节。1918年5月底到1918年10月,美国海岸附近一直有德国潜艇。在美国海岸,德国潜艇最活跃的时期是1918年8月。在一个星期或十天时间里,至少有三艘德国潜艇攻击了美国海岸附近的船。三艘德国潜艇一直从哈特拉斯角航行到纽芬兰岛,试图通过击沉美国商船的方式制造一种印象,即数十艘德国潜艇正在破坏美国的海上贸易并威胁到了美国海岸的安全。三艘德国潜艇只攻击帆船和小型蒸汽船,很少使用鱼雷。在美国港口的不同地方,德国潜艇布下了很多水雷。德国人认为美国商船的运输路线就在布设了水雷的区域内。

然而，美国获得的有关德国潜艇的信息可以使美国海军及时应对德国潜艇的任何行动。从军事角度来看，德国潜艇在美国海岸开展的一系列行动可以被视为一起小的战争事件，这和美国海军部长在其年度报告中的描述是一致的。美国海岸的五艘德国潜艇共击沉了约十一万吨美国船舶，其中大多数船是小型船，并且没有太大的军事价值。德国潜艇唯一的一次真正胜利是摧毁了"圣地亚哥"号巡洋舰。"圣地亚哥"号巡洋舰是被U-156潜艇布在火烧岛附近的一枚水雷击沉的。

第11章

空中战斗机

协约国海军不仅在海洋上攻击德国潜艇，还在空中展开了进攻。在反潜战中，固定翼飞机、水上飞机、飞艇和弯式气球发挥了重要作用。协约国的空中战斗机曾对德国潜艇发起了几次直接攻击，德国潜艇损失惨重。英国海军部的记录表明，英国空军摧毁了五艘德国潜艇。在法兰西海岸，法国海军部将一艘被毁的德国潜艇归功于美国空军。与装备航空站付出的努力相比，协约国空军的成就似乎微不足道。然而，事实上，空中战斗机是击败德国潜艇的一个重要因素。

与猎潜舰和潜艇一样，沿海海域的水上飞机取得了巨大成功。我已经指出护航体系的一个优点，即护航体系迫使德国潜艇只能在靠近海岸的海域寻找目标。通过几种不同类型的飞机，协约国空军有效干扰了海岸线附近的德国潜艇的行动。为了充分利用空军战斗机，协约国在法兰西沿海和不列颠群岛沿岸建了大量机场，并且为每个机场划分了一片海域，派空中战斗机在指定海域巡逻。空中战斗机的优势立刻显现了出来。水上飞机时速非常快，很快成了德国潜艇的劲敌。海面上的德国潜艇最快只能以每小时十六节的速度行进，但一架飞机的速度可以达到每小时六十节到一百节。因此，空中战斗机看到德国潜艇的时候，很容易追上德国潜艇并展开进攻。由于时速较快，与水面舰船和潜艇相比，空中战斗机可以在更广阔的海域巡逻。在几百英尺高的空中，飞机上的观察员

协约国水上飞机经拖船牵引下水执行任务

更容易发现德国潜艇。如果海水足够清澈，那么即使德国潜艇在水下航行，飞机上的观察员也能立刻发现德国潜艇。空中战斗机的视野非常开阔，可以在空中发现距离较远的德国潜艇。此外，在描述德国潜艇的反潜能力时，我强调过德国潜艇的优势。空中战斗机也具有与德国潜艇类似的优势，即德国潜艇几乎看不见空中战斗机。德国潜艇如果在水面上航行，就可以看见空中战斗机或飞船，但如果潜入水下或者在潜望深度航行，那么即使是空中最明显的飞机也看不到。当协约国潜艇和空中战斗机专心致力摧毁德国潜艇的时候，在沿海海域作业的德国潜艇陷入了困境。德国潜艇指挥官们焦虑的不再是协约国驱逐舰投下的深水炸弹，而是随时可能爆炸的水雷，或者突然从天而降的炸弹。他们每时每刻都生活在恐惧中。

我曾说过，在战争统计数据中，空中战斗机的成就微不足道，因为空中战斗机最有价值的工作是与战舰合作完成的。空中战斗机协助海军执行的任务与其协助陆军执行的任务不同。我们都很熟悉这样一幅画面：空中战斗机在战场上空飞行，然后将获取的信息通过无线电传到指挥部，为自己军队的炮兵阵地提供射程。在海上，协约国海军的水上飞机和飞艇执行了类似的任务。在很大程度上，水上飞机和飞艇成了协约国驱逐舰和其他水面舰船的"眼睛"，就像陆地上的空中战斗机是陆军的"眼睛"一样。所有飞艇上都有无线电报和无线电话。一旦发现德国潜艇，飞艇就会立即将消息传递出去，通知附近的其他战舰或空中战斗机展开进攻。有时，通过美国战斗机发送的无线电信息，协约国驱逐舰成功击沉了德国潜艇。因为英国海军的空中力量比美国海军的空中力量大很多，所以许多"间接击沉"的德国潜艇都是英国空军的功劳。

向英国海军部推荐杰出服务勋章候选人时，我推荐了海军上尉约翰·J.希费林。当时，我的推荐语阐明了空中战斗机和水面舰艇之间的合作。推荐语内容如下：

协约国水上飞机执行巡逻侦察任务

海军上尉约翰·J.希费林执行了多次危险的侦察任务。1918年7月9日，他用炸弹袭击了一艘德国潜艇，然后指引英国驱逐舰来到作战现场，成功摧毁了德国潜艇。1918年7月19日，海军上尉约翰·J.希费林朝另一艘德国潜艇投下了炸弹，然后发信号给附近的拖网渔船。他对德国潜艇的攻击非常成功。即使德国潜艇没有被摧毁，也受损严重。在任何时候，海军上尉约翰·J.希费林都是一名勇敢忠诚的战士。

除了侦察、搜寻和轰炸德国潜艇，在护送护航舰方面，空中战斗机也展现出了很大价值。位于护航舰队两翼的几架飞艇几乎和驱逐舰一样，有效保护了护航舰队。一艘飞艇可以将一支协约国商船编队和战舰安全送到港口。有时，飞艇会协助驱逐舰作战，有时会单独行动。在将空中保护机制应用到护航体系的过程中，协约国海军采用了英国在英吉利海峡使用了近三年的战术。四年来，在英

协约国的空中战斗机

协约国的飞艇

国和法国之间，英国海军成功运输了约两千万人。很多人在谈论英国的运输策略。在运输过程中，水上飞机、飞艇和其他空中战斗机发挥了重要作用。同样，对保护沿海护航舰来说，尤其是对从法兰西的一个港口前往另一个法兰西港口的护航舰，或从英国港口航行到爱尔兰、荷兰与斯堪的纳维亚半岛的护航舰来说，空中保护机制很有价值。我已经描述了护航舰曾经遇到的危险。进入英吉利海峡和爱尔兰海域后，护航舰被迫分散，只能独自前往目的地。在很大程度上，空中战斗机改善了这种情况，因为空中战斗机可以找到分散的驱逐舰，将其安全带往目的地。在空中飞行的时候，水上飞机可以在德国潜艇到达鱼雷射程范围内之前，向协约国驱逐舰发出信号。因此，空中战斗机的巡逻工作非常有价值。

1918年年初，在英国政府的要求下，美国接管了一个大型水上飞机基地。该基地是英国人在位于亨伯河河口的海滨小镇基林霍姆建立的。根据最初的计划，美国打算在基林霍姆基地与英国海军合作，共同打击德国的潜艇基地。因

NC-4 飞机

此，美国海军采用了拖曳驳船。驱逐舰可以利用拖曳驳船将水上飞机拖到距目标较短的范围内。虽然这一计划从来没有付诸实践，但基林霍姆因其地理位置成了一个非常重要的水上飞机基地。基林霍姆基地的水上飞机的任务主要是护送往返于北欧港口的护航舰、搜寻德国潜艇并在雷区附近巡逻、在北海上空侦察德国公海舰队的任何活动。水上飞机的一次飞行通常会持续六到八小时。水上飞机的最长飞行纪录是由美国海军少尉S.C.肯尼迪和C.H.韦瑟赫德创造的。在执行护航任务时，他们连续飞行了九个小时。对例行巡逻来说，与现在著名的横跨大西洋的NC-4飞机相比，水上飞机的巡逻更有价值。

在研究生学习期间，海军少尉K.B.凯斯曾在一个英国水上飞机基地服役。他递交给我一份报告，描述了他参加的一次侦察飞行。我想引用其中的几处摘录描述热情勇敢的美国年轻人做的伟大工作。海军少尉K.B.凯斯提供的一些照片描述了美国大学生经常参与的飞行场景。具体内容如下：

1918年6月4日，我接到命令前往北海和荷兰海岸执行侦察和巡逻任务。当时天气晴朗，海上的能见度很高，白云在约八千英尺到一万英尺的高空漂浮，非常有利于水上飞机执行任务。在微风的吹拂下，水上飞机的时速为每小时十五节。

1918年6月4日中午12时，三架水上飞机组成的巡逻中队从费利克斯托港出发，向东北偏北方向的雅茅斯飞去。在雅茅斯，另外两架水上飞机加入了巡逻中队。然而，由于飞机汽油管道破裂，我乘坐的水上飞机被迫在空中进行了修复，导致了短暂延误，但很快再次加入了巡逻中队。杰出服务勋章获得者海军上校罗伯特·莱基担任巡逻中队的队长。

1918年6月4日下午1时，巡逻中队向东飞去。我乘坐的水上飞机逐渐飞到了一千五百英尺的高空，在海军上校罗伯特·莱基驾驶的飞机后面约半英里的地方飞行。

费利克斯托港

罗伯特·莱基

  1918年6月4日下午2时30分左右，巡逻中队看见一艘哈克斯轻型船慢慢出现在地平线上，同时在哈克斯轻型船附近靠近南边的地方发现了约一百多艘荷兰渔船。

  1918年6月4日下午2时40分左右，巡逻中队看到了荷兰海岸，同时向东北调整了航线，沿着特塞尔岛和弗利兰岛的沙滩来到了荷兰的泰尔斯海灵岛。在弗利兰岛海岸附近，坐在水上飞机上可以看见岛上的房子和沙滩上的浪花。

  在泰尔斯海灵岛，巡逻中队根据指示向西飞行。然而，由于海军上校罗伯特·莱基的飞机脱离了巡逻中队并来到海面上，巡逻中队不得不返回。

1918年6月4日下午3时15分，海军上校罗伯特·莱基的飞机降落，其他水上飞机继续飞行。海军上校罗伯特·莱基的飞机的一根汽油管受损严重。大约十五分钟后，五架德国飞机向西行驶，很快就要追上巡逻中队了。

与此同时，巴克上校驾驶着我乘坐的水上飞机，加尔万上尉坐在他的旁边。一旦遇到德国飞机，加尔万上尉就会跪在座位上，通过整流罩向外看去，仔细观察远处的德国飞机，然后指挥飞行员朝德国飞机方向飞去。我坐在驾驶员的座舱里，舱里有一支枪和四百发子弹。在机尾的座舱里，机械师根据接收到的无线指令操纵三支枪，随时准备发射。

巡逻中队立刻采取了战斗队形，向德国飞机发起进攻。但我惊奇地发现，当水上飞机接近德国飞机的时候，德国飞机已经掉头飞走了。巡逻中队立刻前去追击德国飞机，但很快发现德国飞机的速度很快，根本追不上。我乘坐的水上飞机已经脱离队形，机头朝下，正在海军上校罗伯特·莱基的飞机前面。很快，我乘坐的水上飞机成了离德国飞机最近的战斗机。我试了几轮枪，但不知道自己是否击中了目标。

罗伯特·莱基驾驶的飞机

博尔库姆

追击德国飞机是为了迫使德国飞机远离协约国的水面舰船。如果巡逻中队没有追击德国飞机,那么协约国的水面舰船很可能已经被摧毁。我发现,追击德国飞机的行动没有起到任何作用,因为德国飞机很快飞出了巡逻中队的射程范围。于是,巡逻中队只好返回。

不久,德国飞机又飞了过来。巡逻中队再次追击。这次出现的德国飞机只有四架,但还有一架小型侦察机朝博尔库姆方向飞去。

巡逻中队第四次前去追击德国飞机。突然,大量德国飞机向巡逻中队飞来。这批德国飞机没有与之前的四架飞机一起飞行,而是在离水面很近的地方飞行。第一组德国飞机有十架,但几分钟后又有五架德国飞机加入了第一组德国飞机。

巡逻中队随即摆出战斗队形,向德国飞机中间飞去。当巡逻中队即将飞到射程范围内的时候，左舷方向的四架德国飞机和右舷方向的五架德国飞机突然升到了一千五百英尺的高空。两架德国飞机直接从巡逻中队下面飞过，向巡逻中队发射了子弹。德国飞机一直没有停止射击，空气中弥漫着烟雾。我主要负责攻击左舷方向的四架德国飞机，因为它们正好与我在同一高度，并且在两百码射程范围内。当水上飞机从德国飞机旁边飞过时，我环顾四周注意到加尔万上尉正在弯腰，他的头和一只胳膊在座位上，另一只胳膊好像在伸手拿什么东西。我之前看见他弯腰坐在座位上，因此并没有多想。一切转瞬即逝，我必须继续射击。几分钟后，我转过身

德国飞机

来惊讶地发现,加尔万上尉还保持着原来的姿势。我突然意识到发生了什么,立即弯下腰查看,却发现加尔万上尉已经倒在血泊中。

与此同时,我忽然不知道巡逻中队的目的是什么了。但显然,巡逻中队在东边发起了一场战斗,然后一直盘旋在空中。我发现我乘坐的水上飞机已经脱离队形,被七架德国飞机包围了。

巴克上校驾驶水上飞机朝西或西南方向前进,继续战斗了约十英里,直到七架德国飞机被迫离开。在战斗的最后几分钟,水上飞机的引擎发出爆裂声。很快,工程师告诉我们,左舷发动机的汽油管破了。

我将加尔万上尉放到了无线驾驶舱里,清理了副驾驶座,然后坐在了副驾驶座上。

交战持续了约半个小时,德国飞机与我乘坐的水上飞机之间的距离最近的时候只有一百码,平均距离约二百码。海军少尉查尔斯·伊顿驾驶

查尔斯·伊顿

查尔斯·伊顿驾驶的飞机

的水上飞机在特塞尔岛和弗利兰岛之间的地方着陆。在距弗利兰岛两英里的地方,另一艘没有参加战斗的水上飞机正朝海滩滑行。

1918年6月4日下午5时45分,我乘坐的水上飞机降落到了距弗利兰岛西北十英里的海面上,并且停留了十分钟。其间,为了让加尔万上尉躺得更舒服一些,我解开了他的衣服,并且感受了一下他的心跳。当时,我很确定他还有微弱的心跳。

当水上飞机再次飞到一千五百英尺的高空时,我看到了两架飞机。后来证明,这两架飞机来自雅茅斯。巡逻中队和雅茅斯的两架飞机一起摆成队形,朝雅茅斯飞去。

1918年6月4日晚上6时50分,我看到了陆地。1918年6月4日晚上7时10分,巡逻中队在雅茅斯海域休整。

休整期间,我们立即召来了医疗船。但医生也无能为力,因为子弹击中了加尔万上尉的头,击穿了他的嘴,从他的耳朵后面穿了出去,伤口的直径约两英寸。

我乘坐的水上飞机总共飞行了7小时10分。机身上到处是弹孔，子弹撕裂了前驾驶舱和整流罩之间的顶部。

美国空军拥有一个浪漫的开端。事实上，一开始，美国空军几乎一无所有，随后逐渐发展成一支在欧洲海域拥有两千五百名军官和两万两千名士兵的部队。这是德国无限制潜艇战中的一个伟大成就。在很大程度上，美国空军的成就是民众的进取心和公德心共同作用的成果。在描述美国猎潜舰时，我已经向美国预备役军官的优秀品质表达了敬意。现在，我希望向美国空军官兵表达崇高的敬意。我只想说，聚集在欧洲的美国空军部队是在耶鲁大学的一群大学生中诞生的。因此，我非常敬佩年轻的空军战士。在推荐特鲁比·戴维森为杰出服务勋章候选人的时候，美国空军部队的指挥官写道："特鲁比·戴维森负责指

学生时期的特鲁比·戴维森（前排右三）

约瑟夫斯·丹尼尔斯

挥第一支由二十九名飞行员组成的耶鲁航空部队。后来,耶鲁航空部队加入了美国海军预备役飞行队,成了第一支海军预备役飞行队的核心。"事实上,人们认为,后来的美国空军部队和驻外事务处是以耶鲁航空部队为核心建立起来的。耶鲁航空部队的大学生飞行员完全按照自己制订的方案行事。美国没有参战前,耶鲁大学的几名大学生在父母和几个朋友的鼓励下,开始从事航空研究。他们坚信美国一定会参战,于是选择了一个可以为国家贡献力量的领域。1916年夏,这些大学生都在长岛的华盛顿港实习,学习如何驾驶飞机。当时,他们只是一个由二十人组成的非官方自费团体。1916年秋,耶鲁大学开学,随即战争爆发。这些大学生准备参战,因为他们已经学会如何驾驶飞机。在战争最初的几个月里,德国潜艇造成的恐慌扰乱了大西洋海岸的航运。美国海军部派耶鲁大学的大学生飞行员前往长岛海峡和其他地方进行侦查,同时寻找想象中的德国

麻省理工学院

潜艇。1917年2月,美国海军部部长约瑟夫斯·丹尼尔斯让特鲁比·戴维森到航空委员会,并且认可了特鲁比·戴维森等人的工作。1917年3月,耶鲁大学的大学生飞行员几乎都加入了航空委员会。他们的名字出现在第一批加入美国海军的一百名飞行员名单中。他们都是专家级人物,很快成为训练美国空军部队的核心力量。在布法罗、贝肖尔、汉普顿水道、麻省理工学院、基韦斯特和穆尔黑德,他们都是非常出色的教官。1917年夏,他们前往法国和英国担任教官。年轻的美国飞行员不仅为协约国提供了航空方面的服务,而且表现出了极大的热情、真诚及一种不知疲倦的警惕性,对增强协约国航空部门的道德品质产生了巨大影响。战争后期,海军少校沃尔特·阿特利·爱德华兹是美国驻伦敦海军总指挥部的航空部门的负责人。他说:"我知道,任何时候只要有耶鲁大学的大学生飞行员在,一切就都不成问题。当法兰西人和英国人要求美国派几名优秀的飞行员前去增援协约国航空部队时,我会说,'让耶鲁的大学生去吧'!事实证明,我的决定是对的。"

美国应该感谢海军正规部队中的很多人。海军上校托马斯·廷吉·克雷文是海军上将亨利·布雷德·威尔逊最得力的助手。停战协议签署后,海军上校托马斯·廷吉·克雷文成为美国航空委员会的高级成员,并被委派去处理美国空军与法国政府之间的交涉问题。在航空领域,海军中校肯尼斯·怀廷是另一名做出杰出贡献的美国军官。1917年6月5日,他抵达法国的圣纳泽尔,指挥由七名军官和一百二十二名士兵组成的第一航空支队。

以上就是成立初期的美国空军。很快,海军中校肯尼斯·怀廷被派去指挥英国基林霍姆的水上飞机基地。1917年10月,海军上校H.I.科恩开始负责已经制定好的大型航空计划。多年来,海军上校H.I.科恩一直是一名高效的海军军官。

托马斯·廷吉·克雷文

北方轰炸部队的空中战斗机

当时，他虽然只是一名海军少校，但曾担任蒸汽工程局局长。1917年，巴拿马运河的海军军官全部由他指挥。这一职位要求指挥官必须拥有出色的组织能力。在我的要求下，海军上校H.I.科恩被派到国外负责指挥欧洲的美国航空部队。现在，他来到巴黎，全身心投入到组织美国航空部队的工作中。

后来，伦敦无疑更适合海军上校H.I.科恩开展工作。因此，他开始在格罗夫纳花园建立航空总部。在他的管理下，美国航空部队涉外服务的规模逐渐扩大，并且在法国建了六个水上飞机基地、三个飞艇基地、两个鸢式气球基地、一所航空学校和一个装配修理基地，同时成立了北方轰炸部队。此外，他还在不列颠群岛附近建了四个水上飞机基地，在爱尔兰建了一个鸢式气球基地，在英国建了一个水上飞机基地和一个装配修理基地。应意大利政府的要求，美国在佩斯卡拉和亚得里亚海的波尔图科尔西尼建了两个水上飞机基地。随后，美国空军轰炸了奥地利的海军基地，效果显著。意大利和美国建立了友好关系。在海军上校H.I.科恩的指挥下，意大利的美国航空部队取得了显著成就。

美国建立的最完备的航空基地也许是位于法国波亚克的航空基地。波亚克航空基地由美国海军上校弗朗西斯·托马斯·埃文斯指挥。在波亚克航空基地，美国海军为两万人建造了住所，并且建了一个飞机工厂。如果战争多持续六个月，波亚克的飞机工厂就会造出足够多飞机，从而满足美国航空部队的需求。工程师D.G.科普兰和A.W.K.比林斯业务能力出众，作出了非常有远见的判断，使波亚克的飞机工厂成为可能。但我想补充的是海军中校本杰明·布里斯科及其同伴的通力合作。海军中校戴维·C.汉拉恩组建了北方轰炸部队。北方轰炸部

弗朗西斯·托马斯·埃文斯

阿尔弗雷德·A. 坎宁安

队有一百一十二架飞机、三百零五名军官及两千多名士兵，主要任务是轰炸泽布吕赫和奥斯坦德的德国潜艇。北方轰炸部队的轰炸任务是与陆军少校阿尔弗雷德·A.坎宁安指挥下的海军陆战队协作完成的。陆军少校阿尔弗雷德·A.坎宁安是一位经验丰富的飞行员，也是一位能干的指挥官。他执行的所有任务不仅令我满意，还体现了他代表的海军陆战队的价值。由于美国航空部队建立基地的速度超过了美国国内建造飞机的速度，因此，美国航空部队与意大利政府达成了一项协议，美国用原材料换取了意大利的卡普罗尼飞机。在海军少校E.O.麦克唐纳的指挥下，美国的几架大型轰炸机成功飞越阿尔卑斯山脉，到达了佛兰德斯战场。充满活力、足智多谋的海军少校E.O.麦克唐纳指挥美国大型轰炸机完成了艰巨任务，受到了美国人民的称赞。

1918年9月，为了履行职责，海军上校H.I.科恩乘船前往爱尔兰。但在爱尔兰海域，他乘坐的"伦斯特"号被鱼雷击中。被人救起时，海军上校H.I.科恩已经不省人事。在前往医院的途中，有人发现海军上校H.I.科恩的双腿已经断了。因此，美国驻伦敦海军总指挥部必须重新任命一名军官代替海军上校H.I.科恩。我选择了海军上校沃尔特·阿特利·爱德华兹。海军上校沃尔特·阿特利·爱德华兹曾在"库欣"号驱逐舰上服役。不久，他成了海军上校H.I.科恩的副手。任命一名只在海军学院待了几年的年轻中尉担任重要机构的负责人几乎是史无前例的。通常情况下，重要机构的工作需要交给一位拥有海军上将军衔的军官。然而，海军上校沃尔特·阿特利·爱德华兹不仅极具才华，而且很有天赋，可以与我们的盟友，尤其是英国人友好相处。美国人与英国人的交往十分广泛。海军上校沃尔特·阿特利·爱德华兹非常受英国人的欢

"伦斯特"号

迎。在战争后期,他一直负责航空部门,并且得到了上级和下属的一致好评,还获得了英王乔治五世授予的杰出服务勋章。

航空部门的工作完全步入正轨前,停战协议签署,但航空部门取得的成就依然值得称赞。如果战争持续的时间稍微长一点,美国航空部队会作出更大贡献。在对德国潜艇发起的三十九次直接攻击中,其中十次攻击无疑是成功的。在战争中,美国水上飞机取得的最令人惊叹的成就应该归功于海军少尉保罗·F.艾维斯。海军少尉保罗·F.艾维斯驾驶的水上飞机朝德国潜艇投下了一枚炸弹。炸弹直接落在了德国潜艇的甲板上,但炸弹并没有爆炸。在评论这起事件和另一次值得称赞的攻击时,英国海军部认为,遭到飞行员J.F.麦克纳马拉攻击的德国潜艇损失惨重;海军少尉保罗·F.艾维斯发起的攻击可能是成功的,因为炸弹没有爆炸并不是他的错。

随后,美国海军飞行员J.F.麦克纳马拉和海军少尉保罗·F.艾维斯向英国海军部递交了关于对德国潜艇发起攻击的报告。

我要补充说明的是,英国朴茨茅斯空军大队的中校也对美国飞行员提供的援助表示诚挚感谢。

战争结束前,共有五百多架不同类型的美国飞机在欧洲海域执行任务,其中很多飞机在北海、爱尔兰海、比斯开湾和亚得里亚海执行任务。德国潜艇基地上空经常盘旋着美国轰炸机。与此同时,两千五百名美国军官和两万两千名美国现役军人正在执行突袭、巡航、轰炸德国潜艇和潜艇基地、拍摄照片、侦察德国海域及与德国飞机交战等任务。毫无疑问,美国航空部队是迫使德国人承认失败的重要因素之一。通过简单比较,我们会发现美国海军肩负的艰巨任务和驻外事务处建立海军航空部队时面临的困难。如果将所有为美国官兵建造的营房连接起来,那么营房总长约十二英里。供美国官兵使用的所有建筑物的总容积相当于一个二百十四五英尺宽、三百英尺长、一千五百英尺高的盒子。这个大盒子里可以装下十几幢伍尔沃斯大楼。在欧洲航空基地,美国航空部队安装了二十九部电话交换机,连接了英国和法国之间的长途线路,并且在爱尔兰建了长约八百英里的长途线路,确保每个航空基地都可以与美国驻伦敦海军总指挥部进行联系。此外,基础设施建设耗费的木材可以铺成一条长四千英里、宽一英尺的木板路,相当于一条从纽约一直延伸到马耳他岛的路。

战争期间,欧洲海域的美国航空兵人数超过了战前美国海军人数的一半。毫无疑问,所有受过军事培训的普通军官几乎都有能力胜任行政工作。很多军官并没有机会参加令人兴奋的轰炸德国潜艇的战斗。值得赞扬的是,担任行政工作的军官并没有感到不满。但由于担任行政工作的军官人数太少,我无法安排他们指挥水上飞机,只能安排他们负责航空基地的服务工作。

我对预备役部队怀有崇高的敬意,非常喜欢预备役的官兵。预备役官兵非常优秀,不仅为自己的国家作出了巨大贡献,而且取得了辉煌成就。在战争中,我认为海军少尉C.H.哈蒙取得的个人成绩是任何人都比不了的。在波尔图科尔西尼航空基地的时候,他参与了轰炸普拉的行动。当时,他与两架德国飞机交战,他的飞机的好几个地方被击中了。在交战中,他的同事海军少尉G.H.勒德洛的飞机被击落了。于是,海军少尉C.H.哈蒙立即赶去营救海军少尉G.H.勒德洛的飞机。他将自己的飞机停在普拉港外的水面上,并且成功接住了受伤的海军少尉G.H.勒德洛。随后,他打算飞回七十五英里外的波尔图科尔西尼航空基地。在波涛汹涌的大海上,他的飞机随时会坠落下去,他也面临着被淹死或被俘虏的危险。由于这一勇敢的营救行为,我举荐海军少尉C.H.哈蒙为国会荣誉勋章的候选人。

我推荐的第二位国会荣誉勋章的候选人是海军少校A.L.盖茨。在欧洲海军部队服役时,海军少校A.L.盖茨取得的成就十分显著。我对他的评价如下:"海军少校A.L.盖茨负责指挥敦刻尔克的美国航空基地。他的工作效率很高,但他驾驶的飞机总是遭到德国人的炮弹袭击。在奥斯坦德海域,他曾独自一人救出了一架失事的英国飞机上的机组人员。因此,英国政府授予他杰出飞行十字勋章。实际上,他的英勇行为超越了他所肩负的职责,同时显示出了超乎寻常的勇气。海军少校A.L.盖茨执行过多次飞行任务。在战斗中,他的飞机曾被击落,他也被德国人俘虏,但他进行了几次英勇的逃跑尝试。在执行任务时,他一直表现得非常勇敢、谦虚、敬业。他维护了美国海军的最高传统。"

我无法一一列举杰出的美国年轻人为战争作出的所有贡献，只能简单提及。譬如，在黑尔戈兰岛上空，海军少尉史蒂芬·波特成功击落了一架德国飞机。不幸的是，一个月后，他的飞机被德国飞机击落，落在了他在北海的安息之地上。此外还有德·切尔内亚、威尔克斯特和G.H.勒德洛等人的故事。他们的牺牲精神支撑着美国航空部队，使美国空军完成了几乎不可能完成的事情。这是一种不可战胜的"胜利的意志"。

第12章

美国海军参加陆战

实际上，除了运送美国军队，美国海军也参与了西线的战争。虽然美国海军参加的陆战与德国无限制潜艇战的主题无关，也与击败德国潜艇无关，但关于美国海军的描述如果忽略了美国海军取得的陆战成就，那么这种描述一定是不完整的。在陆战行动中使用舰炮并非没有先例。在布尔战争①中，英国人使用了舰炮，尤其是在莱迪史密斯战役和斯皮恩山的战役中。在镇压义和团运动中，舰炮发挥了重要作用。在第一次世界大战中，英国、法国和德国经常派海军炮兵增援集团军直属炮兵。战争后期，在对抗撤退的德国人方面，与美国舰炮相比，海军少将查尔斯·P.普伦基特控制下的舰炮取得了显著成效，并且是以前的所有岸上舰炮装备从未取得过的成效。

战争期间，德国人在比利时派驻了一支强大的舰炮部队，准备轰炸敦刻尔克。美国派遣海军炮兵部队前往法国的初衷是压制德国的舰炮部队。1917年11月，有人提出派美国海军炮兵部队加入陆战的提议。但当美国的五门十四英寸口径的舰炮准备前往法国的时候，形势突然发生了变化。1918年春，德国人开始派舰炮部队进驻英吉利海峡港口。就当时英吉利海峡的港口形势看，美国海军根本不可能将舰炮送到比利时海岸。与此同时，在贡比涅森林，德国人部署

---

① 布尔战争（the Boer War）是1899年10月到1902年5月，英国与南非共和国和奥兰治自由邦之间为争夺南非领土进行的战争。

"兴登堡"号巡洋舰

了一支射程近七十五英里的舰炮部队。舰炮发射的炮弹不断落到巴黎,法兰西人逐渐丧失了信心。四面八方传来的呼声要求消灭德国舰炮部队。令人高兴的是,在德国舰炮部队带来新的危险前,美国舰炮部队已经准备就绪,即将出发前往法兰西。在巴黎,德国的远程舰炮部队取得了成功。德国人备受鼓舞,准备远程轰炸前线的几个作战地区。于是,德国人从"兴登堡"号巡洋舰上取下巨大的舰炮,将舰炮安置在指定地点,试图轰炸敦刻尔克、马恩河畔的沙隆和南锡。总之,协约国情报部门报告,1918年5月,十六门口径巨大的舰炮离开了德国的基尔港,预计很快会在法兰西登陆并完成任务。与此同时,美国派出的五门十四英寸的海军大炮及其装填物、弹药和补给火车,已经准备前往欧洲战场。对缺乏远程舰炮的协约国来说,这是一个好消息。美国海军收到了约翰·J.潘兴将军的紧急请求。约翰·J.潘兴将军请求美国舰炮在圣纳泽尔登陆,摧毁朝巴黎发射炮弹的"贝尔莎"大炮,同时攻击特定目标,尤其是攻击德国的铁路和莱茵河桥。

　　设计机动铁路炮台的新方案由美国海军军备局负责。在海军少将拉尔夫·厄尔的领导下,军备局的官员和海军少将查尔斯·P.普伦基特负责处理建造机动铁路炮台的细节问题。如果将炮架安装在可以发射舰炮的车厢上,那么必须为每门舰炮设计一种特殊的供给车厢。成功建造出机动铁路炮台的功劳应该属于美国鲍尔温机车厂,尤其应该感谢积极承担了建造机动铁路炮台任务的

拉尔夫·厄尔

塞缪尔·M.沃克莱

机车厂厂长塞缪尔·M.沃克莱。与德国舰炮相比，美国舰炮取得了更大成就，因为美国舰炮是机动的。德国人轰炸敦刻尔克一事揭示了一个事实，即德国舰炮正在失去射程优势，因为德国舰炮是不可移动的，只能固定在某个地方。正在轰炸巴黎的七十五英里射程的德国舰炮存在同样的缺陷。现在，美国军械署提议建造一种能从一个地方移动到另一个地方的舰炮，从而使舰炮可以通过法兰西铁路系统随意移动。要做到这一点，就必须在火车车厢里安装一个装置，同时设计一种能够搭载船员、装有睡觉舱、可以储存食物和弹药的车厢。实际上，有必要为每门舰炮配备一列火车。舰炮运载装置必须在美国建造，然后横跨三千多英里海洋，在法兰西港口登陆、组装，最后由法兰西铁路部门将舰炮运送到目的地。鲍尔温机车厂签定了建造舰炮运载装置的合同。1918年2月13

日,鲍尔温机车厂开始建造舰炮运载装置。1918年4月中旬,第一个舰炮运载工具建造完成,舰炮抵达美国新泽西州的桑迪胡克。1918年到7月,五门舰炮全部抵达圣纳泽尔,即将被送往战场。建造舰炮运载装置的工作完成得很快,充分证明了美国制造业的能力。与此同时,海军少将查尔斯·P.普伦基特开始召集并训练船员。在召集船员的过程中,美国海军的道德品德得到了充分体现。当舰炮计划的消息传播开来时,两万多名军官和士兵自愿加入了舰炮部队。

起初,法兰西人虽然非常赞赏美国舰炮及美国舰炮表现出来的惊人的射击能力,但依然认为法兰西的铁路路基和桥梁无法承受舰炮的重量。事实上,一开始,法兰西工程师们就不同意美国海军使用法兰西铁路。但由于德国炮弹不停落在巴黎上空,法兰西工程师们改变了态度。形势非常危急,法兰西人迫切希望美国舰炮提供援助。因此,1918年8月的一个清晨,第一列装载美国舰炮的火车开往海勒斯穆奇。法兰西人期望舰炮可以压制海勒斯穆奇的"贝尔莎"

鲍尔温机车厂

"贝尔莎"大炮

大炮。火车顺利达到了海勒斯穆奇。我们和法兰西人一样,并不信任法兰西铁路路基和桥梁。因此,法兰西火车行驶得很慢,就像蜗牛一样,并且在进入弯道时非常谨慎。当火车驶过一些桥梁的时候,火车上的士兵们屏住呼吸,一动不动,希望火车赶快驶过桥梁。途中,法兰西人欢欣鼓舞,热烈欢迎搭载舰炮的火车。在沿途的一些法兰西城镇和村庄,女孩们用鲜花装饰了舰炮的炮口。但除了法兰西人,还有其他旁观者。虽然搭载舰炮的火车伪装得很巧妙,但依然被德国飞机上的观察者发现了。当火车接近目的地时,落在巴黎上空的炮弹停止了。美国舰炮部队开始工作前,德国人已经撤走了所有炮舰,只留下一个炮位可供美国舰炮发起进攻。虽然美国士兵失去了摧毁德国远程舰炮部队的机会,但显而易见,美国舰炮部队的到来拯救了巴黎,因为战争后期,巴黎上空再也没有听到过德国远程舰炮部队的炮弹声。

事实证明，美国舰炮可以有效攻击德国的铁路系统、桥梁和其他基础设施，也可以在西线后方发射炮弹。此外，由于美国舰炮可以像火车那样，从一个地方快速移动到另一个地方，因此，显而易见，如果美国能提供更多舰炮就更好了。美国舰炮的优点很快得到了军方认可。于是，协约国军队要求美国海军协助建造更多舰炮运载装置。如果战争继续下去，美国舰炮一定会在西线上发出巨响。

从开始建造舰炮运载装置到停战，海军少将查尔斯·P.普伦基特的部队一直在协约国的几条战线上忙碌着。其间，在十八英里到二十三英里不等的射程范围内，五门美国海军舰炮发射了七百八十二枚炮弹，破坏了拉昂的铁路战线，摧毁了德国人不可或缺的一段铁轨，使拉昂铁路中心变得毫无用处。美国舰炮为协约国的事业作出的最大贡献也许在凡尔登北部地区。1918年10月下旬，三门美国舰炮被运到沙尔尼和蒂耶尔维尔，开始轰炸穿过蒙特梅迪、隆吉翁和孔夫兰的铁路。这条铁路线是西线最重要的交通线，也是东部的德国军队的补给

凡尔登战场上的英军

线。此外，与美军交战的德军只能经由这条铁路线撤退。从1918年10月23日到签署停战协议，在这条铁路线上，美国十四英寸口径的舰炮发射了无数炮弹。美国舰炮的轰炸非常成功，德国的运输行动因轰炸而被迫停止。所有人都知道舰炮取得的成就对协约国的胜利意味着什么。在报告中，约翰·J.潘兴将军对此进行了总结：

> 美国的大口径舰炮越来越先进，并且被巧妙地安置在了合适的位置上，以便向蒙特梅迪、隆吉翁和孔夫兰等重要战场发射炮弹。美国舰炮出色地完成了任务，切断了德国人的主要航道。因此，德国人只能通过投降或停战才能避免全军覆没。

当然，舰炮只是帮助协约国赢得战争的众多因素之一。但在陆战中，美国海军发挥了独特作用，再次证明美国海军与陆军的合作非常成功。为了共同的事业，美国海军和陆军进行了积极合作。在历史上，可以跟美国海军与陆军的合作媲美的几乎是没有的。

第13章

运送二百万美国士兵到法国

第1节 军队运输船起航

1918年3月，显然，德国无限制潜艇战已经结束。1917年4月，协约国面对的局势是历史上从未出现过的。战争初期，协约国的事业逐渐变成全世界人民争取自由的事业。协约国几近绝望。在陆地和海洋上，德国人似乎掌握着人类的未来。在欧洲，协约国的军队无处不在，并且日益壮大。在法兰西，法国和英国都拥有自己的军队。在索姆河战役中，法国军队和英国军队重创德国军队，但俄国军队已经出现明显的瓦解迹象。因此，俄国军队很快遭到同盟国联合力量的打击。与此同时，同盟国军队征服了罗马尼亚、塞尔维亚和黑山。意大利对抗奥地利的战争似乎没有任何进展。保加利亚和土耳其已经成为德国的领土。德国的梦想似乎很快会变成现实。德军实力强大，德国根本不担心美国的军备物资会对战争结果产生决定性作用。德国人试图快速结束欧洲战争，毫不犹豫地站在了美国的对立面。也许没有哪个国家会像德国那样，对自己采取的战略措施充满信心。当时，德国潜艇能够取得的成果似乎只是一个简单的数学计算问题。德国人估计，德国潜艇每月至少可以击沉一百万吨协约国船舶，彻底切断英国的物资供应，从而在1917年10月或1917年11月结束战争。在没有准备的情况下，美国即使宣战，短时间内也无法取得显著成就。三四个月时间里，美国可能会招募到

索姆河战场上的协约国坦克

数百万士兵,但无法完成训练任务。此外,美国即使能在三四个月时间里训练一支新军队,也不可能将军队成功运送到欧洲。我已经表明,德国并不是唯一可以掌控战事发展的国家。1917年4月,协约国官员们非常苦恼,与德国人的喜悦形成了鲜明对比。德国潜艇成功击沉了多艘协约国商船,几乎与德国人之前的预测一致。协约国还没有找到对抗德国潜艇的有效方法,英国海军将领们也没有掩饰自己对未来的忧虑。

1917年4月,协约国海军委员会中弥漫着阴郁的气氛。但1918年4月,协约国海军的处境发生了巨大改变。发生变化的原因已经在前文阐明了。短短一年时间,德国潜艇不再追踪协约国商船,而是被协约国舰船追踪。现在,在公海上,德国潜艇再也无法随意航行了,只能沮丧地停靠在海岸边,在分散的协约国护航舰中寻找目标。如果德国潜艇试图出海并攻击护航舰队,那么护航驱逐舰很可能会发起攻击;如果德国潜艇选择在浅水区域活动,那么由快艇、单桅帆船和猎潜舰组成的协约国舰队随时准备用数十枚深水炸弹攻击德国潜艇,如果德国潜艇试图渡过多佛海峡,那么协约国布雷舰布设的水雷一定会摧毁德国潜艇;如果德国潜艇试图经北海通道前往公海,或在彭特兰湾航行,那么随时会出现的水雷也会对德国潜艇构成致命威胁。在很多狭窄的海峡通道中，协约国潜艇和鱼雷时刻准备战斗，大批飞机和飞艇在海峡上空盘旋，随时准备朝德国潜艇发射炮弹。不列颠群岛的海底已经有大约两百艘德国潜艇和四千多名船员的遗骸。战死的船员代表战争中最可怕的悲剧。战争初期，协约国面临的情况虽然很糟糕，但与几个月后或一年后的情况相比，根本不值一提。美国和英国的造船厂造出了反潜舰，美国的炼钢厂也为反潜战生产了大量钢铁。美国和英国的造船厂不仅大规模建造可以立即投入使用的舰船，还建造了很多商船。因此，1918年3月，英国和美国建造的新船总吨数超过了德国潜艇摧毁的总吨数，从而彻底打乱了德国的作战计划。与此同时，德国人希望用潜艇结束战争的希望破灭了。德国人如果想赢得战争，或者获得一种不会带来灾难性后果的和平，那么必须立即采用其他作战计划。

德国潜艇遭遇的失败打击了德国人的信心。于是，德国人将目光转向了陆地。与进攻协约国其他国家军队相比，进攻俄国军队似乎更能给德国军队带来信心。经历了三年艰苦战争后，法国和英国似乎不太可能继续增加兵力了。俄国幅员辽阔，五十年来一直是德国政治家担心的对象。随着同盟国的联合，德国人占据了巨大优势。1917年，俄国失去了军事强国地位。但现在，形势发生了新的变化，德国暂时占据的优势逐渐消失。导致这一变化的原因是美国军队变得越来越重要。1917年，德国人并不重视美国军队。现在，德国人不敢继续忽视美国军队。美国宣称永远不会招募和训练军队，实际上却招募了数百万军队并进行了训练。一些人谴责美国人缺乏凝聚力和公德心，但美国在宣战的同时采用了征兵制度。曾经被德国人视为只专注利益和享乐的美国人表现出了前所未有的团结精神。美国与其他协约国目标统一，毫无保留地派出了军队，并且为协约国军队提供了物资和资金支持。1918年3月，一部分美国军队到达欧洲。德国人已经了解到美国军队的战斗力并开始尊重美国军队。然而，除了一个令人沮丧的事实，一切都不会扰乱德国人的计划。即使一支军队拥有一亿名训练有素、装备精良、战斗力强悍的士兵，只要三千英里不可逾越的海湾将之与战场隔开，就算不上强大的对手。

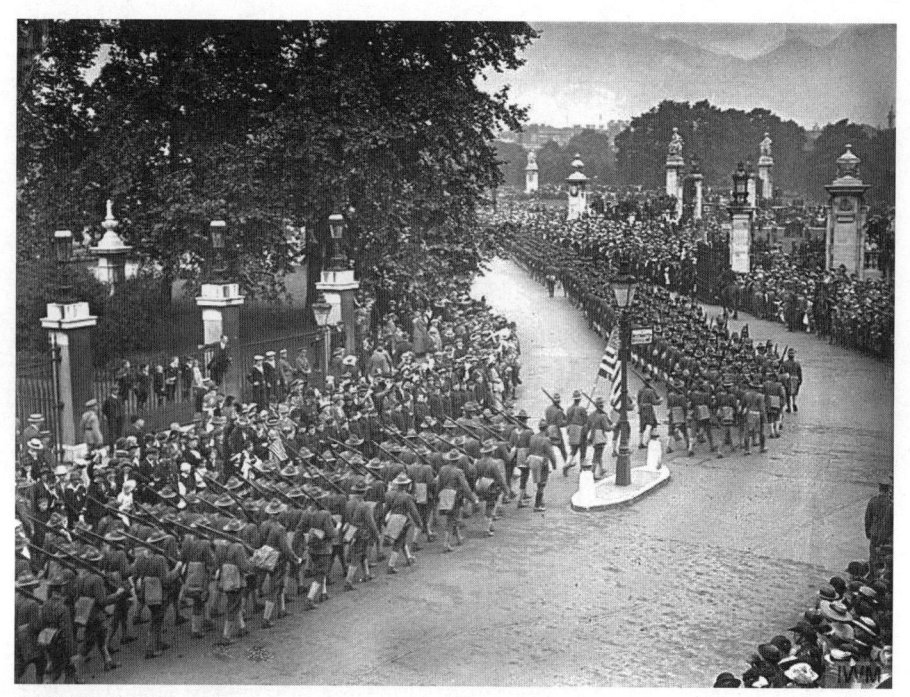

美国陆军抵达英国

　　1917年的大部分时间里，德国人认为德国潜艇可以阻止美国向欧洲运送军队。1918年3月，德国人逐渐意识到了自己的错觉。现在，德国人明白了一个令人担忧的事实，即美国不仅拥有数百万军力，还极有可能将军队运送到欧洲。美国强大的工业体系可以为军队提供充足的弹药和食物，也可以为欧洲战场运送军队。此外，美国也可以将弹药和食物送到欧洲西线战场。从表面上看，德国人可能仍然对美国军队嗤之以鼻，但德国人知道自己的末日即将到来。现在，德国人面对的不是一个腐败的沙皇政府和一群没有激情的斯拉夫人，而是数百万聪明且充满活力的自由人。美国人受到强有力的宗教信仰的鼓舞。然而，德国人面临的局势虽然看似绝望，但其中包含很多希望。如果德国军队的人数远远超过法国军队和英国军队，那么在美国军队到达欧洲前，德国军队仍然有赢得战争或实现梦想的机会。对此，英国首相戴维·劳埃德·乔治总结道："这是德国将军埃里希·鲁登道夫和托马斯·伍德罗·威尔逊总统之间的一场比赛。"1918年3月21日，法国军队和英国军队遭受了重大打击。当时，英国人和法兰西人展现出了一种英雄主义精神，但很明显，他们正在与可怕的死神做斗争。与此同时，驻扎在法国的美国军队约有三十万人。现在，在英国的协助下，美国海军将军队运送到了欧洲，帮助协约国扭转了局势。

1917年，协约国海军参加的反潜战只是初级的。现在，时机已经成熟。战争结束后，人们都在讨论美国海军为协约国的胜利作出的贡献。即使在战争期间，也有人对此提出了批评。公众对这一问题持两种不同的观点。第一种观点认为，美国军舰的主要任务是护送美国军队前往法国；第二种观点认为，反潜战才是

埃里希·鲁登道夫

美国军舰最重要的职责。从中可以看出，很多人可能认为反潜战和成功运送军队是两件不同的事。当时，人们普遍认为，在战争刚开始的时候，美国海军可能已经决定将精力投在反潜战还是护送军队上。然而，这种想法是荒谬的。协约国海军参与的各种行动是一项综合计划组成部分，各项行动之间相互依存。我认为，美国海军的任务是竭尽全力与协约国海军合作，共同赢得战争。任何有助于实现这一伟大目标的事情都是美国海军的职责所在。德国将获胜的机会都放在潜艇上。因此，美国海军的任务是协助协约国击败德国潜艇。协约国的事业就是美国的事业，美国的事业也是协约国的事业。任何会使协约国受益的事情都会使美国受益，任何使美国受益的事情也会使协约国受益。美国、法国和英国都没有进行单独作战，而是作为一个整体共同作战。一开始，美国海军的主要任务是帮助协约国商船摆脱困境，并不是因为被击沉的大部分商船是英国商船，而是如果德国潜艇继续击沉协约国商船，那么英国就会遭遇失败，从而导致其他协约国战败。我们可以想象一下，如果德国取得了无限制潜艇战的胜利，那么接下来会发生什么呢？到时候，英国和法国会被迫无条件投降，美国也将被迫独自对抗德国。德国的停战条件将包括所有协约国舰队的投降。因此，美国海军不得不与英国、法国和意大利海军联合起来，共同对抗德国海军。在这场军事竞赛中，美国海军的人数是德国海军的三分之一。我对美国海军的实力充满信心，相信即使美国海军独自对抗德国，也会取得最后的胜利。但显而易见，美国海军独自作战完全不同于与协约国海军协同作战。

简单地说，就个人利益和战略目标而言，将美国海军的主要力量投入协约国海军的作战计划中是明智的。因此，美国必须首先派出反潜舰保护所有航行到英国的商船，同时清除海上的德国潜艇，因为从美国运送到欧洲的大部分物资会先运到英国，然后通过英吉利海峡运到欧洲其他国家。在这一过程中，美国海军不仅可以保证英国的食物供给，还可以保证法国和其他协约国的食物供给。此外，协约国海军与德国潜艇之间的战争持续了十二个月，为美国运送军队提供了宝贵的准备时间。1918年春天和夏天，如果德国潜艇能维持1917年春天的作战状态，那么任何一个理智的人都不会相信美国可以将两百万士兵运送到法兰西。作战期间,美国海军积累了很多经验,为接下来的运送军队打下了良好的基础。护航舰不仅为协约国商船提供了有效保护,而且保障了美国的军队运输。现在,美国海军利用运送食物、弹药和材料等物资的方法运送军队。美国驻伦敦海军总指挥部中有一个负责规划运输路线的部门。在运送军队方面,美国海军上校拜伦·A.朗表现出色,成功指挥美国海军将军队运送到了法兰西。

在其他方面,美国海军也为运送军队奠定了基础。在过去的十二个月中,美国海军增加了布雷斯特的储油量,安排了修理船,还增建了维修设施。布雷斯特港的海军行动和美国在法国的所有海军行动都由海军少将威廉·巴特利特·弗莱彻指挥,后来由海军少将亨利·B.威尔逊负责。令人遗憾的是,美国海军没有

威廉·巴特利特·弗莱彻

及时将布雷斯特港作为主要海军基地。在某些方面，布雷斯特港比欧洲其他港口更具战略优势。在护送协约国商船进入英吉利海峡的过程中，布雷斯特海军基地明显优于普利茅斯或王后镇的海军基地。看一眼地图就能解释这一点。驱逐舰从王后镇出发，护送护航舰进入英吉利海峡或法兰西港口，然后返回驱逐舰基地，整个航行路线呈一个三角形。从布雷斯特出发的驱逐舰完成护航任务后，直接向东和向西返航，航行距离比从王后镇出发的驱逐舰短一些。同样，护送从爱尔兰和苏格兰之间的北部航道出发驶往爱尔兰港口的护航舰时，王后镇的驱逐舰更适合执行这一任务。但不幸的是，战争早期，美国海军无法充分利用布雷斯特港的地理优势。布雷斯特港没有充足的装槽设施，无法成为海军基地。此外，布雷斯特没有码头和维修设施，也不具备海军基地必需的其他设施。当时，布雷斯特根本无法满足法兰西人的需求。在储存足够的石油燃料和修建必备的维修设施前，如果美国海军试图在布雷斯特组建一支庞大的海军，那么法兰西人会感到很难堪。战争初期，美国派到欧洲的船大多是快艇。然而，美国快艇上的船员将自己微薄的收入捐赠给了国家。快艇上的大多数船员是年轻的商人和大学生。我已经向具有奉献精神的美国大学生表达了敬意。在法兰西海岸附近，驻扎在布雷斯特的美国舰队表现出色。与此同时，美国正在生产燃料油箱。一切准备就绪后，美国海军计划在布雷斯特组建一支庞大的舰队，其规模可能会超过王后镇美国舰队。美国向法国运送军队的关键时期，布雷斯特基地拥有约三十六艘驱逐舰、十二艘快艇、三艘小船及几艘扫雷艇和拖船。在护送运输船和补给护航舰方面，布雷斯特的舰队完成了很多精细工作，证明了美国驱逐舰和其他舰船的能力。

　　与此同时，在大西洋彼岸，海军少将艾伯特·格利夫斯成立了一个部门。该部门主要负责维护和管理运送美国军队的船队和护航舰队。此外，战争一开始，美国海军就将一些德国商船改成了运输船，并在美国港口进行试航。试航工作的顺利完成是美国海军取得的一次伟大胜利。在纽约、波士顿、诺福克和费城的德国商船中，只有十七艘船适合执行运输军队的任务。但德国人并不打算让美国海军使用德国商船。德国商人离开美国海岸后，留下的德国商船使我们对德国的

艾伯特·格利夫斯

航海技术产生了极大怀疑,因为真正热爱船的人不可能将船弄得如此糟糕和肮脏。显然,三年来,德国商人从来没有清洗过自己的船。德国商船上的卫生条件很差,美国船员根本无法在上面睡觉。因此,美国船员花了数星期时间清洗德国商船,使其焕然一新。德国人不仅忽视了"沃特兰德"号和"王太子妃茜茜莉号"等班轮,还试图用各种方式破坏留在美国海岸的德国商船。譬如,他们打破了船上的气缸,砸毁了发动机,将重要机械部件拆下来扔进了海里,并且将碎玻璃装在油杯里,往煤炭里放火药等,试图引爆这些船。显然,德国人不希望德国商船为美国海军服务,甚至想摧毁留在美国海岸的德国商船。虽然美国海军造船厂没有德国商船及其机械装置的副本,因为德国商人离开前已经将副本毁掉了,并且

"波卡洪特斯"号

船上缺失的部件是德国人自己设计的,但很快,美国海军造船厂成功修复了被毁的德国商船。修好的德国商船甚至比以前更结实,速度也更快。

重新命名修好的德国商船的时候,美国人的民族幽默感再次体现了出来。"艾琳公主"号变成了美国的"波卡洪特斯"号,"莱茵"号变成了"萨斯奎汉纳"号。此外,在战争中,德国人建造的"沃特兰德"号协助美国海军运送军队,并且以一种德国人并不期待的方式完成了此项任务,这虽然让人感到讽刺,但彰显了正义。与此同时,美国和英国的商船队都在增加商船数量。1917年6月,美国派往法国的第一批军队登上了联合果品公司的船。1918年3月,德国海军遭受重创,美国和英国开始从世界各地征集军队运输船。美国海军召回了大西洋、太平洋沿岸和五大湖地区的所有船,英国取消了通往南美洲、澳大利亚和东方的贸易航运,法国和意大利也出了一份力。战争一开始,在派往法国的所有美国军队中,美国海军运送了46.25%,英国海军运送了51.25%,法兰西和意大利海军负责运送剩下的军队。从1918年3月到签署停战协议期间,美国海军运送的军队人数占军队总人数的42.15%,英国海军运送的军队人数占军队总人数的55.40%。

然而，在运送军队的过程中，有一个因素至关重要。协约国所有海军行动的基础是无畏战舰和战斗巡洋舰。正如我已经指出的那样，各类战舰之间的有效合作使协约国海军摧毁德国潜艇的行动成为可能。如果协约国的主力舰队突然被消灭，那么协约国的所有舰船都会被驱逐出公海，协约国的海上联络通道也会被切断，战争将以德国的胜利告终。运送军队的计划开始后，一支由五艘无畏战舰组成的美国舰队与英国舰队联合作战。五艘无畏战舰分别是先由海军上校C.F.休斯指挥后由海军上校爱德华·L.比奇指挥的"纽约"号、先由海军上校

爱德华·L.比奇

哈利·H.克里斯蒂

H.A.威利指挥后由海军上校哈利·H.克里斯蒂指挥的"怀俄明"号、先由海军上校托马斯·华盛顿指挥后由海军上校蒙哥马利·M.泰勒指挥的"佛罗里达"号、海军上校阿奇博尔德·H.斯凯尔斯指挥的"特拉华"号、先由海军上校威廉·H.G.布拉德指挥后由海军上校路易·R.德·斯泰戈尔指挥的"阿肯色"号、海军上校维克多·布卢指挥的"得克萨斯"号。无畏战舰的优势显而易见。几乎可以肯定的是,德国不会发动一场全面海战。在海军上将休·罗德曼的领导下,美国无畏舰队表现出色,给协约国海军将领们留下了深刻印象。在协约国制定的合作政策下,美国无畏舰队很快成为协约国舰队的一部分,并且积极参与了军事行动。当然,外行人不明白的是,在作战效率方面,美国无畏舰队必不可少。然而,美国无畏舰队加入协约国舰队后,如果协约国舰队立即发动进攻,那么美国无畏舰队的作战效率可能会降低,因为尽管美国人和英国人使用的是同一种语言,但美国战舰和英国战舰之间的交流方式完全不同。因此,美国海军有责任学习英国海军的信号用语。在学习英国海军的信号用语方面,美国海军做得很好。美国无畏舰队到达欧洲四天后,开始与协约国舰队合作。同样,美国无畏舰队采用了英国的战术和火力控制系统,并且其他方面也按照英国海军的惯例行事。美国海军积极与英国海军合作,严格遵守英国海军的种种限制,时刻保持警戒,一直没有遇到德国潜艇。因此,美国海军受到了人们的称赞。在美国无畏舰队起航返回美国的时候,海军上将戴维·贝蒂致了欢送词。在讲到美国无畏舰队取得的成就时,海军上将戴维·贝蒂的致辞如下:

> 首先,我想感谢这支杰出的美国舰队,感谢海军上将休·罗德曼等军官的付出,感谢你们给予我和我的将领们的帮助,感谢你们恪尽职守、竭

"佛罗里达"号

尽所能帮助我们。你们给予我们的支持是出于真正的友情。在这一重要时刻,真正的友情非常难得。

你们即将返回自己国家的海岸。我希望在阳光下,你们不会忘记英国朋友及你们在北海的愉快经历。海军上将休·罗德曼告诉我,在美国能经常看到艳阳天。

在取得历史上最伟大的海战胜利中,我再次感谢美国无畏舰队作出的贡献。我希望你们能将我的感谢告诉美国人。

欢迎你们再来。再见!祝你们好运!

无畏战舰并不是美国派往欧洲海域的唯一大型战舰。我已经描述了美国海军采取的所有预防措施,但美国的军队运输船仍然面临一种危险。1918年6月到1918年7月,美国军队陆续渡过大西洋。在欧洲战场上,美国军队取得了具有决定性的胜利。如果要成功击沉一艘护航舰,就需要同时击沉一艘或多艘军队运输船,但除了提高德国官兵的士气或伤害到美国士兵,这对战争并不会产生重要影响。实际上,只有一种方法可以同时击沉护航舰和军队运输船。一艘或多艘德国战斗巡洋舰可能会悄悄出海,前去攻击美国的一艘运兵护航舰。为了做好准备迎接德国舰队的袭击,美国海军部派三艘无畏战舰前往爱尔兰的贝雷文港。三艘无畏战舰分别是先由海军上校A.T.朗指挥后由海军上校威廉·C.科尔指挥的"内华达"号、先由海军上校马克·兰伯特·布里斯托尔指挥后由海军上校查尔斯·B.麦克维指挥的"俄克拉荷马"号、海军上校F.B.巴西特指挥的"犹他"号。整支舰队由海军少将托马斯·S.罗杰斯指挥。贝雷文港位于欧洲西南海岸的班特里湾。几个月来,美国无畏战舰一直停泊在贝雷文港,等待德国舰队袭击运兵护航舰的消息,同时做好出海作战的准备。但美国无畏战舰预期的事情并没有发生。事实上,美国无畏战舰已经做好准备应对紧急情况。因此,德国人可能知道这一点,从来没有尝试攻击运兵护航舰。

马克·兰伯特·布里斯托尔

第2节 德国海军面临的选择

美国舰船可以通过大西洋上的两条航线到达欧洲。两条航线的分界线大概在黄纬圈49°。法国的布雷斯特港是众所周知的地标。从布雷斯特港向南延伸到黄纬圈45°的位置,就是波尔多港所在的位置。波尔多港附近是一片海洋,海面约有两百英里宽。这片海洋包括大部分比斯开湾,形成了一块巨大的凹陷地。凹陷地沿岸因暴风雨、危险的海岸、坚强且独立的当地人闻名。我们需要注意的另一个地方从黄纬圈49°向北延伸到黄纬圈52°的英吉利海峡,其中包括法兰西港口、英国港口、爱尔兰南部海岸和爱尔兰海的入口。英吉利海峡几乎和向南延伸的海洋一样宽，都是约两百英里宽。

美国海军成功将两百多万美国士兵运送到了法兰西，并且没有受到德国潜艇的影响。大西洋被划分成两个广阔区域，所有运送食物和物资的协约国商船几乎都是通过大西洋北部海域前往欧洲，南部海域大致从黄纬圈45°延伸到黄纬圈49°，只供军队运输船航行。但在大西洋东部，德国人一次只能派出八艘潜艇或十艘潜艇。因此，德国人不得不在攻击协约国商船还是攻击美国军队运输船之间作出选择。本章解释了德国人会派所有潜艇对付协约国商船，而对美国军队运输船置之不理的原因。

到目前为止，本章讲述的主要是大西洋两条海上通道最北端的情况。所有从美国驶往协约国的商船几乎都是经过大西洋最北端的通道进入欧洲海域的。因此，正如我描述的那样，大西洋北部通道是德国潜艇的"狩猎场"。目前，我几乎没有提及比斯开湾的情况，因为1918年以前，在比斯开湾进行的军事行动相对较少。我猜想，如果有一艘船经过比斯开湾，那么至少有一百艘船经过了爱尔兰海和英吉利海峡。在给美国海军部的第一份报告中，我描述了德国潜艇活动的主要活动区域，即从布雷斯特西边的阿申特岛到苏格兰大西洋海域的区域。战争结束前，这片区域一直是德国潜艇的主战场。在布雷斯特以南的大部分海岸线附近，海水非常浅，德国潜艇的航行遇到了困难。这里距德国潜艇基地比较远，主要航运是来自英国的煤炭贸易。因此，德国人在这些重要港口布雷就不足为奇了。因为德国海军一次只能派出八艘潜艇或十艘潜艇，所以让德国潜艇驻扎在法兰西西海岸纯粹是浪费能源。如果驻扎在法兰西西海岸，德国潜艇不仅不会有任何收获，还会让更多协约国商船安全抵达英国港口。

事实上，由于大西洋上的两条重要航线，美国海军成功将两百万士兵安全送到了法兰西。从1918年3月到战争结束，美国海军和英国海军参与了两项截然不同的运输行动。与1917年一样，1918年协约国的食品和弹药运输仍在继续，甚至规模比1917年更大。随着时间的推移，护航体系的效率逐渐提高。截至1918年3月，护航体系几乎是自动运作的。我们应该记住，从美国运来的货物通过两条主

布雷斯特

干线抵达英国港口,其中一条主干线穿过英吉利海峡,另一条主干线穿过爱尔兰海。但运送美国军队的时候,美国海军理所当然地选择了通往欧洲南部的主干线,因为美国军队的目的地是法兰西。此外,这条主干线上的大片海域没有出现过德国潜艇。最早的军队运输船在圣泽纳尔登陆。后来,当横渡大西洋的大型班轮投入使用时,成千上万的美国士兵在布雷斯特港登陆。布雷斯特港到波尔多港之间的所有法兰西港口也加入了迎接美国军队的行列。从美国直接运往英国的军队相对较少,因为到达英国后,军队运输船还要经英吉利海峡前往法兰西。事实上,局势紧迫时期,前往欧洲的所有美国船都载有一定数量的美国士兵。但总的来说,1918年的军队运输船都选择了一条简单明确的航线。护航舰队在大西洋北部航线上航行,运兵护航舰队在大西洋南部航线上航行。大多数情况下,两条航线的任务大同小异,但给德国人带来了不少麻烦。

我必须重申,德国海军可以在大西洋的公海海域保持八艘潜艇或十艘潜艇。因此,德国海军部不得不解决一个棘手问题,即德国潜艇应该攻击协约国商

斐迪南·福煦

船还是运兵护航舰？积极参战的德国潜艇舰队规模相对较小，试图将德国潜艇舰队一分为二，分别派到大西洋两条航线上的想法是荒谬的。德国人要么将大部分潜艇派去攻击协约国商船，要么将大部分潜艇派去攻击美国军队运输船。如果德国人决定将注意力集中在协约国商船上，那么德国领导人曾向德国人宣称的永远无法到达西线的美国军队就会到达法国，为斐迪南·福煦将军提供支援。这样一来，在1918年冬天到来前，法国军队就可以击溃德国军队。此外，如果德国人决定将注意力集中在美国军队运输船上，那么对协约国事业至关重要的物资供应船将顺利到达英国，然后从英国前往欧洲其他国家。从军事意义上来说，是切断协约国的贸易航线还是击沉美国军队运输船更重要，这似乎是一个有趣的问题。对德国人来说，除了涉及人为因素，他们几乎不会将这个问题看作一个纯粹的军事问题。对美国人来说，一艘载有四千名或五千名美国士兵的船被击沉是一场可怕的灾难，会让所有美国人感到恐惧。因此，防止美国军队运输船被击沉是美国海军的责任，美国海军也确实做到了。但如果认为这是一个严格意义上的军事问题，那么损失一艘或几艘军队运输船会给战争进程带来多大影响，我们无从得知。在判断潜在危险带来的纯粹军事结果时，我们必须记住，协约国每天会损失三千名到五千名士兵。因此，每星期有一艘美国军队运输船被击沉并不会对战争进程产生重大影响。然而，大量商船被摧毁可能会使德国人赢得战争。协约国商船和美国军队运输船的数量比是一百比一。因此，如果德国潜艇击沉一定数量的协约国商船，那么德国将占据决定性优势。从德国海军的声明中可以看出，德国海军部的目标是"吨位"。截至1918年3月，德国试图通过摧毁更多协约国商船赢得战争的希望越来越渺茫，但摧毁协约国商船仍然是德国潜艇的使命。

然而，实际上，德国海军面临的两种选择根本不存在。设想一下，德国人改变了计划，将大西洋北部贸易航线上的作战潜艇撤了回来，然后派其前往大西洋南部航线追踪美国军队运输船，结果会是什么呢？"航线"虽然是一个便于描述的词，但并不准确，因为大西洋上的通道实际上有两百英里宽。如果八艘或十艘德国潜艇在广阔的航线附近搜寻军队运输船，那么一艘德国潜艇的搜寻范围是二十英里。如果驻扎在爱尔兰海或英吉利海峡繁忙的贸易航线上，德国潜艇就可以在更多水面舰艇中间航行。但在大西洋航线上，德国潜艇只能漂浮在人迹罕至的大片海面上。即使在最繁忙的时期，美国每星期派出的军队运输船平均也不超过三艘。因此，一个月内，德国潜艇很可能看不见一艘军队运输船。即使德国潜艇耐心警戒，碰巧看见了一艘军队运输船，也绝对找不到有利的攻击机会。我们必须记住，在一定范围内，英国海军部的护航舰队指挥部知道每一艘德国潜艇的位置。一旦发现德国潜艇在追踪运兵护航舰，护航舰队指挥部就会给运兵护航舰发送信息，指示其通过另一条航线到达法兰西海岸。

一开始，运送军队的船航速很快。当时的人们认为，用时速低于十二节的船运送军队是不安全的。后来，欧洲战场对美国军队的需求越来越迫切。于是，美国运输服务部门开始使用一些速度较慢的船。但大多数军队运输船的时速都在十二节以上。现在，航行速度是避免军队运输船遭受德国潜艇攻击的关键因素。德国潜艇的水下航速只有八节。德国潜艇如果想成功击沉目标船，就必须立即潜入水下，在靠近目标船至少一英里的范围内发射鱼雷。大多数成功的攻击都是在三百码距离内完成的。时速为八节的德国潜艇看见时速超过十二节的军队运输船时，如果希望近距离发射鱼雷，那么只需要拿出一支铅笔和一张纸，就能计算出可以发起有效攻击的位置。一张小图表可以表明的是，德国潜艇要命中目标，就必须和目标保持一致。尽管"幸运之神"会偏袒德国潜艇，但德国潜艇击中目标的可能性仍然非常渺茫。进入危险区域后，军队运输船和护航舰一样，会选择曲折前进方式，使德国潜艇几乎不可能计算出攻击距离和位置。我认为，如果数量较少的军队运输船选择曲折行进，那么大多数德国潜艇会放弃用鱼雷攻击军队运输船的企图。在没有任何其他保护的情况下，大多数军队运输船可以毫发无损地到达目的地。虽然遇到危险的可能性很小，但军队运输船不能冒险。因此，美国海军部派护航驱逐舰保护军队运输船。一支由四艘或五艘大型军队运输船组成的运输队会得到十艘或十二艘护航驱逐舰的保护。因为军队运输船上装载的是士兵，所以美国海军部为军队运输船提供的保护是为二十多艘商船提供的保护的三倍多。对喜欢冒险的德国潜艇指挥官们来说，作为诱饵，军队运输船一点儿也不诱人。

建造布鲁克林大桥时，工程师们引入了一种被称为"安全系数"的数据。为了使建筑物足够坚固，工程师们经常需要估计自己设计的建筑物能够承受的最大重量，然后在估计基础上加大建筑物的承受重量。这种附加强度就是"安全系数"。当然，"安全系数"从来没有得到使用，但人们只要意识到"安全系数"的存在，就会获得一种特殊的安全感。将数百万美国士兵运送到欧洲的时候，

纽约

美国海军采取了类似的风险评估方式。与此同时，美国海军并没有只依赖一种预防措施保护美国士兵的生命，而是采取了多种预防措施。美国士兵从纽约或汉普顿锚地出发，然后在布雷斯特、圣纳泽尔、拉帕利斯、波尔多或法兰西其他港口登陆，途中一直会得到全方位保护。因此，在一定程度上，美国海军减少了对一些商船的保护。当运兵护航舰和商船护航舰的调派发生冲突时，美国海军部一般会优先考虑运兵护航舰。此外，在军队运输船到达德国潜艇作战区域前，会有巡洋舰或战舰保护军队运输船免受德国潜艇的袭击。大多数情况下，美国远洋护航舰做的工作并没有引起人们的注意，但体现了美国海军的效率和航海人员的献身精神。如上所述，在爱尔兰的贝雷文港，美国海军部署了三艘强大的无畏战舰。一旦德国战斗巡洋舰闯入公海，美国无畏战舰就会火速赶往公海，保护军队运输船。

军队运输船上的士兵和船员不得朝船外投掷任何可能泄露军队运输船航行路线的东西，即使是做饭产生的垃圾也只能在指定时间丢弃。即使要将不用的锡罐扔进海里，也必须在锡罐上戳几个洞，确保锡罐会沉下去。晚上，在危险区域，任何试图点火柴的士兵都会受到惩罚。显然，这就是德国人从来没有袭击过美国军队运输船的原因。有记录显示，德国潜艇试图攻击美国军队运输船

亨宁·冯·霍尔岑多夫

的情况只出现过三四次。我认为,两百多万美国士兵中的很多人一定会向自己的亲朋好友讲述有关鱼雷和德国潜艇的故事。

德国人并没有采取一致行动袭击军队运输船,因为美国海军采取的保护措施使这种袭击变得毫无希望。美国运输服务部门采取的行动同样打消了德国潜艇试图发动袭击的想法。我一直认为,德国海军部曾命令德国潜艇指挥官不要理会美国军队运输船,或者除非是在非常有利的情况下,否则不能攻击美国军队运输船。亨宁·冯·霍尔岑多夫将军的回忆录中的一段话证实了我的想法。亨宁·冯·霍尔岑多夫将军在回忆录中写道："从潜艇战之前的经验来看，我预计美国人会派出军队，但美国军队实际到达的速度令人吃惊。奥匈帝国总指挥部的德国军事代表冯·克拉蒙将军经常打电话给我，让我派潜艇前去击沉美国军队运输船。奥匈帝国的公众也提出了同样的要求。我只能回答，我们所做的一切都是为了减少协约国的商船吨位和击沉美国军队运输船，我不可能专门派潜艇前去与美国军队运输船作战。美国军队运输船可以在英格兰北部和直布罗陀海峡之间约一千四百海里范围内的任何地方靠近欧洲海岸，我们不可能用潜艇包围这片区域。我们可以让美国军队运输船集中在某些航线上，但美国军队运输船是否会同时选择相同的路线，我们不得而知。一旦德国潜艇靠近美国军队运输船，美国军队运输船就会收到新的命令，在其他港口登陆。因此，我不能肯定德国潜艇能否遇到很多美国军队运输船。我们如果要摧毁协约国的商船，就必须秘密进行。此外，协约国海军可能会以一种我们不喜欢的方式挫败我们，导致潜艇战偏离原来的目标。因此，攻击协约国商船的潜艇战仍在继续，德国潜艇会尽其所能。"

显然，正如我说过的那样，德国海军部的政策是集中德国潜艇攻击协约国商船，无视美国军队运输船，至少无视驶往欧洲的美国军队运输船。然而，不幸的是，无论是在军队运输船登陆的时候，还是在军队运输船返回美国的时候，美国海军部都无法派出足够的护航驱逐舰。但随着时间的流逝，曲折行进成为军队运输船考虑的重要防御措施。在武装快艇的护送下或没有得到护航的情况下，军队运输船经常通过德国潜艇区域返回美国。在得到护航的情况下，军队运输船遭到攻击的可能性很小。战争作战期间，五艘返航的军队运输船被鱼雷击中，但只有三艘被击沉。

第3节 德国将领的承诺

正如亨宁·冯·霍尔岑多夫将军在回忆录中说的那样，德国海军将领的立场令人感到郁闷。德国海军将领公开向德国人承诺，德国潜艇一定会阻止美国军队前往欧洲。起初，德国将领们认为自由散漫、军事力量弱小的美国不可能组建起一支军队。在美国实行征兵制并开始训练军队后，德国将领们依然坚持认为，美国军队永远不会登陆欧洲。然而，除了德国将领，其他一些人也持同样的观点，因为美国从来没有派出过远征军。1917年7月，一家英国海军权威机构作出的一个令人沮丧的预测反映了大西洋两岸很多军官的想法。一个英国人说："令我感到痛苦的是，我们没有足够的船将美国军队运送到法兰西。此外，美国军队抵达欧洲后，我们也没有足够的船为美国军队提供充足的弹药、食物和装备。"

因此，德国人相信了德国将领们的承诺。当美国军队陆续抵达欧洲时，德国人非常愤怒。德国报纸提出了一个令人尴尬的问题：德国潜艇到底怎么了？如果德国人不相信德国潜艇会击沉任何试图穿过大西洋的美国军队运输船，那么结果会怎么样呢？抵达欧洲的美国士兵越来越多，朝气蓬勃的美国年轻士兵开始出现在西线战场。德国人的强烈抗议越来越无法压制。与此同时，在德国的帝国议会上，德国海军部部长爱德华·冯·卡佩勒和其他德国海军将领发表了讲话，再次向德国人民承诺，德国潜艇一定会赢得战争。演讲结束后，更多美国士兵登陆法兰西。美国军队运输船取得的成功直接导致了德国海军部部长爱德华·冯·卡佩勒的下台。然而，爱德华·冯·卡佩勒的继任者海军上将克莱门斯·冯·曼显然被德国民众的愤怒激怒了。他决定疯狂攻击美国士兵。当然，海军上将克莱门斯·冯·曼知道自己不可能取得任何成果，但即使击沉一艘载有数千名士兵的美国军队运输船，也会对德国军队的士气产生巨大影响。当英国邮轮"扎丝提卡"号被德国潜艇击沉后，德国海军部宣布"扎丝提卡"号是载满美国士兵的"利维坦"号军队运输船。德国媒体上也有类似的报道。于是，德国人欢呼起来。但当德国人得知"利维坦"号其实是一艘向西航行的船，并且船上根本没有美国军队时，变得非常沮丧。显然，击沉美国军队运输船可以使萎靡不振的德国人振作起来。因此，海军上将克莱门斯·冯·曼撤回了大西洋北部贸易航线上的几艘潜艇，将其派往美国军队运输船出没的海域。但德国潜艇依然没有取得任何进展，甚至没有击沉一艘返航的美国军队运输船。结果，将德国潜艇从贸

爱德华·冯·卡佩勒

易航线上撤走后,协约国商船下沉的数量大幅减少。1918年8月,被击沉的协约国商船总吨数为二十八万吨。1918年9月和1918年10月,当德国潜艇试图击沉美国军队运输船时,遭到德国潜艇袭击的协约国商船越来越少,损失总吨数分别是十九万吨和十一万吨。

我高度赞扬美国的运兵护航舰队、军队运输船指挥官及护送军队运输船的巡洋舰和战舰指挥官。他们的成就不仅证明了美国海军的航海技能、判断力和经验,还体现了他们在不同环境中展示出来的令人钦佩的航海技术。此外,军队运输船和派去保护它们的护航舰之间的热诚合作也令人感到满意。军队运输船的指挥官们赢得了下级军官和士兵们的热情支持。他们的首创精神、活力和奉献精神使美国海军取得了巨大成就。这些成就不仅超出了美国人的预期，还成为美国赢得海上战争的关键。

总的来说，保护海上的美国士兵是美国海军的一项成就。为运送美国军队，英国提供的运输船比美国多。然而，约82%的护航任务是美国海军完成的，横跨大西洋的大多数巡洋护航舰也是美国的，通过危险区域的护航驱逐舰几乎全是美国驱逐舰。在这场战争中，美国海军完成了自己的终极使命。运送美国军队使德国无限制潜艇战走到了尽头。在战争中，美国士兵们的表现受到了同胞的高度赞扬。当我们阅读有关美国海军成就的故事时，当我们看到战线离莱茵河越来越近时，当我们看到德国政府举手投降时，长达十八个月的德国无限制潜艇战变得越来越清晰。美国海军十分荣幸能在战争中发挥了一定作用。在历史上，这是美国人反对邪恶势力取得的最伟大的成就之一。

附录1　官方授权出版《德国无限制潜艇战》

1919年6月14日美国罗得岛州纽波特

美国海军战争学院

来自：美国海军上将威廉·索登·西姆斯

致：海军部长

主题：请求允许出版一本关于美国海军在第一次世界大战期间行动的书。

参考：美国海军部条款第1534条

按照美国海军部条款第1534条规定，我请求授权以我的名义出版一本描述第一次世界大战期间，美国海军在欧洲海域行动的书。

我写这本书的目的是让美国人了解美国海军在第一次世界大战期间的伟大成就。这将是一本以非技术性文体写的普及性读物。

威廉·索登·西姆斯

1919年7月9日获批。

约瑟夫斯·丹尼尔斯

1919年7月11日华盛顿哥伦比亚特区美国海军情报局第二背书

来自：美国海军情报局主任

致：美国海军战争学院院长

转发。

海军少将艾伯特·P.尼布拉克

尊敬的海军上将：

你计划印刷并出版一本关于第一次世界大战期间在你指挥下的美国海军部队军事行动的书，我同意这一计划。按照通常的官方程序，我将我的同意书寄给你。我很高兴你打算写这样一本书，因为我相信这对美国海军和全世界都是很有意义的。

此致

敬礼！

1919年6月26日

您非常真挚的朋友约瑟夫斯·丹尼尔斯

附言：

当然，海军部会随时为你提供任何设施或协助。

美国海军上将威廉·索登·西姆斯

海军战争学院院长，美国罗得岛州纽波特市

美国海军条例摘录，1913年，第1534条

隶属美国海军或海军部的任何人，无论是直接还是间接，或通过访谈、私人信件，或其他方式，除了职责所在，在没有得到美国海军部的明确许可情况下，都不得出版或使之出版或允许出版任何与美国外交政策有关的信息，或任何与政府部门行为或措施有关的信息，或任何评论或批评，或有关任何主题的官方指示、报告或信件的文本，或给任何人提供相关的副本。

本条规定不得被解释为禁止官员通过官方渠道向本部门提交旨在提升服务效率和公共利益的经过深思熟虑的评论和建议。相反，这些建议是有价值的，但应该是关于事物或方法的建议，而不是对他人的批评，并且在所有情况下都应附上一个合适的改进计划。这些建议如果得到该部门的批准，将会被记录下来。提建议的人也会及时得到通知。

附录2 给华盛顿的第一封海外电报

致：美国海军部部长

发送时间：1917年4月14日

经由：美国国务院

文件编号：25-9-2

情况如下：

德国潜艇问题比美国人意识到的严重。德国最近的军事行动取得了胜利，海军建设速度也非常快，这就是真正的战争危机。除了约五十四艘德国潜艇被捕获或被击沉，这些德国潜艇没有任何自愿投降的记录。我们媒体的报道是错误的。最近关于德国潜艇投降的报道只是贬低了德国人的道德水准，其结果并不令人满意。

包括俄罗斯在内的所有战线上的协约国军队的供应和航道都受到了威胁。实际上，美国对海洋的控制正处在危险之中。

德国潜艇将作战区域逐渐扩展到了大西洋，增大了协约国海军的巡航难度。俄罗斯的形势非常危险。波罗的海舰队发生兵变，八十五名海军上将、海军上校和指挥官被谋杀，其他一些军队中出现了不服从命令的情况。

1917年2月，英国、中立国和协约国的航运损失为五十三点六万吨，1917年3月是五十一点七万吨，1917年4月上旬是二十点五万吨。由于夜短和天气晴朗，损失还在增加。

在漫长的夜晚，英国军队无法有效阻止突袭后逃跑的德国舰队。但现在，德国舰队逃跑的机会更大了。

协约国得知，德国潜艇会继续击沉医疗船，迫使协约国的驱逐舰不再与德国潜艇作战，进而去护送医疗船。这样一来，大型护航舰队就会前往不需要护航舰队的海域，在一定程度上使协约国主力舰队不能采取行动。

由于航道不足和基地设施不足，协约国海军负担过重，面临危险。除了英国舰队，协约国所有海军都面临同样的情况。德国有六艘大型布雷舰和六十四艘小型布雷舰。小型布雷舰可以携带十八枚水雷，大型布雷舰可以携带三十四枚水雷、鱼雷和炮弹。为了加速并确保击败德国潜艇，协约国海军必须尽快进行有效合作。

在大西洋东部所有航道的汇集点，这个问题非常突出。因此，我迫切希望协约国海军立即协同作战。

大型驱逐舰必须配有小型反潜舰。美国驱逐舰基地在王后镇。驱逐舰主要在爱尔兰西部指定的公海区域内巡航。为了提高速度，小型反潜舰一般空载行驶，但有时慢速行驶也同样有用。驱逐舰基地还需要配备修理舰、工作人员、石油和码头。美国驱逐舰的主要任务是控制德国主力舰队，确保英国舰队的安全。在苏格兰南部，目前还没有可供美国驱逐舰使用的驱逐舰基地。

目前，美国的两支无畏舰队可能在布雷斯特建立了基地，以便应对德国人对英吉利海峡发起的进攻。

美国先遣舰队急需增加反潜舰数量。现在，欧洲海域的美国舰队急缺反潜舰。为了将大量协约国商船拖离危险地区，海上拖船变得十分重要。

为了摧毁德国潜艇兵的意志、加快实现美国的主要目标，上述合作应尽快完成。

德国人可能会通过水下布雷舰对美国海岸或加勒比海地区发起突袭，从而转移美国海军的注意力，并通过影响公众舆论使美国海军远离大西洋东部区域。在大西洋东部区域，维持一定数量的潜艇基地和集中海运比较困难。因此，德国潜艇的军事行动受到了限制。美国海军应该通过全面搜索英吉利海峡周围的近海区域，有效干扰德国的军事行动。德国布雷舰只能将水雷布在九十英寻深的海域，但大多数水雷应该布在不超过五十英寻深的海域。在布设后的二十四小时到四十八小时内，水雷不会从水底上升到设定深度。

目前为止，所有经验表明，如果无法控制水雷在水下的位置，将会对自身安全构成威胁。因此，德国潜艇从不在看不见地标或灯光的地方布设水雷。

赫伯特·胡佛先生告诉我们，英国的粮食供给只够维持三个星期，而且英国没有可以为军队提供补给的零售商店。几天后，赫伯特·胡佛先生将前往美国。

美国海军少将威廉·索登·西姆斯

附录3 关于协约国海军形势的第一次详细报告

英国伦敦

1917年4月19日

来自：海军上将威廉·索登·西姆斯

致：美国海军部部长

主题：对最近关于战争形势的电报的确认和阐述和对美国海军合作的建议

一、接待

我受到了英国人非常热情的接待。由于当前的形势非常严峻，美国参战具有重大意义。

英国皇家海军少将乔治·霍普是海军上将约翰·杰利科伯爵参谋处的一名成员，他到利物浦港口来迎接我。英国海军部派海军少将乔治·霍普前来护送我前往伦敦，同时派了一辆专车来。我到达伦敦后的几小时内，英国第一海军军务大臣及其助理和我召开了会议。

二、会议

最初，在介绍真实形势时，英国官员或多或少有些犹豫，尤其是在介绍形势的严峻性时。自然，他们不仅不愿意寻求帮助，还很犹豫，因为他们不愿意让德国人知道我们已经到达英国，从而增强德国人的士气。

因此，我认为，他们必须将我视为他们中的一员，让我了解具体情况，因为这对安全、高效的合作至关重要。

咨询了英国海军部后，他们最终同意了，并且向我阐述了关于军事形势和商船被摧毁的真实情况。

每天，我都会与英国第一海军军务大臣开会。此外，我获得了随意进出英国海军部的自由，可以与英国所有政府官员交谈。我与下列官员进行了协商：英国首相、英国海军大臣爱德华·卡森爵士、军需部部长、航运部部长、贸易部部长和其他内阁官员、英国第一海军军务大臣及其助理、海军参谋长、情报局局长、反潜作战主任、鱼雷主任、水雷主任、采矿主任等。

三、关于情况的一般性陈述

德国政府发表声明以来，针对所有协约国商船的潜艇战已经使德国占据优势。现在，协约国政府还不能有效应对目前的形势。

四、正如我在第一封快件中指出的那样，为所有战线上的部队提供的通信和供给都受到了威胁，协约国的制海权也处于危险之中。

五、我对形势的严重性和德国潜艇的危害性有了不同的看法。我的信念和观点可能也是一些美国海军军官的信念和观点。在很大程度上，我的信念和观点都是基于媒体的报道和美国外交使团专员及其他派往海外的专员的报告。发布前，这些信息都接受了严格的审查，并没有对德国人产生很大影响。

六、英国政府的保密措施令人印象深刻。但在战争期间，一些信息还是泄露了，让人感到很吃惊。一些中立的小国的大使馆被视为怀疑对象。

七、潜艇战的进程体现了德国人对这场战争的重视程度和德国人计算的战役进行程度。现在，德国人仍然在计算着战争进程。

情报部门得到可靠信息，说德国人确实认为协约国会因为物资短缺在两个月内战败。

八、随着天气的改善，夜晚越来越短。越来越多德国潜艇正在赶来。

九、昨天，在英国海军部的会议上，英国舰队总指挥提出了大规模使用驱逐舰和辅助舰队的可能性。

大家一致认为，英国舰队不会与另一支舰队交战，但也有人不这么认为。当然，在任何情况下，都必须为这种可能性做好充分准备。

对形势的一般性讨论：

十、为了获得更多信息，我延迟了四天才将第一份关于当前形势的报告转发出去。我彻底改变了自己对目前形势的看法。

十一、有证据表明，无论德国潜艇是否改变战术，譬如突袭美国海岸或其他地方，作出战争决策的关键区域都在大西洋东部地区。

已知的德国潜艇数量及其建造速度中含有一些错误信息。现在，德国潜艇将注意力集中在了上述关键海域。

十二、显然，即使德国人能够调动所有可以调动的潜艇到关键海域，关键海域对德国人来说也依然是很大的一片海域。譬如，根据目前英国海军部的政策，德国潜艇只能被迫在苏格兰北部和阿善特岛之间的贸易路线附近航行。

十三、综合考虑上述和其他所有必要信息，显而易见，德国人无法将潜艇舰队分散到世界其他地区，这意味着德国潜艇将无法完成作战任务。

十四、由于没有采取更有效的措施，也没有产生更实质性的结果，英国海军部一直受到人们的批评。很多人要求为商船进行护航并为作战区的舰队提供更全面的保护。

十五、人们很想知道为什么协约国的海运没有集中在一个点，然后在护航舰队的护送下穿过危险区域。答案很简单，因为危险区域太广，护航舰不够用。

十六、然而，我现在正在与英国海运部的官员协商，如果美国能够投入足够的护航舰保证护航计划的实施，那么我们可以尝试采取一种可行的、明智的措施。

十七、尝试了各种保护航运的方法后，英国海军部认为最好的方法是分散商船。英国海军开辟了六条通往其他国家和海峡的航线，并且会定期改变航线的范围或区域。

一般来说，一条航线通向苏格兰北部，另一条航线通向爱尔兰北部，还有四条航线在爱尔兰海和英吉利海峡之间。起航前，每艘进入上述区域的船都得到指示，要在特定的纬度和不同的纬度上穿过第二十子午线，并从那里沿着特定航线航行到港口。

过去，在这种情况下，人们发现了一条没有德国潜艇的航线，于是开始在该路线上集中进行航运。

十八、航运管理方法面临的最大难题是商船之间的沟通和商船船员之间的合作。一艘商船一旦被德国潜艇俘获，之前使用的代码要么变得非常危险，要么毫无用处。商船代码不断改变，一组代码的使用期不会超过两个星期。显然，改变代码并使世界各地的海运与变化保持联系非常困难。

十九、一些商船船长对法律熟视无睹，甚至无视或漠不关心英国海军部的指示。我搭乘的"纽约"号美国班轮就是一个典型的例子。按照指示，"纽约"号班轮应该在白天通过法斯内特灯塔，但晚上9时左右才通过灯塔。因此，"纽约"号班轮白天一直航行在最危险的区域。

二十、英国海军部经常与商船船长们讨论，征求船长们的意见。船长们最一致的要求是"给我们一门大炮，让我们自己保护自己"。船长们还坚持认为，相当数量的商船列队行进是不可行的，主要是因为难以控制商船速度和下级军官缺乏经验。我个人并不同意这个观点，但我相信，只要有一点经验，商船就可以安全地快速行进。

二十一、对所有类型的舰船、商船和海军来说，免受德国潜艇攻击的最佳保护措施是速度和曲折行进，以及在一条线路上航行不超过十五分钟。在这一点上，所有人的意见完全一致。

二十二、在缺乏足够的巡航舰和驱逐舰的情况下，大家一致认为，解决德国潜艇问题只有一种方法，即增加商船数量，最好是小型商船的数量。

到处有人大喊："更多的船！更多的船！更多的船！"

二十三、同样重要的是，直到最近，英国海军部还不能完全说服内阁成员，让他们相信德国潜艇问题是战争的决定因素。英国民众和美国民众一样，不愿意相信看不见的危险。

二十四、两天前，英国首相戴维·劳埃德·乔治先生向我表达了他的观点，即应该可以找到一种将德国潜艇挡在潜艇基地内的方法。事实上，所有方法都要求协约国海军为商船提供保护。最后，我描述了我们即将面临的形势，说服了英国首相，使他相信这些假设是一种谬论，即为了保护协约国商船，协约国海军必须部署与德国人军队相匹敌的军队，直到协约国的大部分海军被迫进入受鱼雷和其他武器威胁的危险区域，从而使德国人占据有利地位。

二十五、事实上，德国人完全不受影响。德国潜艇不断出现在公海上，协约国对德国潜艇基地的封锁完全无效。此外，天气变化也增加了封锁难度。

二十六、英吉利海峡的出口还没有被完全封锁。德国潜艇已经在雷区航行，并且成功躲避和穿过了战用水雷网与障碍物。

二十七、在德国人认为有必要返航的时候，德国重型舰队可以突袭英吉利海峡，然后逃离海峡。因此，我们建议，美国的快速无畏战舰可以在布雷斯特设立基地，主要任务是应对德国重型舰队可能发起的突袭。

一位海军官员告诉我，尽管他认为德国重型舰队在远离英国舰队的地方发起突袭或逃离的可能性非常小，但这种可能性的确存在，并且会带来一定危险。与此同时，他并不确定自己的观点是否会遭到反对。他赞同包括第一海军军务大臣在内的其他人的意见，即增派美国无畏舰队前往法兰西和英吉利海峡南部无疑会完全排除德国重型舰队袭击的可能性。

二十八、德国潜艇的损失：

人们发现，除非俘虏了幸存者或者明确知道德国潜艇的位置，否则没有必要认为任何关于德国潜艇损失的报告是真实可靠的。海面上的浮油并不能证明德国潜艇遭到攻击后沉到了海底，因为我们有理由相信，德国潜艇躲避炮火时会排出石油，从而蒙骗海面上的对手，告诉对方自己已经被击沉。有证据表明，一艘德国潜艇能承受的损失令人惊讶，甚至远远超出战前的预期。在最近发生的一起事件中，一艘英国潜艇被误认为德国潜艇，遭到炮弹的攻击，但它潜入水下并逃进了港口。

战争爆发以来，德国潜艇的损失和提交的报告中给出的数据是一致的。

据估计，在不列颠群岛和法兰西海岸附近的海域中，有三十艘到四十艘德国潜艇。目前，至少有一艘德国潜艇航行在北海贸易航线上。

二十九、最好的反潜武器：

目前，所有驱逐舰和巡航舰使用的最有效的武器之一是深水炸弹。美国海军专员已经转发了有关深水炸弹的样本和图纸。深水炸弹只能在一定深度爆炸，以前是在八十英尺的深度爆炸，现在是在约一百英尺的深度爆炸。士兵们从船上将深水炸弹扔到认为有德国潜艇存在的海里，并且认为即使深水炸弹没有击中德国潜艇，也会严重打击德国潜艇兵的士气。

大口径的榴弹炮和发射炮弹的重炮正在建造中，其设计目的是将类似的深水炸弹投掷到约两千码的深度。具体细节将会转发。

三十、鱼雷保护：

可以用一艘英国无畏战舰舰长的声明总结这一主题。这位舰长说，实际上，经过一年的作战，他并不害怕被鱼雷击沉。除非被几枚鱼雷同时击中，否则可以预料到的最糟糕的情况是战舰的船舵受到重创。被鱼雷击中后，巡洋舰依然可以顺利到达港口，因为至关重要的水密门一直保持着关闭状态。

有人听说了驱逐舰军官们的一种奇怪观点，即德国战舰很难被击沉，可能是由于德国战舰携带的物资很少。德国战舰的储物空间是隔开的，或者是用木材或其他不含水的材料填充的。在港口的时候，德国战舰上的工作人员都在营房里。巡航的时候，德国战舰携带的补给很少。然而，这些情况并不为人所知。

相反，英国舰队的所有战舰都必须保持充足的供应，并且在任何时候都要为延长巡航时间提供燃料。战斗巡洋舰尤其如此。

三十一、拥有实战经验的军官们坚信，德国人没有不寻常的防御措施，也没有任何奇怪的军械或战斗装备。

三十二、所有人一致认为，最好的防御措施是速度和曲折行进。

三十三、协约国海军和商船的经历表明，鱼雷航迹其实并不存在。一艘战舰上的海军上校说自己收到了许多关于鱼雷时而经过船前，时而经过船尾的报告，但他有理由相信这些鱼雷并不存在。

泡沫、光滑的条纹等都具有欺骗性，很容易被误认为鱼雷航迹，尤其是鱼雷真正出现的时候。因此，班轮和商船上的许多乘客经常称自己看到了鱼雷，但鱼雷并没有击中自己乘坐的船。

三十四、潜艇对抗潜艇：

一直以来，人们一直反对用协约国潜艇对抗德国潜艇，主要是因为协约国潜艇取得成就的可能性不足以证明自己的价值。

然而，反潜战的负责人认为，用协约国潜艇对抗德国潜艇的行动很有价值。协约国海军派出的很多潜艇都在尝试对抗德国潜艇，并且用鱼雷摧毁了一些德国潜艇。这种作战方法的最大特点是，德国潜艇以为自己看见的所有潜艇都是自己国家的。

除了完成进攻任务，协约国潜艇还可以为我们提供可靠信息，使我们了解德国潜艇的局限性和能力。如果没有基于实战经验的信息，我们就会有太多猜测，从而导致决策失误。

美国海军中将威廉·索登·西姆斯

附录4 武装商船的问题

致：美国海军部部长

从王后镇通过海军部

发送日期：1917年6月28日

来自：美国海军上将威廉·索登·西姆斯

参阅前两份电报中涉及的海军部的意见，大意是说，充足的武器装备和训练有素的船员是最有效的防御措施。我再次以战争经验为基础，在所有可能的压力下提交了下列信息。如果想要快速击败德国人，就必须采取进攻性防御措施。商船的弱点是速度较慢和缺乏保护。在毫无征兆的情况下，大炮并不能防御鱼雷攻击，但鱼雷攻击必然是德国人攻击武装商船的方法。在过去的六个星期内，仅在王后镇附近海域，就有三十艘武装商船被鱼雷击沉。不管商船配备了多少大炮，也不管大炮的口径有多大，结果都是一样的。最近，在没有得到任何警示的情况下，三艘伪装猎潜舰被鱼雷击中了。近一个月内，另一艘伪装猎潜舰与载有枪炮的德国潜艇交战，但德国潜艇潜入水下，近距离发射了鱼雷。美国海军部的惯例是派驱逐舰护送战舰。这一事实证明，用最大的炮台反抗德国潜艇攻击是无效的。一些美国船，尤其是班轮，没有受到鱼雷袭击是因为德国不希望与美国彻底对立。记录表明，在没有被发现的情况下，德国潜艇从有利位置向武装商船发起了攻击。我认为，如果要打败德国潜艇，就必须采取进攻措施。德国潜艇的任务是摧毁协约国商船，同时避免与反潜舰交战。现在，德国潜艇正使用一种直径小于两英寸的辅助潜望镜。迄今为止，所有战役结果表明，认为商船可以通过配备武器抵抗德国潜艇的攻击是一种非常危险的误解。英国已经决定采用护航体系。护航体系是一种针对德国潜艇进攻的防御措施。当德国潜艇出现在商船附近时，就会受到反潜舰的攻击。此外，护航体系可以迫使德国潜艇分散在不同的航线上。

　　就英国海军部提到的保护协约国商船的方案而言，我认为时间因素妨碍了新战术的施行。在任何类似的计划能够有效实施前，协约国商船很容易被击沉。德国人会在漫长的夜晚和恶劣天气到来前发起进攻，也就是在接下来的三个月里。如果要有效保护美国海岸和协约国的商船，就必须在德国潜艇的活动范围内采取行动。协约国的任务是迫使德国潜艇发起进攻。因此，在美国海域，任何行动都不应优先于我们在德国潜艇的活动范围内采取的行动。

威廉·索登·西姆斯

附录5 护航体系的优点

1917年6月29日于伦敦

出自：在欧洲海域作业的美国海军指挥官

致：美国海军部部长

主题：关于军事形势的一般性报告

一、我最近提交的关于时间因素重要性的电报急件已经非常充分详细，没有什么需要补充的。

二、简单地总结一下我的电报急件，我想重申的是，我认为由于德国潜艇取得的成功，现在的军事形势非常严峻。

如果航运损失像过去四个月那样继续下去，人们就会认为，就算协约国不会陷入令人不满意的和平状态，也会被迫陷入可怕的困境。

目前，德国潜艇对协约国商船的破坏速度远远超过了我们建造商船的速度。此外，由于缺乏石油和商船，协约国海军的效率已经大大降低。这意味着德国人即将赢得战争。

三、我之所以坚持发送电报急件，是因为我坚信，如果我们不在一个月之内立即与协约国海军合作，那么合作措施将会逐渐失效。

我们有充分的理由相信，从现在到1917年11月的第一天，德国潜艇将竭力进攻，并在1918年7月中旬达到顶峰。

四、除非是通过基于基本军事原则建立设计的战术，否则没有更好的办法打破德国潜艇造成的威胁。

五、人们认为，德国人采用的主要军事策略是集中力量发动进攻，但协约国并没有采用这一策略。

六、当德国人集中军力时，我们正在分散军队。德国潜艇的任务是继续摧毁协约国商船。德国潜艇的局限性和攻击范围使其无法有效攻击美国海军，也无法攻击美国反潜舰。如果德国潜艇只使用鱼雷，那么数量有限的鱼雷供应将大大缩短德国潜艇的行动期，同时减少德国潜艇可以摧毁的商船数量。德国潜艇的目的是避免与反潜舰作战，并且成功做到了这一点，因为任何时候，如果水面舰艇可以看到德国潜艇的潜望镜，尤其是看到直径小于两英寸的潜望镜，那么德国潜艇也可以看到水面舰艇。

此外，由于深水炸弹的威胁，德国潜艇非常害怕反潜舰。因此，我们的策略应该是迫使德国潜艇与反潜舰作战。

七、毫无疑问，我们能够采取的唯一进攻措施是护航体系，因为如果我们集中所有舰船保护商船，那么就可以迫使德国人为了完成使命而与协约国海军战斗。协约国海军不必因携带了重要货物而感到不安。目前，美国海军正在试图护送单艘商船，并试图搜寻并进攻德国潜艇，从而消耗德国人的人力和物资。有了护航体系，情况就会发生逆转。虽然德国人很容易知道护航舰队何时起航，但永远不可能知道护航舰队将通过哪条航线到达目的地。因此，护航舰队可以提前制订计划，迫使德国人分散潜艇去寻找护航舰队。总之，我们现在所处的不利条件将会转移到德国人身上，我们会在德国人失去最基本的集中原则的时候采用这一原则。

八、英国海军部对护航体系进行了仔细、彻底的研究。结果表明，护航体系可能会导致一些损失，但将来的护航体系不会像现在这样重要。

九、我再次指出，如果协约国的作战行动是一个整体，那么没有必要对美国海岸进行全面保护。德国潜艇作为一种战舰，除了拥有可以在有限时间内潜入水中的能力，实际上与其他舰艇没有什么不同。就水面舰艇而言，我们只要能够控制海上行动，就不会害怕德国人在西半球建立的潜艇基地。

十、举一个极端的例子。我们如果能够诱使德国人或者迫使德国人将部分潜艇转移到美国海岸，或者远离法国和英国海岸的其他地方，就可以立刻取得反潜战的胜利。到时候，德国人潜艇必须在远离潜艇基地的地方作战，并且必须穿过危险区域竭尽全力作战。

美国海岸线的范围及主要商业港口之间的距离排除了德国人会在这一地区发起进攻的可能性。但德国人采取了一些旨在影响舆论的行动，试图使美国海军远离欧洲作战区。

十一、当然，护航体系面临很多困难，主要包括商船广泛分散在各个港口、电缆通信造成的困难、通过邮件进行通信的时间、协调协约国海军之间的行动等。

据电报急件报告，英国政府已经作出决定，要实施护航体系，尽快使护航体系发挥作用。来自汉普顿锚地、加拿大、地中海和斯堪的纳维亚的护航舰队已经开始行动。一旦有可供使用的舰船，来自纽约的护航舰队也将立即投入使用。英国海军承受的重负已经超出其实际能力，因此，我迫切希望我们与英国进行合作。

十二、护航舰队面临的公海袭击的危险虽然很遥远，但必须做好防备。因此，有必要为护航舰队提供护航巡洋舰或预备役战舰，同时为潜艇作战区提供反潜舰。

十三、正如我在电报急件中指出的那样，武装商船并不能有效应对德国潜艇的袭击，只能迫使德国潜艇使用鱼雷而不是大炮和炸弹。在没有护航舰护航的情况下，协约国战舰无法安全地在海上航行。在过去的六个星期里，王后镇附近有三十艘武装商船被击沉。在袭击发生前，武装商船并没有看到德国潜艇。这些事实都有确凿的证据，并且可以收集大量其他证据支持上述观点。

十四、截至1917年6月19日，有证据表明，有十五艘到十九艘新型德国潜艇已经投入使用，其中有十艘到十三艘在不列颠群岛以西和西南的海域航行。上述数字不包括小型和早期的德国潜艇，也不包括仅携带水雷的德国潜艇。两艘德国潜艇正向直布罗陀海峡的西面驶去。很多协约国商船是在西经19°的地方被击沉的。三支护航舰队正从汉普顿锚地出发。1917年6月19日，由十八艘舰船组成的最后一支护航舰队起航。一个星期内，扫雷舰扫除了一百一十六枚水雷。

有报道称，英国海域发生了二十二起协约国舰船遇到德国潜艇的事件，其中三次是驱逐舰遇到了德国潜艇，两次是巡洋舰遇到了德国潜艇，两次是伪装猎潜舰遇到了德国潜艇，一次是法兰西炮舰遇到了德国潜艇，三次是协约国潜艇遇到了德国潜艇，九次是辅助巡航舰遇到了德国潜艇，一次是水上飞机遇到了德国潜艇，还有一次是商船遇到了德国潜艇。

附上一份有关驻扎在王后镇的反潜舰作战报告副本。

威廉·索登·西姆斯

附录 6　海军部的政策

来自：美国海军部部长

致："梅尔维尔"号海军上将威廉·索登·西姆斯

收到日期：1917年7月10日。

下面这封信是美国海军部部长写给美国国务卿的。引用这封信是为了给你提供信息和指导，作为美国海军与协约国海军合作的一个索引。

引用：仔细考虑了目前的海军形势及将来可能出现的情况后，美国海军部正准备宣布自己与协约国有关的政策。第一，我们要与协约国进行真诚合作，共同面对欧洲或其他海域的战争形势，并在美国海域做好防御部署。第二，我们要与协约国进行真诚合作，以应对战争期间出现的任何突发情况。第三，我们认识到，尽快结束战争必须成为协约国的首要目标，从而缓解世界各地的紧张局势。但美国未来的地位决不能因美国主要战斗舰队的削减而受到影响。第四，目前，美国海军的主要作用是维护协约国的航道。在追求这一目标的过程中，一般会有两种舰艇参与进来，即次要舰艇和主要舰艇。这两种舰艇还要起到两种作用，即进攻和防守。第五，在作用问题上，美国海军部不能过分坚持自己的观点，即进攻必须始终是所有战斗计划中的主要内容。但由于所有进攻准备工作都必须由协约国合作完成，因此，美国海军部宣布其政策是：美国愿意接受协约国制订的任何必要的联合行动计划，以应对眼前的局势。第六，根据上述方针，美国海军部宣布其总体行动计划的一部分如下：其一，美国愿意派遣由驱逐舰、巡洋舰、猎潜舰艇和辅助舰艇组成的小型战斗舰队前往协约国海军将领认为有利的任何行动领域，这不会违反我们目前的国家政策。其二，作为一项政策，美国不愿意将任何部门与主要的海外服务舰队分开，但美国愿意派遣整支无畏舰队与协约国海军合作。所有协约国海军部共同协商后一致认为，协约国舰队可以应对紧急情况。此外，由于欧洲海域的战舰越来越多，航道将承受额外压力。其三，美国愿意讨论更全面的联合行动计划。

　　引用结束。

约瑟夫斯·丹尼尔斯

附录7 对海军部政策的评论

海军中将办公室

美国驱逐舰队

欧洲海域

伦敦

1917年7月16日

来自：美国海军上将威廉·索登·西姆斯

致：美国海军部部长

主题：关于美国海军在战争中的合作政策以及相关主题。

一、1917年7月10日，海军部发出的电报中引用了一封海军部写给国务卿的信，信中提到了与当前战争有关的海军政策。这封信于1917年7月10日送达。

鉴于其中规定的政策的某些部分的性质，我想指出迄今为止支配我的建议的总方针。

二、我认为我们的使命是在击败德国海军的过程中促进与协约国的合作。

我所有的电报急件和建议都是基于这样一种信念：上述使命可以完成，而且将会完成，因此，诸如战后可能出现的局势、除美国外所有或部分协约国可能被击败等问题，都没有得到考虑。事实上，如果对这些问题的考虑会减少协约国取得胜利的几率，那么我不知道我们如何全身心地投入到这场战争中。

三、我们首先想到的是，我们应该将我们的作战视为协约国联合作战的一部分。英国舰队是主体，其他协约国的海军作为必要的分支分散在世界各地。

这一想法将美国舰队视为对英国舰队的支援舰队或预备队，并在必要的时候利用美国其他部队填补薄弱环节、在进攻和防守上加强协约国的防线。

这样的安排可能会被视为企图瓦解美国舰队，在实践过程中，我们必须谨慎。

四、但我认为，在不以任何方式涉及所谓的整支舰队解体的情况下，我们有可能完成自己的使命。

在第一种情况下，我假设美国舰队的目标是投射或准备投射，竭尽全力对抗德国人的进攻。

五、对形势的估计清楚地表明，德国人要想获胜就要依靠潜艇战破坏协约国的航道。

这一计划的一个必要部分是，通过海岸突袭、登陆行动威胁、空袭和袭击医疗船等手段，从英国舰队和反潜作战中转移力量，最后迫使驱逐舰为商船护航。

潜艇战必须集中在最重要的航道上。但现在，协约国分散了自己并不充足的反潜力量，并没有集中起来作战。

当然，协约国得时刻考虑采取另一种行动的可能性，同时防备这种可能性。

六、对潜艇形势、德国人可用潜艇数量、协约国陆军和海军及民用需求的必要线路进行的研究表明，德国人很可能会将其主力放在某些受限制的区域。

正如反复报道的那样，这些地区大致是从阿善特岛到苏格兰北部形成的一个圆圈。当然，德国人开展行动最有效的领域是爱尔兰海和英吉利海峡。

但如上所述，德国人偶尔也会攻击海上其他分散区域，从而分散有限的反潜部队。

因此，显而易见的是，无论战争成功与否，美国海军都应该而且必须前往欧洲海域。

七、总的来说，暂时不考虑物流问题，为了使美国海军的主要力量去对抗德国人，我们应该将包括舰队在内的所有海军部队都派遣到战场上。

八、考虑到德国潜艇造成的当前海战的性质，美国舰队的行动将需要大量轻型舰艇。除了需要所有驱逐舰，护航舰队还需要其他可用的轻型舰艇，或者可征用和投入使用的轻型舰艇，即潜艇、武装拖船、拖网渔船、快艇、鱼雷艇、缉私艇、布雷舰、扫雷舰等。

九、考虑到受潜艇战影响的船的情况，我们不可能知道美国战舰一旦被派到战场上，会如何得到供给，尤其是烧油的船。因此，在可以确保航道安全前，派出美国战舰似乎是不明智的。

十、然而，值得注意的是，如果决定将战舰派到作战区域，那么既要将必要的筛选部队集中在一起，又要推迟轻型舰艇穿过大西洋的日期。

此时，在等待决定美国舰队行动的同时，潜艇战越来越激烈，可用的反潜舰已经不足以满足潜艇战的需求。因此，当务之急是增加作战区域的反潜部队。

十一、只要德国舰队受到随时准备行动的强大的英国舰队的牵制，美国舰队就不会解体，各种类型的轻型舰艇也不用全部进入作战区域。如果作战区域需要各种类型的轻型舰艇，那么必须与舰队一起。

从战略方面来看，轻型舰艇不会将自己与战舰分开，正如轻型舰艇会在德国舰队和英国舰队之间展开行动一样，然后在英国舰队靠近的时候又退回去一样，或者在指定区域与英国舰队会合。从战略上来说，轻型舰艇的行动意味着，只要轻型舰艇进入作战区域的时机到来，轻型舰艇就不会耽误主力舰队的行动。

十二、另一个必须考虑的问题是，在美国战舰行动前，所有的轻型舰艇都将获得有价值的战争经验，并为未来的行动做好准备。

我们还认为，美国舰队的一些部队进入作战区域与英国舰队合作完成其他任务，并不会使美国舰队瓦解。这些仅仅是为了打败德国人组建的部队，并且可以随时回归美国舰队，或者在接近作战区域时加入美国舰队。

因此，1917年7月7日，我提议，一旦有人认为所有烧煤的无畏战舰与英国舰队会合可以干扰德国人的行动，无畏战舰就要做好准备前往遥远的战场。

当然，如果能够建立起足够的航道确保整支舰队的高效运作，那么派出整支舰队是最好的选择。目前,英国有足够的煤炭供应美国烧煤的无畏战舰,但石油是一个难题,因为石油必须通过德国潜艇作战区域进入英国。

当我接到通知说"切斯特"号、"伯明翰"号和"塞勒姆"号无畏舰已经做好准备前往作战区域时,我与美国海军部进行了磋商,然后建议无畏舰加入北海的英国轻型巡洋舰中队。北海急需战舰对抗德国人的突袭和其他旨在分化协约国海军的行动。

考虑到美国海军部提到的直布罗陀海峡的情况,同时考虑到萨克拉门托级的七艘炮艇的适航性,我建议以直布罗陀海峡为基地,协助护送护航舰队离开直布罗陀海峡,然后派一些英国驱逐舰前往关键作战区。

十三、美国海军部给国务卿的信中提到了海军部的政策。在第一份声明中指出,美国海军应该对本国海域给予充分保护。由此,我们可以推断出,对美国海域所能提供的最有效的防御是攻击威胁美国海域的德国人。或者换句话说,需要得到保护的海域是必要的保护场所,也是德国人经常出没的地方。

正如在多封电报急件中指出的那样,人们认为,美国海域如果囊括德国潜艇作战区域,就会受到威胁。事实上,如果德国人要成功对抗协约国,就必须继续在美国海域发动攻击。

现有,德国潜艇的数量十分有限。对德国潜艇来说,建立和维护潜艇基地与攻击协约国商船一样困难。

在作战区域,德国潜艇遇到的困难非常多。

在没有潜艇基地的情况下,德国潜艇无法在美国海岸附近开展大规模行动,目前的一些行动纯粹是为了分散美国的注意力。

考虑到美国与德国潜艇基地的距离、美国海岸线的范围及美国主要港口之间的距离,我们可以假设,如果美国海军能诱使德国人将潜艇作战区转移到美国海岸,那么我敢保证,德国人一定会被击败,目前的成功也会化为乌有。

十四、美国海军部的政策是指美国愿意与协约国进行真诚合作,同时准备协助实施协约国海军部可能制定的任何军事行动。

十五、我认为美国海军不可能与协约国海军进行有效合作,也不可能与各国的海军部一起讨论计划，除非在作战区建立一个总指挥部。

也就是说，战场上的总指挥部是各国战争部门的前线指挥部。在必要的情况下，就军事行动的细节而言，前线指挥部必须有一定的决策权和行动自由。

十六、时间因素是所有战争因素中最重要的因素之一。因此，书面报告的航道往往不是很及时，再加上保密的必要性，导致在短时间内制定计划变得非常困难。德国人的情报部门已经证明自己的高效。

此外，我认为，依靠电报和信件讨论军事计划非常不安全，而且会产生误解。在写作时，一些人很难清楚地表达自己的意思，从而导致收件人误解其中的内容。

十七、战争中最大的军事困难之一也许是所有协约国面临的最大军事困难，即军事行动中的协调和合作难题。我参阅了关于这方面的大量信息，发现除了面对面讨论，个人的观点几乎无法准确传递出去。

毫无疑问，如果任何一个协约国，如意大利、法国、英国或美国，负责指挥所有军事行动，其他协约国只提供可用资源，那么协约国的作战效率将大幅提高。

十八、如果上述考虑得到了协约国的认可，那么协约国有必要成立一个前线总指挥部，或者在前线设立一个战争委员会。

我充分认识到了所有协约国施加给美国海军部的压力和影响，以及来自不同方面、可能相互冲突的压力。

我也意识到，我在英国的地位使人们怀疑我可能会受到英国战争观点的影响。我始终牢记上述使命，尽我所能保持自己的观点。

十九、从海军角度来看，显然，伦敦的战略位置极其重要，正如我在协约国海军委员会的高级会议上陈述的那样。

在海战中，英国海军因其规模首当其冲。因此，所有关于战争的海军信息都集中在伦敦。

前线指挥部的工作人员可能会随时访问巴黎和其他协约国的海军部。

我想说明的是，迄今为止，我和一名军事副官完全不可能履行美国前线指挥部的所有职责。

正如我在电报急件中指出的那样，显然，在一段时间内，我一直处在因人手不够无法完成工作任务的状态。

目前的情况是，由于不能有效处理对安全至关重要的行政和其他各方面的工作，我们可能会犯严重错误，会给美国舰队带来灾难，因为我们无法及时处理所有行政和其他方面的工作，但这对安全是至关重要的。

二十、我们需要的最低工作人员配置如下所示，我们也可以雇佣更多官员提高工作效率：

（一）一名参谋长。他可以根据所有必要的信息自由地对形势进行评估，也可以自由出入英国海军部和法国海军部的军事部门。

（二）一名军官。最好是中校级别的军官，负责运输和护航，以便处理与美国航运，尤其是与军事运输和军队运输有关的大量航道。

（三）一名军官。至少是一名海军少校，负责反潜部门作战，协调美国海军和其他协约国海军之间的合作。

（四）一名具有综合能力和自由决策权的军官。负责与一般军事情报有关的工作。他应该经常与美国海军部的情报部门保持联系，确保所有影响美国海军部或军队的军事情报得到及时处理。

（五）我的办公室里至少应该有两名中尉或海军少校，负责处理现有的行政问题和一般的行政问题。

（六）一名通讯官员。负责与美国海军部、协约国海军将领及美国海域的各种军事基地进行常规编码和通信。

（七）一名出纳员。全权负责与国外的海军组织有关的所有财务事项。他应该是出纳员托比的助手。在我的工作人员中，出纳员托比负责给所有的后勤问题提供必要的服务。

威廉·索登·西姆斯

附录 8 1917 年 2 月以来由德国人行动导致的每月损失

1917年2月到1918年10月，在长达二十一个月的德国无限制潜艇战中，总损失吨位为8,478,947吨，其中包括三千八百四十三艘商船被击沉，平均每月有一百八十三艘船被击沉，总吨位达四十万零三千七百六十吨。1918年10月的吨位数损失比平均损失291,333吨减少了72%。

下表给出了1917年2月至1918年10月期间的船舶损失。

1917年	英国商船吨位	其他协约国商船吨位	中立国商船吨位	英国渔船吨位	总计吨位
2月	313,486	84,820	135,090	3,478	536,334
3月	353,478	81,151	165,225	3,586	603,440
4月	545,282	134,448	189,373	5,920	875,023
5月	352,289	102,960	137,957	1,448	594,654
6月	417,925	126,171	139,229	1,342	684,667
7月	364,858	111,683	70,370	2,736	549,647
8月	329,810	128,489	53,018	242	511,559
9月	196,212	119,086	29,941	245	345,484
11月	173,560	87,646	31,476	87	292,769
12月	253,087	86,981	54,047	413	394,528

1918年	英国商船吨位	其他协约国商船吨位	中立国商船吨位	英国渔船吨位	总计吨位
1月	179,973	87,078	35,037	375	302,463
2月	226,896	54,904	36,374	686	318,860
3月	199,458	94,321	51,035	293	345,107
4月	215,453	50,879	11,361	241	277,934
5月	192,436	80,826	20,757	504	294,523
6月	162,990	51,173	38,474	639	253,276
7月	165,449	70,900	23,552	555	260,456
8月	145,721	91,209	41,946	1,455	280,331
9月	136,864	39,343	10,393	142	186,742
10月	57,607	41,308	13,512	—	112,427

附录 9 1914 年 8 月以来协约国和中立国建造的船舶吨位

下表显示了商船的建造情况。这是自战争开始以来，英国、美国及其他协约国和中立国建造完成的船舶吨位。

时间	英国总吨位	美国总吨位	其他协约国和中立国总吨位	世界合计总吨位
1914年	675,610	120,000	217,310	1,012,920
1915年	650,919	225,122	325,959	1,202,000
1916年	541,552	325,413	821,036	1,688,000
1917年	1,163,474	1,034,296	505,585	2,703,355
1918年一季度	320,280	328,541	220,496	869,317
1918年二季度	442,966	559,939	240,369	1,243,274
1918年三季度	411,395	834,250	232,127	1,477,772
1918年10月	136,100	357,532	50,000	543,632
1918年10个月	1,310,741	2,080,262	742,992	4,133,995

Transcriber's Note

Some inconsistent hyphenation and spelling in the original document has been preserved.

Typographical errors corrected in the text:

Page 136 Carthagena changed to Cartagena

Page 151 out changed to our

Page 194 saltest changed to saltiest

Page 227 if changed to it

Page 264 wift changed to swift

Page 271 from changed to from

Page 278 Ensign changed to Ensigns

Page 348 de Steigner changed to de Steiguer

专有名词英汉对照

Great War	第一次世界大战
Allies	协约国
Battle of Jutland	日德兰海战
Battle of the Falkland Islands	福克兰群岛海战
Mystery Ships	伪装猎潜艇
German Admiralty	德国海军部
Decoy Ships	诱饵商船
Burton Jesse Hendrick	伯顿·杰西·亨德里克
Navy Department	美国海军部
William Sowden Sims	威廉·索登·西姆斯
Rhode Island	罗得岛州
Newport	纽波特
Naval War College	海军军事学院
Walter Hines Page	沃尔特·海恩斯·佩奇
British Admiralty	英国海军部
Josephus Daniels	约瑟夫斯·丹尼尔斯
New York	"纽约"号
Thomas Woodrow Wilson	托马斯·伍德罗·威尔逊
Liverpool	利物浦
George Hope	乔治·霍普
John Jellicoe	约翰·杰利科
Portsmouth	朴茨茅斯
John Fisher	约翰·费舍尔
Arthur James Balfour	亚瑟·詹姆斯·巴尔弗

Lord Robert Cecil	罗伯特·塞西尔子爵
Sir Edward Carson	爱德华·卡森爵士
British Commission	英国委员会
Robert Nivelle	罗贝尔·尼维勒
George V	乔治五世
St. Paul's	圣保罗教堂
Admiralty Office	海军部办事处
Prime Minister	英国首相
David Lloyd George	戴维·劳埃德·乔治
Civil War	美国内战
Lincoln	林肯
Fredericksburg	弗雷德里克斯堡
Chancellorsville	钱斯勒斯维尔
Artemus Ward	阿蒂默斯·沃德
Welsh mysticism	威尔士神秘主义
Wilhelm II	威廉二世
Karl Helfferich	卡尔·赫尔费里希
Horatio Nelson	霍雷肖·纳尔逊
David Farragut	戴维·法拉格特
Boston	波士顿
Philadelphia	费城
Norfolk	诺福克
Gulf of Mexico	墨西哥湾
Irish Sea	爱尔兰海
English Channel	英吉利海峡
Bruges	布鲁日
Ostend	奥斯坦德
Zeebrugge	泽布吕赫
Orkney	奥克尼群岛
Shetland	设德兰群岛
Fair Island Passage	费尔岛通道
Hebrides	赫布里底群岛
Dover	多佛

Calais	加来
Roger Keyes	罗杰·凯斯
Brest	布雷斯特
Harwich	哈里奇
Newcastle	纽卡斯尔
Scandinavia	斯堪的纳维亚半岛
Wilhelmshaven	威廉港
Skagerrak	斯卡格拉克海峡
Azores	亚速尔群岛
Sir Eric Geddes	埃里克·格迪斯爵士
Queenstown	王后镇
Heligoland Bight	黑尔戈兰湾
Scapa Flow	斯卡帕湾
Hague Conference	海牙会议
Mediterranean	地中海
Italy	意大利
Egypt	埃及
Palestine	巴勒斯坦
Mesopotamia	美索不达米亚地区
Adriatic	亚得里亚海
Salonika Expedition	萨洛尼卡远征行动
Central Powers	同盟国
Middle East	中东地区
North Atlantic Fleet	北大西洋舰队
German Secret Service	德国情报部
Brighton	布赖顿
Mary Rose	"玛丽·罗斯"号
Gaels	盖尔人
Catholic Cathedral	天主教大教堂
Joseph Taussig	约瑟夫·陶西格
Wadsworth	"沃兹沃思"号
Alfred W. Johnson	阿尔弗雷德·W. 约翰逊
Ward K. Wortman	沃德·K. 沃特曼

McDougal	"麦克杜格尔"号
Arther P. Fairfield	亚瑟·P. 费尔菲尔德
Rufus F. Zogbaum	鲁弗斯·F. 佐格鲍姆
Fred H. Poteet	弗瑞德·H. 波蒂特
Eighth Destroyer Division	第八分遣队
York River	约克河
Pennsylvania	"宾夕法尼亚"号
Cape Cod	科德角
Boxer Rebellion	义和团运动
Pekin	北平
Tientsin	天津
Centurion	"世纪战魂"号
Edward Seymour	爱德华·西摩
Bowman H. McCalla	鲍曼·H. 麦卡拉
Baron Mountevans	芒特文斯男爵
Edward Evans	爱德华·埃文斯
Sir Lewis Bayly	路易·贝利爵士
Cork	科克市
Thomas C. Butterfield	托马斯·C. 巴特菲尔德
William the Conqueror	征服者威廉
Duncan	"邓肯"号
Roger Williams	罗杰·威廉姆斯
Melville	"梅尔维尔"号
Joel R. P. Pringle	乔尔·R.P. 普林格尔
Gordon Campbell	戈登·坎贝尔
Patrick	帕特里克
Custom House	海关大楼
Order of the Bath	巴斯勋章
Royal Victorian Order	皇家维多利亚勋章
Gibraltar	直布罗陀海峡
Corfu	科孚岛
Berehaven	贝雷文海
Murmansk	摩尔曼斯克

Archangel	阿尔汉格尔斯克
John J. Pershing	约翰·J. 潘兴
Douglas Haig	道格拉斯·黑格伯爵
Mayflower	"五月花"号
Massachusetts Bay	马萨诸塞湾
Minnesota	"明尼苏达"号
Guildhall	伦敦市政厅
Thomas Vezey Strong	托马斯·维兹利·斯特朗
Frederick Roberts	弗雷德里克·斯雷·罗伯茨
Lady Roberts	罗伯茨夫人
Queen Mary	玛丽王后
Windsor	温莎
Duke of Connaught	康诺特公爵
Prince Arthur	亚瑟王子
Princess Patricia	帕特丽夏公主
Sinn Fein Party	新芬党
Port Arthur	亚瑟港
Columbus	哥伦布
Santa Maria	"圣玛丽亚"号
Charles Madden	查尔斯·马登
Otto Weddigen	奥托·韦迪根
Hogue	"霍格"号
Cressy	"克雷西"号
Aboukir	"阿布基尔"号
Cromarty	克罗默蒂
Neptune	"海王星"号
Hanseatic League	汉萨同盟
Elizabeth I	伊丽莎白一世
Napoleonic wars	拿破仑战争
Long Island Sound	长岛海峡
Narrows	纽约湾海峡
Maine	缅因州
Florida	佛罗里达州

Moewe	"莫威"号
Alexander Duff	亚历山大·达夫
Byron A. Long	拜伦·A. 朗
Cape Breton	布雷顿角
Halifax	哈利法克斯
Hampton Roads	汉普顿锚地
Sierra Leone	塞拉利昂
Senegal	塞内加尔
Dakar	达喀尔
Heligoland	黑尔戈兰岛
Hans Rose	汉斯·罗斯
Nantucket	南塔基特岛
Jacob Jones	"雅各布·琼斯"号
Pittsburg	匹兹堡
Buffalo	布法罗
St. Louis	圣路易斯
Chicago	芝加哥
Minneapolis	明尼阿波利斯
Denver	丹佛
San Francisco	旧金山
Cape of Good Hope	好望角
Rio de Janeiro	里约热内卢
Bahia	巴伊亚
Buenos Aires	布宜诺斯艾利斯
Uruguay	乌拉圭
Montevideo	蒙得维的亚
Suez Canal	苏伊士运河
Cape Breton	布列塔尼角
St. Lawrence valley	圣劳伦斯山谷
Portland	波特兰
Baltimore	巴尔的摩
Gravesend Bay	格雷夫森德湾
Emden	"埃姆登"号

British Patrol Squadron	英国巡航中队
Justicia	"扎丝提卡"号
Bordeaux	波尔多
Nantes	南特
Southampton	南安普敦
Milford Haven	米尔福德港
Aubrietia	"奥布里提亚"号
Halsey Powell	哈尔西·鲍威尔
Parker	"帕克"号
Cumberland	"坎伯兰"号
Devonport	德文波特
Achates	"阿卡特斯"号
Luckenback	"勒肯贝克"号
Nicholson	"尼科尔森"号
Orama	"奥拉马"号
Christabel	"克里斯塔贝尔"号
Danae	"达娜厄"号
La Pallice	拉帕利斯
Santander	桑坦德港口
Frank Berrien	弗兰克·贝里恩
René	"勒内"号
Fanning	"范宁"号
David D. Loomis	戴维·D. 卢米斯
Welshman	"威尔士"号
Walter S. Henry	沃尔特·S. 亨利
Gustav Amberger	古斯塔夫·安贝格尔
Elxer Harwell	埃尔克斯·哈韦尔
Francis G. Conner	弗朗西斯·G. 康纳
Franz Glinder	弗朗茨·格林德
Arthur S. Carpender	亚瑟·S. 卡彭特
Distinguished Service Order	杰出服务勋章
Sacramento	"萨克拉曼多"号
Henry B. Wilson	亨利·B. 威尔逊

Birmingham	"伯明翰"号
Albert P. Niblack	艾伯特·P. 尼布拉克
Bizerta	比塞大
Algiers	阿尔及尔
Milo Island	米洛岛
Decatur	"迪凯特"号
Manila	马尼拉
Harold Raynsford Stark	哈罗德·雷恩斯福德·斯塔克
Wheeling	"惠灵"号
Surveyor	"苏维尔"号
Venetia	"威尼西亚"号
Lewis B. Porterfield	路易·B. 波特菲尔德
Gibraltar-Bizerta convoy	直布罗陀－比塞大护航舰队
Cartagena	卡塔赫纳港口
Lydonia	"利多尼亚"号
Basilisk	"巴西利斯克"号
William Farquhar	威廉·法夸尔
Sterrett	"斯特雷特"号
Benham	"贝纳姆"号
Charles Adams Blakely	查尔斯·亚当斯·布莱克利
O'Brien	"奥布莱恩"号
David W. Bagley	戴维·W. 巴格利
Isaac Foote Dortch	艾萨克·富特·多奇
Drayton	"德雷顿"号
Cushing	"库欣"号
David C. Hanrahan	戴维·C. 汉拉恩
Victoria Cross	维多利亚十字勋章
Croix de Guerre	法兰西英勇十字勋章
Legion of Honour	荣誉军团勋章
Pargust	"帕格斯特"号
Santee	"桑蒂"号
Dunraven	"邓雷文"号
Bay of Biscay	比斯开湾

Bruce Bairnsfather	布鲁斯·班斯法瑟
Noma	"诺马"号
Alcock	"阿尔科克"号
Christopher	"克里斯托弗"号
Prize	"普莱斯"号
William Sanders	威廉·桑德斯
Bantry Bay	班特里湾
General Electric Company	通用电气公司
Western Electric Company	西方电气公司
Submarine Signal Company	潜艇信号公司
Conneticut	康涅狄格州
New London	新伦敦
Richard H. Leigh	理查德·H. 利
Julius A. Furer	朱利叶斯·A. 富雷尔
Mrs. A. Loring Swasey	A. 劳瑞·斯韦齐夫人
Annapolis	安纳波利斯
Samuel Cotton	塞缪尔·科滕
John T. Tompkins	约翰·T. 汤普金斯
Samuel Robison	塞缪尔·罗宾逊
Frank H. Schofield	弗兰克·H. 斯科菲尔德
Joseph H. Defrees	约瑟夫·H. 德弗里斯
Clyde S. McDowell	克莱德·S. 麦克道尔
Miles A. Libbey	迈尔斯·A. 利比
Arthur J. Hepburn	亚瑟·J. 赫伯恩
Lyman A. Cotten	莱曼·A. 科滕
William P. Cronan	威廉·P. 克罗南
T.P. Magruder	T.P. 马格鲁德
David F. Boyd	戴维·F. 博伊德
Arthur Crenshaw	亚瑟·克伦肖
Charles P. Nelson	查尔斯·P. 纳尔逊
Cherbourg	瑟堡
Havre	勒阿弗尔
Pola	普拉港

Cattaro	卡塔罗
Strait of Otranto	奥特朗托海峡
Govino Bay	戈维诺湾
Odysseus	奥德修斯
Peloponnesian War	伯罗奔尼撒战争
Gaius Octavius Thurinus	盖乌斯·屋大维·图里努斯
Lucius Antonius	卢修斯·安东尼
Wilson Brown	威尔逊·布朗
Start Point	斯塔特角
Lizard Head	利泽德峰
Falmouth	法尔茅斯
Stockforce	"斯托克福斯"号
Dartmouth	达特茅斯
Alexander Bell	亚历山大·贝尔
Cornish Coast	康沃尔海岸
Scilly Islands	锡利群岛
Wilkes	"威尔克斯"号
Ensign Ashley D. Adams	恩赛因·阿什利·D. 亚当斯
Penzance	彭赞斯
Juggy Nelson	大胆的纳尔逊
Albanians	阿尔巴尼亚人
Durazzo	都拉佐
Bulgaria	保加利亚
San Giorgio	"圣乔治"号
Pisa	"比萨"号
San Marc	"圣马可"号
Lowestoft	"洛斯托夫特"号
Dartmouth	"达特茅斯"号
Weymouth	"韦茅斯"号
Brindisi	布林迪西
Paul H. Bastedo	保罗·H. 巴斯特多
Gaius Octavius Augustus	盖乌斯·屋大维·奥古斯都
Marcus Antonius	马库斯·安东尼

battle of Philippi	腓力比战役
Badger	"巴杰"号
Cape Laghi	拉吉角
Cape Pali	帕利角
Grosvenor Gardens	格罗夫纳花园
Rhodes Scholars	罗德学者
Herbert Clark Hoover	赫伯特·克拉克·胡佛
Nathan Crook Twining	内森·克鲁克·特文宁
Walter Atlee Edwards	沃尔特·阿特利·爱德华兹
Eugene C. Tobey	尤金·C.托比
Edgar Thomson	埃德加·汤姆森
Henry A. Bumstead	亨利·A.巴姆斯特德
Dudley Wright Knox	达德利·赖特·诺克斯
Harry E. Yarnell	哈里·E.亚内尔
Robert H. Dunlap	罗伯特·H.邓拉普
Luke McNamee	卢克·麦克纳米
Naval War College at Newport	纽波特海军战争学院
David Beatty	戴维·贝蒂
Allied Governments	协约国联合政府
National Sporting Club	英国国家体育俱乐部
Theodore Roosevelt	西奥多·罗斯福
Marie-Jean-Lucien Lacaze	玛利-让-吕西安·拉卡兹
Ferdinand De Bon	斐迪南·德·邦
Funakoshi	富名越
Paolo Thaon di Revel	保罗·塔翁·迪雷韦尔
David Bushnell	戴维·布什内尔
Sir William White	威廉·怀特爵士
Turtle	"海龟"号
Robert Fulton	罗伯特·富尔顿
Nautilus	"鹦鹉螺"号
William Pitt	威廉·皮特
Earl of St Vincent	圣文森特伯爵
John Jervi	约翰·杰维斯

Earl Granville	格兰维尔伯爵
Granville Leveson-Gower	格兰维尔·莱韦森－高尔
John Philip Holland	约翰·菲利普·霍兰
Fenian brotherhood	芬尼兄弟会
Fenian Ram	"芬尼亚公羊"号
George Goschen	乔治·戈申
Arnold Förster	阿诺德·弗尔斯特
Jules Verne	儒勒·凡尔纳
Valentiner	"瓦伦丁纳"号
Moraht	"莫拉特"号
Skager Rack	斯卡格拉克海峡
Cuxhaven	库克斯港
Kiel	基尔港
Winston Churchill	温斯顿·丘吉尔
Calais	加来
Salem	塞勒姆
Ralph C. Browne	拉尔夫·C. 布朗
Bureau of Ordnance	美国海军军械局
Reginald R. Belknap	雷金纳德·R. 贝尔纳普
Baltimore	"巴尔的摩"号
San Francisco	"圣弗朗西斯科"号
Halifax Explosion	哈利法克斯港大爆炸
Fort William	威廉堡
Kyle of Lochalsh	洛哈尔什教区的凯尔
Bunker Hill	"邦克山"号
Massachusetts	"马萨诸塞州"号
Canonicus	"卡洛尼克斯"号
Shawmut	"肖马特"号
Quinnebaug	"昆尼伯格"号
Housatonic	"胡萨托尼克"号
Saranac	"萨拉纳克"号
Roanoke	"罗诺克"号
Aroostook	"阿鲁斯托克"号

Canandaigua	"卡南代瓜"号
Moray Firth	马里湾
Inverness	因弗内斯
Invergordon	因弗戈登
Caledonian Canal	喀里多尼亚运河
Macbeth	麦克白
Mary Queen of Scots	苏格兰女王玛丽
Oliver Cromwell	奥利弗·克伦威尔
Ben Wyvis	威维斯峰
Munlochy Bay	曼洛希湾
Avoch	奥赫
Fortrose	福特罗斯镇
Charles Edward Stuart	查尔斯·爱德华·斯图亚特
Ness River	尼斯河
Sonoma	"索诺马"号
William Wallace	威廉·华莱士
Robert Burns	罗伯特·彭斯
Orin G. Murfin	奥林·G. 穆芬
Utsira	特西拉
Joseph Strauss	约瑟夫·斯特劳斯
Lewis Clinton-Baker	路易·克林顿－贝克
Hugh Rodman	休·罗德曼
Pentland Firth	彭特兰湾
James Harvey Tomb	詹姆斯·哈维·图姆
Sinclair Gannon	辛克莱·加努恩
Deutschland	"德意志"号
Newport News	纽波特纽斯
Bethlehem Steel Company	伯利恒钢铁公司
Charles M. Schwab	查尔斯·M. 施瓦布
Marmara Denizi	马尔马拉海
Alfred Thayer Mahan	阿尔弗雷德·塞耶·马汉
Delaware Bay	特拉华湾
Five Fathom Bank Light	五英寻排灯

Cape Hatteras	哈特拉斯角
Newfoundland	纽芬兰岛
San Diego	"圣地亚哥"号
Fire Island	火烧岛
John J. Schieffelin	约翰·J. 希费林
mouth of the Humber River	亨伯河河口
Killingholme	基林霍姆
Felixstowe	费利克斯托港
Yarmouth	雅茅斯
Robert Leckie	罗伯特·莱基
Haaks Light Vessel	哈克斯轻型船
Texel	特塞尔岛
Vlieland	弗利兰岛
Terschelling	泰尔斯海灵岛
Captain Barker	巴克上校
Lieutenant Galvayne	加尔万上尉
Borkum	博尔库姆
Charles Eaton	查尔斯·伊顿
Trubee Davison	特鲁比·戴维森
Bayshore	贝肖尔
Massachusetts Institute of Technology	麻省理工学院
Key West	基韦斯特
Moorhead City	穆尔黑德城
Thomas Tingey Craven	托马斯·廷吉·克雷文
Kenneth Whiting	肯尼斯·怀廷
St. Nazaire	圣纳泽尔
Bureau of Steam Engineering	蒸汽工程局
Northern Bombing Group	北方轰炸部队
Pescara	佩斯卡拉
Porto Corsini	波尔图科尔西尼
Pauillac	波亚克
Francis Thomas Evans	弗朗西斯·托马斯·埃文斯
Benjamin Briscoe	本杰明·布里斯科

Alfred A. Cunningham	阿尔弗雷德·A. 坎宁安
Caproni Planes	卡普罗尼飞机
Flanders	佛兰德斯
Leinster	"伦斯特"号
Paul F. Ives	保罗·F. 艾维斯
Dunkirk	敦刻尔克
Stephen Potter	史蒂芬·波特
De Cernea	德·切尔内亚
Wilcox	威尔克斯特
Boer War	布尔战争
Ladysmith	莱迪史密斯
Spion Kop	斯皮恩山
Charles P. Plunkett	查尔斯·P. 普伦基特
forest of Compiègne	贡比涅森林
Hindenburg	"兴登堡"号
Chalons-sur-Marne	马恩河畔沙隆
Nancy	南锡
Big Bertha	"贝尔莎"大炮
Ralph Earle	拉尔夫·厄尔
Baldwin Locomotive Works	鲍尔温机车厂
Samuel M. Vauclain	塞缪尔·M. 沃克莱
Sandy Hook	桑迪胡克
Helles Mouchy	海勒斯穆奇
Verdun	凡尔登
Charny	沙尔尼
Thierville	蒂耶尔维尔
Montmédy	蒙特梅迪
Longuyon	隆吉翁
Conflans	孔夫兰
Somme campaign	索姆河战役
Rumania	罗马尼亚
Montenegro	黑山共和国
Slavs	斯拉夫人

Erich Ludendorff	埃里希·鲁登道夫
William Bartlett Fletcher	威廉·巴特利特·弗莱彻
Albert Gleaves	艾伯特·格利夫斯
Vaterland	"沃特兰德"号
Kronprinzessin Cecilie	"王太子妃茜茜莉号"
Princess Irene	"艾琳公主"号
Pocahontas	"波卡洪特斯"号
Rhein	"莱茵"号
Susquehanna	"萨斯奎汉纳"号
United Fruit Company	联合果品公司
Edward L. Beach	爱德华·L. 比奇
Harley H. Christy	哈利·H. 克里斯蒂
Wyoming	"怀俄明"号
Thomas Washington	托马斯·华盛顿
Montgomery M. Taylor	蒙哥马利·M. 泰勒
Florida	"佛罗里达"号
Archibald H. Scales	阿奇博尔德·H. 斯凯尔斯
William H. G. Bullard	威廉·H.G. 布拉德
Louis R. de Steiguer	路易·R. 德·斯泰戈尔
Arkansas	"阿肯色"号
Victor Blue	维克多·布卢
Texas	"得克萨斯"号
Hugh Rodman	休·罗德曼
William C.Cole	威廉·C. 科尔
Nevada	"内华达"号
Mark Lambert Bristol	马克·兰伯特·布里斯托尔
Charles B. McVay	查尔斯·B. 麦克维
Oklahoma	"俄克拉荷马"号
Utah	"犹他"号
Thomas S. Rodgers	托马斯·S. 罗杰斯
Ferdinand Foch	斐迪南·福煦将军
Henning von Holtzendorff	亨宁·冯·霍尔岑多夫
General von Cramon	冯·克拉蒙将军

Eduard von Capelle	爱德华·冯·卡佩勒
Klemens von Mann	克莱门斯·冯·曼
leviathan	"利维坦"号
Fastnet Light	法斯内特灯塔
Albert P. Niblack	艾伯特·P. 尼布拉克

精品推荐 | **华文全球史 005**

编辑推荐

普利策历史奖得主代表作品
研究美国崛起战略思想的史学名著
《华盛顿邮报》点赞的畅销经典

内容简介

《新美国：从门罗主义、泛美主义到西奥多·罗斯福新国家主义的蜕变》讲述了从亚伯拉罕·林肯到伍德罗·威尔逊期间美国发生的重大事件和历史变革，梳理了西进运动、南方重建、反托拉斯运动、格兰其运动、自由铸银币运动、反改革运动、黑幕揭发运动的始末；讲述了平民主义及人民党的发迹、兴盛与衰落；通过描述巴拿马运河的修建、美英关系的平衡和美西战争的爆发等，揭示了美国从门罗主义、泛美主义到西奥多·罗斯福新国家主义的蜕变，展现了美国成长为世界强国的艰难与曲折。

精品推荐

华文全球史 011

编辑推荐

"澳大利亚史学之父"欧内斯特·斯科特权威作品

牛津大学图书馆等世界名校图书馆珍藏。《泰晤士报》给予好评。

内容简介

《澳大利亚史》是"澳大利亚史学之父"欧内斯特·斯科特的代表作品。大航海时代的探险与澳大利亚的发现存在怎样的关系？澳大利亚为什么一开始成为流放犯人的地方？西方文明的生硬植入是如何改变澳大利亚历史进程的？澳大利亚淘金热是如何形成的？民主化是如何推进现代澳大利亚形成的？在第一次世界大战中，澳新军团是如何鏖战欧罗巴的？澳大利亚与英联邦是什么关系？

精品推荐

华文全球史

018

编辑推荐

皇家历史协会主席
牛津大学"奇切历"现代史教授
皇家钱币学协会奖章得主
查尔斯·欧曼经典作品

内容简介

查尔斯·奥曼,英国著名军事史学家,皇家历史协会主席,牛津大学"奇切历"现代史教授,皇家考古研究所所长,皇家钱币学协会奖章得主。他的著作改变了人们对中世纪战争的理解,完善并改正了中世纪史料中碎片化的军事史及其种种谬误。一般认为,他通过中世纪残破的文献,重新构建起了中世纪战场的蓝图。其研究成果在欧洲军事史上有着重要的地位。